rororo Sport
Herausgegeben von Bernd Gottwald

Dehnen · Kräftigen · Entspannen
Training · Technik · Taktik

Karl-Peter Knebel

FUNKTIONSGYMNASTIK

Unter Mitarbeit von Bernd Herbeck
und Erika Groos

Mit Fotos und Zeichnungen
von Karl-Peter Knebel

Rowohlt

rororo SPORT

Die Verfasser bedanken sich bei Martina Doser, Annerose Traub, Ute Nuninger, Britta Knebel, Christof Elser und Rolf Reinschmidt, die sich für die Demonstration der Übungen zur Verfügung gestellt haben, sowie bei Marion Knebel für die gewissenhafte Erstellung des Manuskripts.

Originalausgabe

Veröffentlicht im Rowohlt Taschenbuch Verlag GmbH,
Reinbek bei Hamburg, April 1985

Layout Angelika Weinert
Umschlaggestaltung Jürgen Kaffer/Peter Wippermann
(Foto: Thorsten Knebel)
Satz Times (Linotron 202)
Gesamtherstellung Clausen & Bosse, Leck
Printed in Germany
ISBN 3 499 17628 9

18. Auflage Oktober 2001

Inhalt

Einführung 9

Die Bedeutung der Gymnastik im Sport 11

Anatomische und physiologische Aspekte der Körperfunktion 15

Der passive Bewegungsapparat 15
Die Knochen 15
  Innere und äußere Struktur der Knochen 16
  Trainingswirkungen auf die Knochen 18
Die Gelenke 18
  Feste und straffe Knochenverbindungen 18
  Trainingswirkungen auf die Gelenke 23
Die Wirbelsäule 26
  Formbeschaffenheit 26
  Aufbau 27
  Mechanik 28
  Wirbelsäulenbeanspruchung und Sport 29

Der aktive Bewegungsapparat 32
Skelettmuskulatur und Funktionsgymnastik 33
  Die ‹äußeren› Eigenschaften 33

Die ‹inneren› Eigenschaften 34
Kontraktionsformen der Muskulatur 35
Arbeitsweisen der Muskulatur 36
Zusammenspiel von Agonisten und Antagonisten 37
Nerven und Muskelfunktion 39
Muskeltonus 39
Muskelreflexe 41
Muskelspindeln und Dehnungsreflex 42
Golgisches Sehnenorgan 44
Intramuskuläre Koordination 46
Intermuskuläre Koordination 46

Herz-Kreislauf-System 47
Entwicklung der Ausdauerleistungsfähigkeit 51

Entspannung
und Entspannungstraining 52

Psychologische Aspekte
der körperlichen Leistungsfähigkeit 52
Ziele funktionsgymnastischer Entspannungsübungen 54
Techniken funktionsgymnastischer Entspannungsübungen 55
Entspannungspositionen 57
Aktionsmuster der Muskelentspannung 59
Muskelentspannung und Aufwärmen 62
Aufwärmen mit CHRS-Übungen 63
Muskelentspannung und «Cool-down» 64

Aufwärmen vor Training
und Wettkampf 65

Funktionelles Aufwärmen 66
Aktives und passives Aufwärmen 67
Dauer und Intensität des Aufwärmens 68
Klimatische Bedingungen 69
Tageszeit 69
Alter 69
Allgemeines und spezielles Aufwärmen 70
Funktionelle Aufwärmübungen 70

Warmhalten und Entmüden 72
Aktives und passives Warmhalten 72
Aktives und passives Entmüden («Cool-down») 73
Individuelles Aufwärmen und Entmüden 73

Die Funktionskreise 75

Beweglichkeit
und Beweglichkeitstraining 81

Biologische Grundlagen der Gelenkbeweglichkeit 82

Training der Beweglichkeit 87
Training der Gelenkbeweglichkeit 87
Beeinflußbarkeit der Gelenkstruktur 88
Beeinflußbarkeit der elastomechanischen Eigenschaften 89

Charakter funktioneller Beweglichkeitsübungen 92
Dehnungsübungen 92
Dehnungstechniken 93
Stretching als Sportform 95

Kraft
und Krafttraining 97

Arten der Kraft 97

Funktionalität von Kraftübungen 98

Training der Kraft 106
Grundlagentraining 106
Krafttraining und Kraftausdauer 106
Krafttraining und Schnellkraft 107
Krafttraining und Haltekraft 108
Krafttraining und Beweglichkeit 108
Krafttraining und Koordination 110
Krafttraining und Dehnfähigkeit 111

Erika Groos
Ausdauergymnastik mit Musik 113

Psychologische und physiologische Bedeutung von Musik und Rhythmus 114
Auswahl der Musik 115
Tempo und Takt 116

Aufbau eines Übungsprogramms 117
Belastungsintensität in der Ausdauergymnastik 119
Rahmen für ein gymnastisches Übungsprogramm 121

Musikvorschläge (Discographie) 122

Übungen und ihre Anwendungen 123

Zusammenstellung eines Übungsprogramms 125
Auswahl der Übungen 125
Übungsintensität und Übungsdauer 126
Motivationale Aspekte 127

Übungen 128
Funktionskreis I 128
Funktionskreis II 131
Funktionskreis III 146
Funktionskreis IV 157
Ausdauergymnastik 163
Entspannungspositionen 183
CHRS-Übungen 185
Unfunktionelle Übungen 189

Anhang 195
Literaturhinweise 195
Glossar 199
Über die Verfasser 202
Sachregister 203

Einführung

Gymnastik ist ein klassischer Gegenstandsbereich des Sports. Seit ihrer Entstehung werden gymnastische Übungen mit unterschiedlichen Zielsetzungen im Sport angewandt.
In den Wettkampfsportarten gehören sie zum Standardprogramm des Aufwärmens (Warm-up). Zur Nacharbeitung und zur Unterstützung der körpereigenen Regeneration nach wettkampf- und trainingsbedingten Beanspruchungen (Cool-down) sind sie in einigen Sportarten nicht mehr wegzudenken. Weil spezielle gymnastische Übungen die motorische Handlungsfähigkeit verbessern, sind diese in jedem Technik- und Konditionstraining fest verankert. Sportmediziner empfehlen sie, um der Verletzungsgefahr vorzubeugen (prophylaktischer Aspekt). Krankengymnasten verwenden sie, um einen Heilungsprozeß zu beschleunigen (therapeutischer Aspekt). Psychotherapeuten setzen gymnastische Grundformen als psychoregulative Maßnahmen ein und sorgen damit wieder für Harmonie und Gleichgewicht im psycho-physischen Geschehen. In der Rhythmischen Sportgymnastik wie auch in jüngster Zeit im Aerobic (Ausdauergymnastik mit Musik) und Stretching (Dehnungsgymnastik) hat sich Gymnastik als Sportart bzw. Sportform gänzlich verselbständigt. Gymnastik ist demgemäß ein vielschichtiges Phänomen des Sports und als ein «offenes Bewegungssystem» zu betrachten.
Eine *Funktionsgymnastik* dagegen bezieht ihre Wirkungsweise aus festen Regeln, die der funktionellen Anatomie und Physiologie ebenso entlehnt sind wie der Krankengymnastik und Psychologie. Das vorliegende Buch berücksichtigt auch traditionelle Trainingsgesetze und setzt sich kritisch mit festgefahrenen Trainingsgewohnheiten bzw. Modeerscheinungen im Sport auseinander.
Die Übungen haben exemplarischen Charakter und sind im Sinn der *Funktionserhaltung* und der *Funktionssteigerung* der Organsysteme wirksam.

Die Übungsprogramme sind bestimmten Trainingszielen zugeordnet und erhalten dadurch eine eigenständige Funktionalität.
Vorwiegend Trainer und Übungsleiter, Sportlehrende und -studierende, aber auch alle anderen, die sich mit dem Sport hobby- oder berufsmäßig beschäftigen, finden in der «Funktionsgymnastik» nützliche Hinweise zur Planung, Steuerung und Kontrolle, insbesondere aber zur Optimierung und Ökonomisierung des Trainingsprozesses zum Wohl der Sporttreibenden, gleichgültig, ob es sich dabei um Fitness- oder Leistungssportler handelt.

Die Bedeutung der Gymnastik im Sport

Die Entstehung des Begriffs «Gymnastik» geht bis etwa ins vierte Jahrhundert vor Christus zurück. In der griechischen Antike noch für die Gesamtheit der Körperbildung in ihren unterschiedlichsten Ausprägungsformen verwandt, wird heute der Begriff im Sport zunehmend enger gefaßt.

Mit Gymnastik bezeichnet man solche Übungen, die mit allgemeinen und bisweilen sehr speziellen Reizsetzungen die Funktionsweise der Organsysteme erhalten und verbessern und ... «die auf eine vollkommene Bewältigung des Bewegungsapparates hinsichtlich qualitativer Merkmale der Bewegung (wie Rhythmisierungsfähigkeit, Exaktheit, Geschmeidigkeit, Harmonie etc.) gerichtet sind» (Kos / Teply 1980, 11).

Differenzierende Bezeichnungen wie Konditions-, Ausgleichs-, Skigymnastik oder rhythmische Sportgymnastik u. v. a. m. haben immer schon auf die jeweilige Zweckrichtung im Sport hingewiesen. Auch der Begriff der *Funktionsgymnastik* ist keineswegs neu. Unter dem Einfluß der schwedischen Gymnastik entwickelte Mensendieck ein Übungssystem, das sie «functional gymnastics» nannte und das sich an den anatomischen und physiologischen Bedingungen des Organismus orientierte und der Erhaltung oder Wiederherstellung der Gesundheit dienen sollte (Röthig 1977, 125).

In dieser Sinngebung werden gymnastische Übungsformen in allen Bereichen des Sports angewendet. Sie sind traditioneller Bestandteil des Trainingsprozesses im Wettkampf-, Schul- und Freizeitsport, aber auch in der Bewegungstherapie wie Krankengymnastik, Trainingstherapie u. a. Gerade mit Erkenntnissen aus diesen Bereichen wird zunehmend versucht, die gymnastischen Sportformen, die sich über Generationen von Sportlehrenden und Sporttreibenden überliefert haben, kritisch zu hinterfragen; denn bei weitem nicht alle gymnastischen Übungen, die im Sport gebräuchlich sind (man schätzt ihre Anzahl auf weit über 1000), dienen der Funk-

tionserhaltung und Verbesserung. *Sie schaden – langfristig betrieben – zuweilen mehr als sie nutzen.*
Vielen Übungssammlungen für den Sport ist überdies gemein, daß sie zwar nach physiologischen, pädagogischen oder methodischen Gesichtspunkten geordnet sind, aber psychoregulative und regenerative Wirkungsweisen von Körperübungen, wie sie z. B. dem Hatha-Yoga oder dem progressiven Muskelentspannungstraining zugesprochen werden, höchst selten berücksichtigen. Gymnastik im Sport sollte aber als ein *ganzheitlicher* verhaltens- und funktionsprägender Prozeß verstanden werden, in dem Erkenntnisse der funktionellen Anatomie, Bewegungstherapie und Psychologie bei der konzeptionellen Auswahl und Zusammenstellung von Übungen ebenso berücksichtigt werden müssen wie die Verfahrensweisen und Organisationsformen in der ‹klassischen› Gymnastik.

Bezogen auf diese Auffassung müssen die spezifischen *Zielsetzungen* einer «Funktionsgymnastik für den Sport» wie folgt formuliert werden:

- Harmonische Ausbildung aller Organsysteme; Steigerung des psychophysischen Leistungsvermögens; Optimierung der Herz-Kreislauf-Funktion; Erhaltung und Verbesserung der Leistungsfähigkeit des aktiven und passiven Bewegungsapparates; Verbesserung der intra- und intermuskulären Koordination; Schaffung grundlegender Voraussetzungen zur vollendeten Ausführung technischer Elemente.
- Ausgleich angeborener und erworbener Schwächen (z. B. Haltungsschwächen, Hüftdysplasie) und disharmonischer Entwicklungen der Organsysteme aufgrund einseitiger Trainingsbelastung zur Sicherung einer optimalen Leistungsbereitschaft und zur Vermeidung von Sportverletzungen und Sportschäden.
- Vorbereitung und Einstellung des Organismus (z. B. Aufwärmen) auf funktionell maximale Beanspruchungsformen sowie Nacharbeitung (z. B. Cool-down, Auslaufen etc.) zur Unterstützung der körpereigenen Regenerationsfähigkeit im Training und Wettkampf; Psychoregulation vor, während und nach dem Wettkampf sowie Erweiterung der allgemeinen und sportspezifischen Handlungsfähigkeit.
- Allgemeine Funktionssteigerung der Organsysteme zur Vermeidung von Zivilisationskrankheiten und zur Verbesserung des körperlichen und geistigen Wohlbefindens (Fitnesstraining).

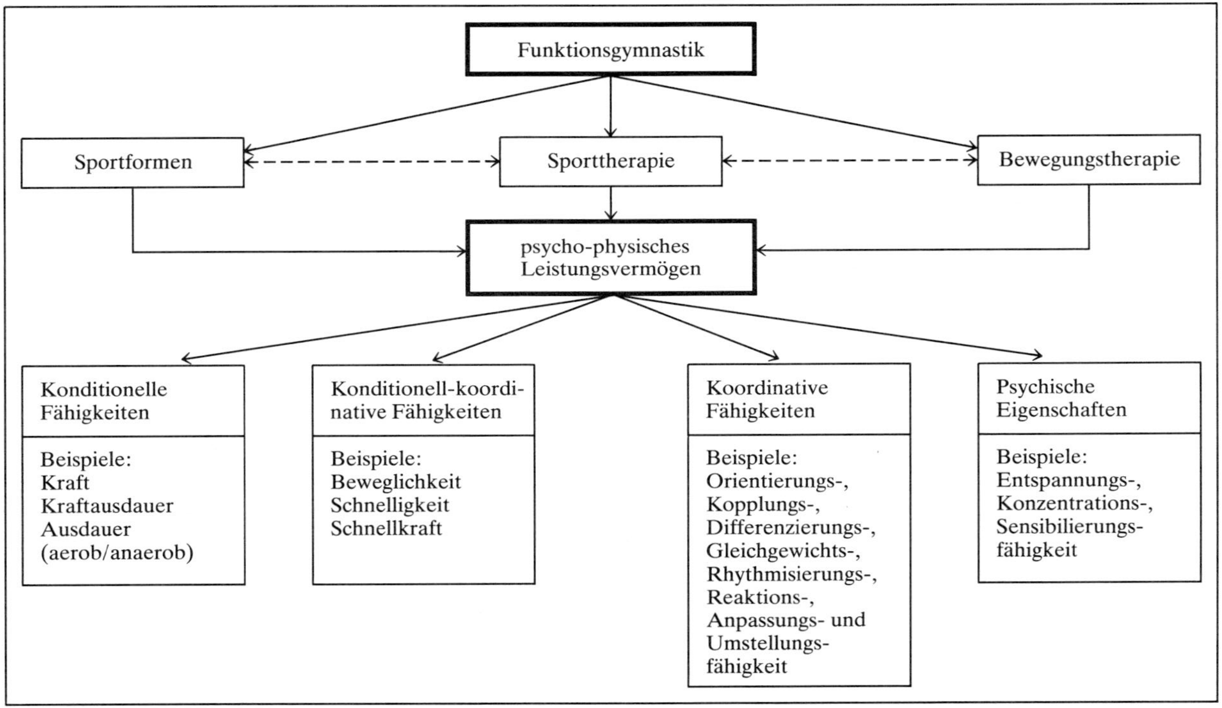

Tab. 1: Anwendungsbereiche der Funktionsgymnastik und ihre Wirkungen auf das psycho-physische Leistungsvermögen

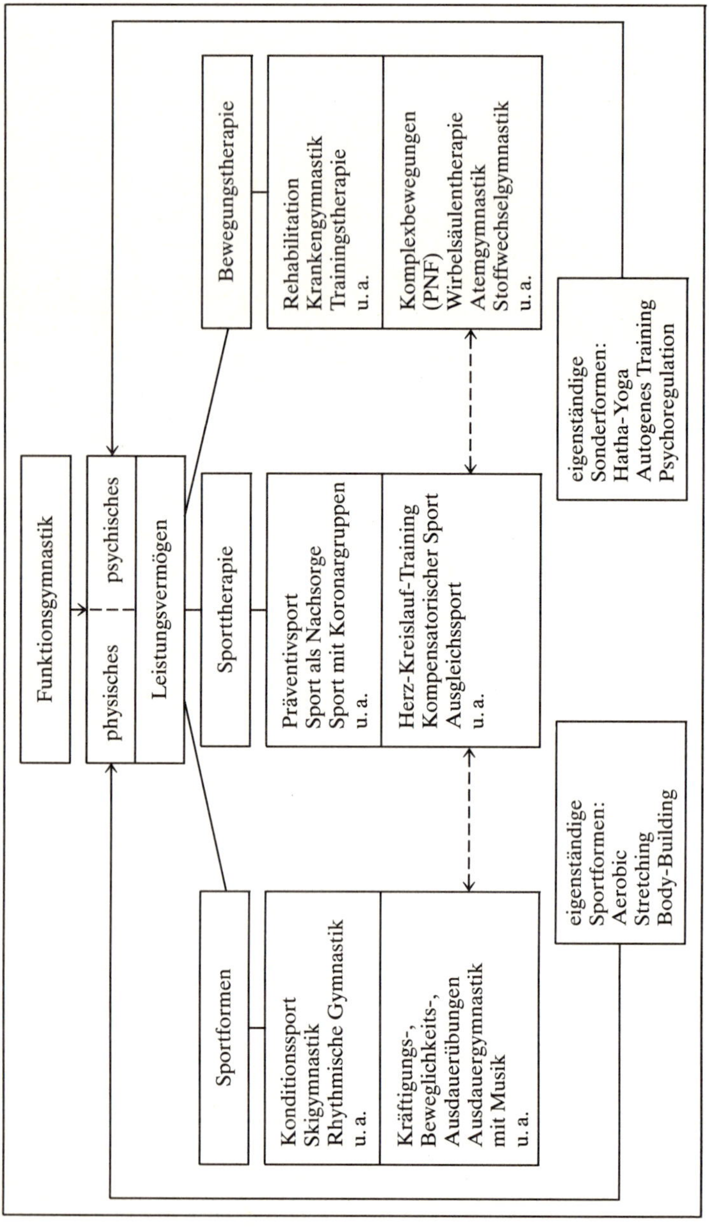

Tab. 2: Anwendungsbereiche der Funktionsgymnastik und beispielhafte Trainingsmittel

Anatomische und physiologische Aspekte der Körperfunktion

Im Sport ist der menschliche Organismus unterschiedlichsten *Beanspruchungsformen* ausgesetzt, die im wesentlichen auf
- den passiven Bewegungsapparat (Knochen, Knorpel, Bänder),
- den aktiven Bewegungsapparat (Skelettmuskulatur),
- das Herz-Kreislauf-System und
- die Psyche

einwirken und nach den Gesetzen von Reiz und Anpassung organische, morphologische und somit funktionelle Veränderungen hervorrufen.

Der passive Bewegungsapparat

Die Knochen

Den passiven Bewegungsapparat bilden die Knochen und deren gelenkige Verbindungen. Etwa 200 Knochen bilden das menschliche Skelett. Ihre Form (lang, kurz oder flach), ihre substantiellen Eigenheiten (die chemische Struktur z. B.), aber auch ihre Anordnung im Skelett tragen wesentlich zur sinnvollen Erfüllung ihrer Aufgabe bei.

So könnte z. B. der Oberschenkelknochen wohl kaum die Belastungen eines ‹bewegten› Sportlerlebens ertragen, wenn er wie ein Stab konstruiert wäre. Erst die S-förmige Schwingung einerseits und die in sich spiralige Verwindung andererseits schaffen die Voraussetzungen für die elastische Nachgiebigkeit und hohe Widerstandsfähigkeit des Knochenschaftes, so daß selbst extreme Beanspruchungen, wie sie im Hochleistungssport alltäglich sind, längerfristig ohne Beschwerden toleriert werden (vgl. Abb. 1).

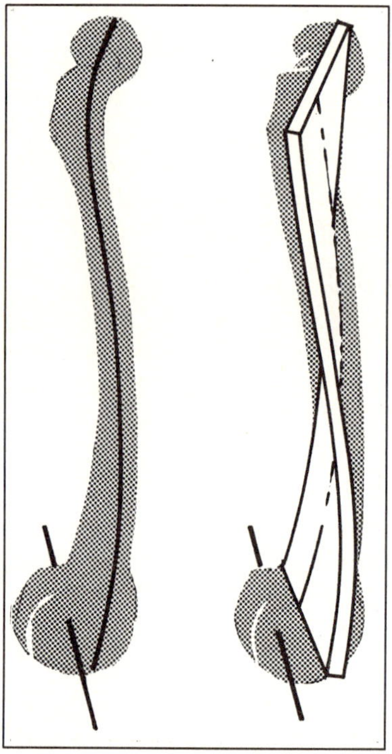

Abb. 1: S-förmige Schwingung und spiralige Verwindung verleihen dem Oberschenkelknochen eine hohe Belastbarkeit (modif. nach BAMMES o. J.)

Um die Anpassungsfähigkeit und *Trainierbarkeit der Knochen* kümmert man sich im Trainingsprozeß in der Regel herzlich wenig, wohl deshalb, weil sich ihre Adaptionsfähigkeit unserer Beobachtungskunst entzieht. Sie geraten allenfalls dann einmal ins Blickfeld, wenn übermäßige sportliche Betätigungen zu Deformationen der inneren oder äußeren Struktur in Form von Brüchen, Zerrüttungen und Aufbrauchschäden führen.
Knochen haben nicht nur eine Form, sondern sind auch ‹formbar›. Selten weisen Anweisungsbücher zu den einzelnen Sportarten auf diese biologische Bedingung hin. Knochensubstanz wird fortgesetzt auf-, um- und abgebaut. Sie ist ähnlich anpassungsfähig wie die Muskulatur, der man im Sport gewohnheitsmäßig mehr Aufmerksamkeit schenkt. Dabei zeigt die Diskussion über die Auswirkungen des Sports am Haltungs- und Bewegungsapparat (vgl. COTTA 1983) beispielsweise, daß eine Beachtung der Konstruktion und Funktion sowie der physiologischen Belastungsmöglichkeit auch des passiven Bewegungsapparates stärker im Bewußtsein von Sportlern, Trainern und Übungsleitern verankert werden muß.

Innere und äußere Struktur der Knochen

Auf die Vielfalt der Knochenformen kann nicht im einzelnen eingegangen werden. Hier sei auf die einschlägige Fachliteratur im Anhang verwiesen. Die Gesamtheit der Knochen bildet ein Gerüst und Stützwerk zur Befestigung und Halterung von Weichteilen und Muskeln. Lange Knochen finden wir in den Extremitäten. Ihre Form zeigt gegenüber den kurzen Knochen ein individuelleres Gepräge, was mit den statischen und dynamischen Aufgaben, die sie zu erfüllen haben, zusammenhängt. Durch C- oder S-förmige Krümmungen in Verbindung mit spiraligen Verdrehungen des Knochenschaftes wird eine hohe «Puffereigenschaft» bei geringstem Materialaufwand erreicht. Eine hohe elastische Nachgiebigkeit wird besonders durch die S-Form (wie beim Oberschenkelknochen) mit gegenläufigem Schwung erzielt, weil sich die Belastung in dieser Weise auf mehrere Krümmungsscheitel verteilt.

Die kurzen Knochen (Handgelenk, Fußgelenk) sind eher rundlich vielekkig und können meist erst im Verbund ihren speziellen Aufgaben nachkommen (wie im Handgelenk und Fußgelenk). Ihr konstruktionsmäßiger Zusammenhang ergibt sich letztlich aus den Funktionen, die sie gemeinschaftlich zu bewältigen haben. Gesichert von straffen Bandverbindungen gewährleisten solche «Knochenverbünde» hohe Elastizität bei größtmöglicher Bewegungsfreiheit, wie sie besonders im Sport benötigt wird. Die Konstruktion des Fußlängsgewölbes, das mit einem Rundbogen in der Architektur verglichen werden kann, zeigt in besonders anschaulicher Weise eine solche «Funktionseinheit» auf. Die Funktion des Schlußsteins im Rundbogen übernimmt im Fußgewölbe das Kahnbein. Aufgrund der exponierten Lage ist dieser Knochen daher beim sportlichen Laufen, Springen, Federn oder bei Landungen besonderen Belastungen ausgesetzt.

Anorganische und organische Substanzen bilden die innere Struktur des Knochens und geben ihm die hohe Widerstandsfähigkeit und Druckfestigkeit, die zur Bewältigung alltäglicher, beruflicher und sportlicher Beanspruchungen benötigt wird. Verändert sich zum Beispiel die chemische Zusammensetzung des Knochens, kann das zu strukturellen Veränderungen führen (wie z. B. O-Beine bei Kalkmangel) oder die Bruchgefahr steigern, wie zum Beispiel durch den natürlichen Alterungsprozeß, wo der Knochenleimgehalt abnimmt.

Abb. 2: Wie der Schlußstein in einem Rundbogen liegt das Kahnbein im Längsgewölbe des Fußes.

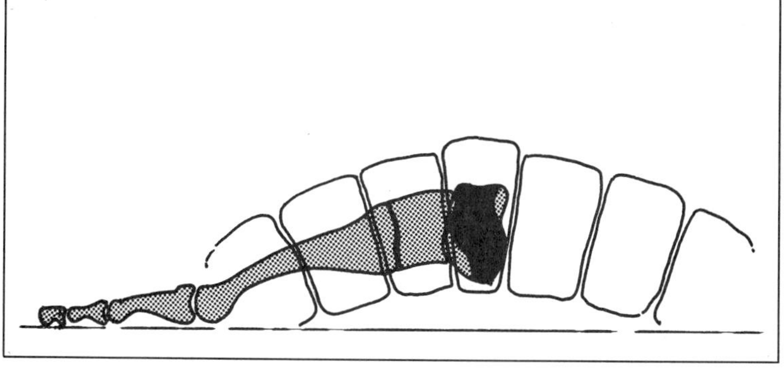

Trainingswirkungen auf die Knochen

Form und substantieller Aufbau eines Knochens werden von dem auf ihn einwirkenden Zug und den Druckbelastungen u. a. beeinflußt. So sind die Knochenenden durch ein sinnfälliges Bälkchensystem in ihrem Inneren vielfältig verstrebt. Durch diese Konstruktion wird mit geringstem Materialaufwand eine hohe Festigkeit gerade dort erreicht, wo die Beanspruchung des Knochens am größten ist. Sportliche Betätigung unterstützt den Aufbau dieser sogenannten «Schwammsubstanz» (substantia spongiosa), so daß selbst langfristig Mehrbelastungen des passiven Bewegungsapparates kompensiert werden können, wie das bei allen Formen des Hochleistungssports der Fall ist.

Bewegungsarmut oder Ruhigstellung dagegen haben immer eine Verminderung des knocheneigenen Stoffwechsels zur Folge, was zu einer substantiellen Schwächung des Gewebes führen kann (z. B. Demineralisierung). Das Sprichwort «Wer rastet, der rostet» findet in diesen variablen Anpassungsvorgängen seine sinngebende Begründung. Ein trainierter gesunder Knochen ist stabiler und widerstandsfähiger als ein untrainierter.

Die wesentlichsten *positiven Auswirkungen* sportlicher Betätigung *auf den Knochen* lassen sich wie folgt zusammenfassen:

- Durch Änderung der Form paßt sich der Knochen vermehrten Zug- und Druckbelastungen an (äußere Strukturänderung);
- durch Verdichtung der Schwammsubstanz wird eine höhere Widerstandsfähigkeit gerade der Knochenenden erreicht, die bei Zug und Druck besonderen Beanspruchungen ausgesetzt sind (innere Strukturänderung);
- mechanische Beanspruchung des Knochens in seinen physiologischen Grenzen regt den knocheneigenen Stoffwechsel an und führt zu substantieller Veränderung der chemischen Struktur der Knochensubstanz.

Die Gelenke

Die meisten Knochen sind durch Gelenke beweglich miteinander verbunden. In bezug auf Material und Konstruktion verwendet die Natur unterschiedliche Möglichkeiten der Knochenverbindung.

Funktionelle gymnastische Übungen verlangen Genauigkeit in der Ausgangsstellung und Bewegungsausführung. Daher ist die genaue Kenntnis des *Aufbaus* und der *Mechanik* der Gelenke, insbesondere des Richtungsverlaufs der Gelenkachsen, für Trainingsplanung und -steuerung besonders wichtig.

Feste und straffe Knochenverbindungen

Überall dort, wo höchste Stabilität im Skelettsystem benötigt wird, finden sich die festeren Verbindungen. Ein Paradebeispiel hierfür ist die Kon-

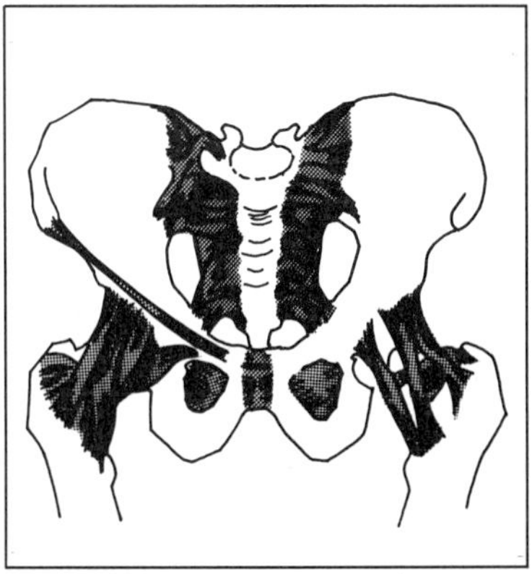

Abb. 3: Beckenring von vorn. Eine Vielzahl von Bändern verleihen dem Beckenring eine hohe «elastische» Stabilität.

struktion des Beckens. Im Kindesalter noch aus Einzelknochen bestehend (aus Darm-, Sitz- und Schambein), wachsen die einzelnen Elemente nach der Pubertät zu einem ganzen, widerstandsfähigen Beckenring zusammen. Das aus fünf Wirbelkörpern verschmolzene dreieckige Kreuzbein ist mit einem besonders kräftigen Bandapparat quasi wie ein Schlußstein in diesen Ring eingefügt. Diese Konstruktion und die spezielle Form der Bandhaftung zwischen Kreuzbein und Darmbeinschaufeln verleihen dem Becken optimale Elastizität bei größtmöglicher Stabilität, so daß selbst extreme Belastungen von mehreren hundert Kilogramm, wie beim Gewichtheben, bei allen sportlichen Sprüngen (Leichtathlethik, Eiskunstlaufen, Skispringen u. a.), ohne Schaden über einen längeren Zeitraum toleriert werden können (vgl. Abb. 3).

Die zahlenmäßig häufigsten Knochenverbindungen sind die Gelenke. Ihre variantenreichen Formen entspringen der jeweiligen biomechanischen Zweckbestimmung: Einmal gestatten sie nur räumlich geringe, dann aber wiederum extrem weite Bewegungsumfänge, je nachdem, ob Einschränkung oder Freiheit nützlich erscheint. Alle Gelenke sind im wesentlichen mit den gleichen Bestandteilen ausgerüstet. In der Form unterscheiden sie sich aber ganz erheblich voneinander (vgl. Abb. 4).
Die Form bewirkt den Grad der *mechanischen Leistung*, z. B.:
- *Scharniergelenke* wie das Ellbogengelenk erlauben Bewegungen um eine Achse,
- *Ellipsoid-* bzw. *Sattelgelenke* wie im Hand- bzw. Daumengelenk um zwei Achsen und
- *Kugelgelenke* wie das Oberarmgelenk um drei oder mehr Achsen.

Jedes Gelenk ist aus den gleichen Bestandteilen aufgebaut:
Gelenkpartner, Gelenkhöhle, Gelenkkapsel, Gelenkschmiere, Gelenkknorpel, Bänder.
Die konkave und konvexe Form der *Gelenkpartner* (beteiligte Knochen) sichert eine gute Paßfähigkeit und ist verantwortlich für präzise Bewegungsführung. Aufgrund ihrer intensiven Beanspruchung sind die gelenknahen Teile des Knochens verstärkt (vgl. auch «Trainingswirkungen

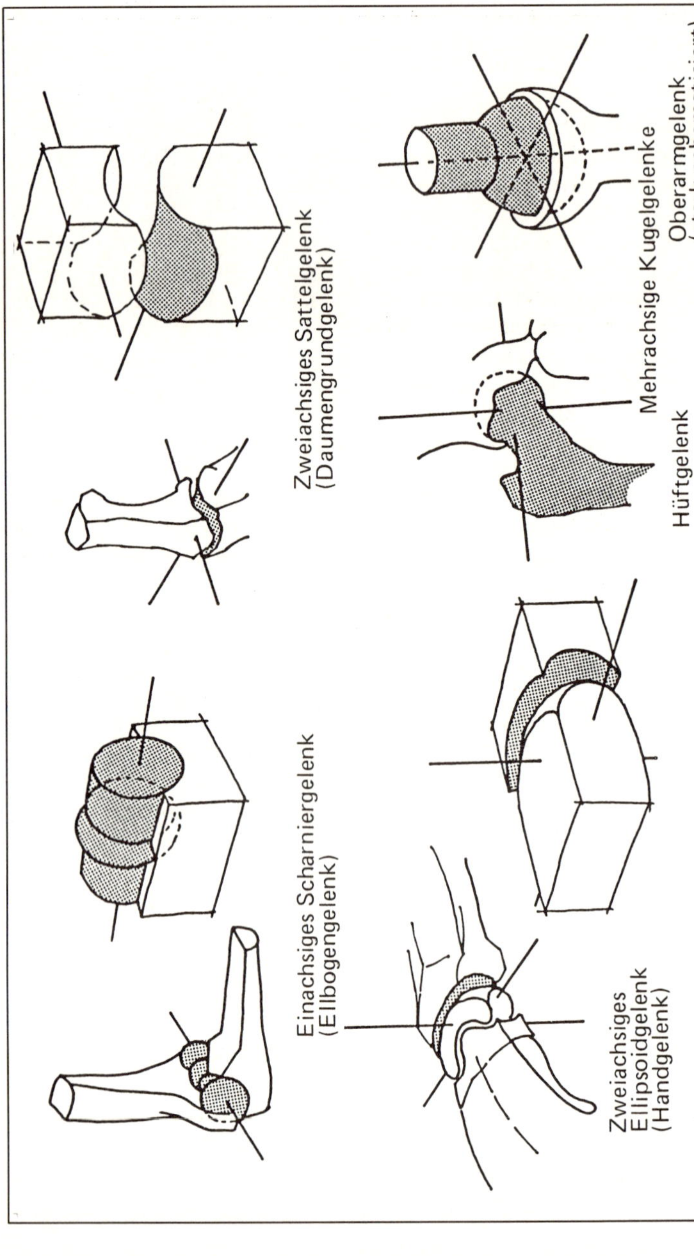

Abb. 4: Gelenkformen (Beispiele) (modif. nach BAMMES o. J.)

auf die Knochen»). An den Berührungsstellen sind sie mit Knorpel überzogen, der um so dicker und widerstandsfähiger ist, je geringer die Kongruenz der Gelenkpartner ist. Der besondere Vorzug dieser Konstruktionsweise liegt in einer Bewegungsmöglichkeit, die nur mittelbar von der Form der Gelenke bestimmt wird (vgl. die Funktionen von Kniegelenk und Ellbogengelenk). Für den Sport ergeben sich hieraus bestimmte Konsequenzen, die im Kapitel «Beweglichkeit und Beweglichkeitstraining» diskutiert werden.

Der *Gelenkknorpel* besteht aus elastischem druckfestem Gewebe. Dank seiner glatten Beschaffenheit vermindert er an den Gelenkflächen die Reibung. Eine spezielle Form des Knorpels findet sich in den Menisken, die als bewegliche Scheiben im Kniegelenk die Inkongruenz von Oberschenkelrollen und Unterschenkelpfanne ausgleichen. Gelenke werden durch *Gelenkkapseln* verschlossen, die aus einer derben äußeren Schicht und einer Innenhaut bestehen. Die Kapselinnenhaut sondert die *Gelenkschmiere* ab, die die *Gelenkhöhle* ausfüllt, so daß der Reibungswiderstand an den Knorpelstellen auf ein Minimum reduziert wird.

Bänder können sowohl außenseitig oder, wie bei den Kreuzbändern des Knies, innerhalb der Gelenkhöhle verlaufen und in Verbindung mit der Kapsel Gelenke mehr oder weniger straff zusammenhalten. Bänder setzen nicht unmittelbar am Knochen an, sondern strahlen in ihren Ansätzen in die Knochenhaut (Periost) ein. Dadurch wird eine zweckmäßige Verteilung des Kraftangriffs der Bänder auf eine möglichst große Fläche erreicht. Bänder sind aber nicht nur verantwortlich für den Zusammenhalt der Gelenke, sondern unterstützen entscheidend auch deren Führung in die durch die Gelenkachsen vorbestimmte Richtung und begrenzen oft den Bewegungsumfang (Bandhemmung) (vgl. Abb. 5). Für die Bewegungsmöglichkeiten ist ferner die Anzahl und die Kraft der auf das Gelenk wirkenden Muskeln verantwortlich. Zwischen *Mobilität* und *Stabilität* eines Gelenkes besteht eine reziproke funktionelle Bezie-

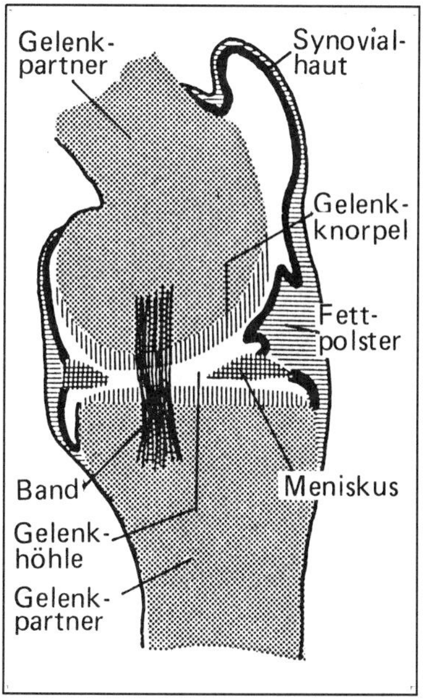

Abb. 5: Aufbau eines Gelenks (Kniegelenk)

hung. Je umfangreicher die knöcherne, bandhafte und muskuläre Führung, desto eingeschränkter ist die Beweglichkeit.
Wenn dagegen ein Gelenk konstruktionsbedingt wenig Band- und Knochenführung besitzt, tragen diese Eigenschaften wenig zur Stabilisation des Gelenkes bei. Das Gelenk verfügt über eine große physiologische Beweglichkeit, die notwendigerweise eine besonders ausgeprägte Muskelführung braucht.
Paradebeispiel für eine *große Mobilität* ist das Schultergelenk. Die Fläche des Oberarmkopfes ist viermal größer als die flache Pfanne des Schulterblattes (vgl. Abb. 6). Die Kapsel ist besonders weit und verfügt über eine Reservefalte, die sich beim seitlichen Abspreizen glättet. Die Gelenkkapsel, mit einer dünnen vorderen Wand versehen, wird nur durch ein Band unterstützt.
Im Hüftgelenk dagegen finden wir gänzlich andere Bedingungen. Eine in der Regel tiefe Gelenkpfanne gewährleistet eine gute Umfassung der Gelenkkugel des Oberschenkelhalses. Allein schon durch diese knöcherne Konstruktion besitzt das Hüftgelenk eine hohe Tragefähigkeit. Zusätzlich verspannen zahlreiche kräftige Bänder durch spiraligen Zug (Bänderschraube) den Oberschenkelkopf in der Hüftpfanne (vgl. Abb. 3, Seite 19). All diese Faktoren haben eine *große Stabilität* bei eingeschränkter Mobilität zur Folge.

Abb. 6: Schultergelenk

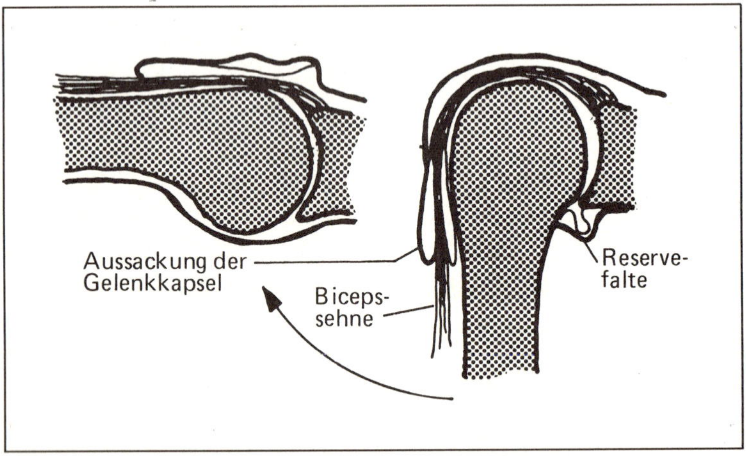

Trainingswirkungen auf die Gelenke

Regelmäßige sportliche Betätigung führt auch in den Bauelementen der Gelenke zu Anpassungserscheinungen, die die Leistungsfähigkeit dieser beweglichen Teile des Skelettsystems steigern.

So verdickt sich zum Beispiel der Knorpel an den Gelenkflächen durch Training, wodurch eine breitere Auflagefläche erreicht wird. Die Folge ist eine Druckverminderung pro Auflageflächeneinheit. Auch bei kurzzeitiger Belastung ist bereits eine *Zunahme der Gelenkknorpeldicke* festzustellen, die sich in Ruhe wieder reduziert. Ein Aspekt, der für das Aufwärmen vor sportlicher Betätigung bedeutsam ist.

Die variable Anpassungsfähigkeit wird durch den substantiellen Aufbau des Knorpelgewebes aus Fasern, Knorpelzellen und wasserbindender Grundsubstanz erzielt. Zur Aufrechterhaltung der Anpassung an sich dauernd verändernde mechanische Bedingungen wird die Knorpelsubstanz ununterbrochen durch die Gelenkschmiere mit Nährstoffen versorgt. Die Produktion der Gelenkschmiere ist aber nur dann möglich, wenn die Gelenkinnenhaut ausreichend mit Blut versorgt wird (Cotta 1983). Sportliche Betätigung optimiert auch diese für die Mechanik der Gelenke wichtigen *Versorgungsprozesse.*

Der hemmende Einfluß des Bandapparates kann durch wiederholte gymnastische Übungen vermindert, Gelenkkapselabschnitte vergrößert und knorpelige Gelenkflächen verbreitert werden. Die *physiologischen Grenzen der Gelenkbeweglichkeit* sollten allerdings unbedingt dabei eingehalten werden.

Diesen positiven Adaptionsprozessen am Knochen- und Gelenkapparat (Aktivitätshypertrophie) stehen negative bei Bewegungsmangel (Inaktivitätsatrophie) gegenüber, d.h. ein Schwund an Knochensubstanz, Schrumpfung des Bindegewebes in Muskeln, Gelenkkapsel und Bandapparat.

Bei Sportverletzungen ist es bisweilen notwendig, Gelenke über einen längeren Zeitraum ruhigzustellen. Solche Immobilisationen sollten am Sportler nur dann vorgenommen werden, wenn deren Anwendung unvermeidlich ist, und überdies nur so lange wie unbedingt nötig. Längere Inaktivität führt zum Abbau der Knorpelsubstanz und begünstigt Verklebungen und Verwachsungen der Gelenkinnenhaut, was die Gelenkbeweglichkeit erheblich einschränken kann. Oft sind dann spezielle sportphysiotherapeutische Maßnahmen notwendig, um solche Gelenke wieder «aufzutrainieren».

Mehrfach wurde bereits darauf hingewiesen, wie sportliche Betätigung die Funktion des passiven Bewegungsapparates erhalten und verbessern kann, solange sich die Betätigung in den physiologischen Beanspruchungsgrenzen hält. Leider sind die Grenzen zwischen noch funktioneller Belastung und bereits schädigender Überbelastung aus den verschiedensten Gründen

schwer zu bestimmen, so daß Überlastungssyndrome am Gelenkapparat immer wieder vorkommen. *Überlastungssyndrome* am Gelenksystem können sein:
- Hypermobilität durch Lockerung der Gelenkkapsel und Bänder,
- Reizzustände der Gelenkinnenhaut,
- Aufbrauchschäden des Gelenkknorpels und als Folge davon
- Zerrüttungen der Knochensubstanz (Arthrose).

Die Überlastungssyndrome können unterschiedliche Ursachen haben. Gelenkverschleißerscheinungen im Sport sind meist *mechanischen* Ursprungs. Höchste Zug- und Druckbelastungen, die häufig auf die Gelenke in exponierten Stellungen einwirken, sind ebenso verantwortlich zu machen wie häufig eintretende Verstauchungen und Verrenkungen, die zur Lockerung des Kapsel-Band-Apparates führen und nachfolgend die ganze Statik eines Gelenks verändern können. *Individuelle Dispositionen* im Gelenkaufbau und genetisch bedingte *Gewebeschwäche* sind weitere Ursachen, die die Belastbarkeit von Gelenken einschränken können.

Letztendlich ist der Sport selbst für Verschleißerscheinungen am Bewegungsapparat verantwortlich zu machen; denn im traditionellen Übungsgut der einzelnen Sportarten finden sich Bewegungen, die keineswegs immer den funktionalen Bedingungen der Gelenksysteme entsprechen (vgl. Kap. «Unfunktionelle Übungen»).

Als Beispiel kann der Absprung beim Hochsprung genannt werden. Obgleich die Fußgelenke beim *Fosbury-Flop* nachweislich stärkeren Belastungen ausgesetzt sind, weil die Absprungkräfte sie nicht achsengerecht treffen und so Scherungen und Drehungen provozieren, bevorzugen immer mehr Leichtathleten diese Technik. Der *Straddle,* von der mechanischen Beanspruchung des Fußes beim Absprung aus betrachtet, ist zwar eindeutig ‹gesünder›, dennoch hat er kaum noch Anhänger, weil sich mit dem Flop leichter Höchstleistungen erzielen und stabilisieren lassen. Das Risiko eines Sportschadens wird hier zugunsten maximaler Leistungssteigerung vom Trainer und Athleten bereitwillig in Kauf genommen – ein Vorgang, dem im Leistungssport allzugern gehuldigt wird. Die Flop-Technik im Hochsprung wird sich nicht mehr aus der Welt schaffen lassen. Doch den Risiken dieser Technik könnte man auf der einen Seite mit einer sauberen Absprungtechnik und mit speziell kräftigender Fußgymnastik begegnen.

Aber nicht nur die Wettkampfpraxis kennt Belastungsphänomene, die ohne weiteres als *unphysiologisch* und auf Dauer schädigend einzustufen sind. Auch die wettkampf- und trainingsbegleitende Gymnastik kennt traditionelle Übungen und Übungsprinzipien, deren Funktionalität in Frage gestellt werden muß (vgl. Kap. «Funktionalität von Kraftübungen»). Als Trainer und Sporttreibender sollte man sich immer vor Augen halten, daß die biologischen Anpassungsvorgänge der Gelenke nicht steuerbar sind. Die Beeinflussung geschieht immer über einen Umweg:

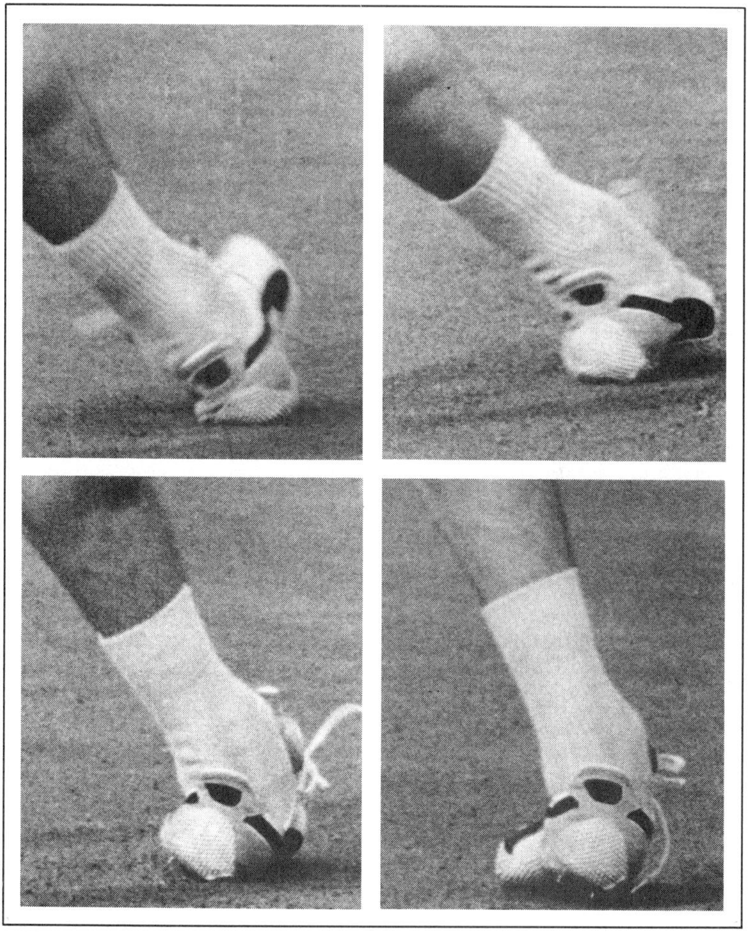

Abb. 7: Deformation des linken Fußes beim Flop-Absprung (Hochfrequenzaufnahme mit ca. 300 Bildern/Sek.) (*Quelle:* KRAHL, H./KNEBEL, K.-P. 1978, 501–506)

1. Vermeidung oder zumindest Verminderung unphysiologischer Belastungen,
2. Steigerung der sportartspezifischen Handlungskompetenz, um Verletzungen zu vermeiden,
3. Kräftigung der Muskulatur, um eine gute Gelenkführung trotz vermehrter Belastung zu sichern.

Verschleißerscheinungen am passiven Bewegungsapparat durch Sport bereiten insofern besondere Probleme, weil sie meist schleichend auftreten und ihre Diagnostik durch konventionelle Methoden (der qualitative Zustand eines Knorpels ist z. B. durch Röntgen nur schwer zu beurteilen) schwierig ist.

Zusammenfassung der wesentlichen *Auswirkungen* sportlicher Betätigung *auf die Gelenke:*

Positive Wirkungen:

- Die Stabilität wird durch Kräftigung der gelenkumfassenden Muskulatur verbessert;
- die Mobilität verbessert sich durch stärkere Dehnbarkeit der Muskeln und durch eine verbesserte Elastizität der Sehnen und Bänder;
- der Gelenkknorpel wird zum Wachstum angeregt;
- der Zellstoffwechsel der Gelenkinnenhaut wird verbessert.

Negative Wirkungen:

- Hypermobilität (übermäßige Beweglichkeit) kann durch dauernde unphysiologische (nicht achsengerechte) Beanspruchung des Gelenks sowie durch Verletzungen (Distorsionen) entstehen;
- Hypomobilität (eingeschränkte Beweglichkeit) entsteht dagegen durch Muskeldysfunktion, verursacht meistens durch einseitige Belastung (z. B. einseitiges Krafttraining), die zu einer Veränderung des Ruhetonus und damit zur Dauerverkürzung (Muskelkontraktur) führt;
- Distorsionen (Verstauchungen) führen zur Dehnung von Kapsel, Bändern und Sehnen. Häufige Verletzungsmuster dieser Art ziehen Gelenkinstabilität nach sich;
- Kontusionen (Prellungen), häufig mit Band- und Kapselverletzung einhergehend, verursachen im Gelenkinnenraum durch Blutung Schwellungszustände, die Reizzustände der Gelenkinnenhaut (Synovitis) begünstigen. Hiervon häufig betroffene Gelenke sind: unteres Sprunggelenk (Ballsportarten, Leichtathletik), Kniegelenk (Fußball, alpiner Skilauf), Fingergelenke (Ballsportarten).

Die Wirbelsäule

Unter den Skelettbausteinen nimmt die Wirbelsäule eine zentrale Stellung ein. Auch für den Bereich des Sports wird ihr besondere Bedeutung zugemessen.

Formbeschaffenheit

Die Wirbelsäule ist die axiale Stütze des Körpers. Sie schützt das Rückenmark, stützt den Schulter- und Beckengürtel und trägt den Kopf frei beweglich (de Marees 1979). Ihrer besonderen Halte- und Tragefunktion wird sie durch eine charakteristische S-förmige Krümmung gerecht. Aus seitlicher Sicht findet sich im Bereich der Hals- und Lendenwirbelsäule eine Hohlschwingung (Lordose) und im Bereich der Brustwirbelsäule eine entgegengesetzte Schwingung (Kyphose). Diese Formbeschaffenheit der menschlichen Wirbelsäule garantiert optimale Tragefunktion, weil die Körperlast auf mehrere Krümmungsscheitel verteilt wird. Die gesamte Wirbelsäule ist über das Kreuzbein durch äußerst starke Bänder mit den Beckenschaufeln verbunden. S-förmige Krümmung und elastische Verankerung im Beckengürtel sind für die Dämpfung von Stößen und Erschütterungen sowie für die Gleichgewichtssicherung von entscheidender Bedeutung.

Aufbau
Der Verbund von festen knöchernen und weichen bindegewebigen Strukturelementen garantiert eine optimale Beweglichkeit der Wirbelsäule. Sie besteht aus 24 Wirbeln mit 23 Zwischen-Wirbelscheiben (Bandscheiben). Die einzelnen Wirbel weisen einen gemeinsamen Grundtyp auf, anhand dessen ihre spezielle Funktion nachgewiesen werden kann.
Ein Wirbel besteht aus dem

- *Wirbelkörper,* einem vornehmlich stützenden und lasttragenden Formteil,
- *Wirbelbogen,* der mit dem rückwärtigen Teil des Wirbelkörpers das Wirbelloch bildet, in dem wie in einem Rohr geschützt das Rückenmark liegt.

Abb. 8: Grundtypus eines Wirbels und Wirbelsäulensegments

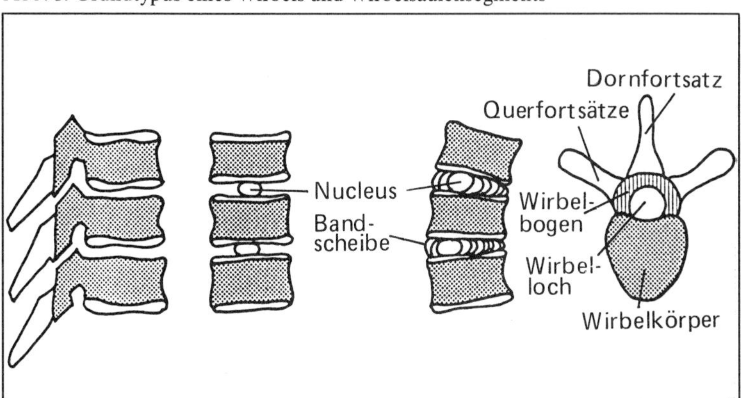

Entsprechend ihrer Funktion bei der Bewegung treten aus dem Wirbelbogen Fortsätze hervor: nach hinten die

- *Dornfortsätze,* die die Überstreckung nach rückwärts verhindern, den Schutz des Rückenmarks verstärken und als Hebelarm für die Rückenmuskeln dienen,

seitlich entspringen die

- *Querfortsätze,* die im Bereich der Brustwirbelsäule als Widerlager für die Rippen dienen und im Zusammenwirken mit den Dornfortsätzen ein Hebelwerk bilden, an dem Muskeln bewegend ansetzen können,
- *Gelenkfortsätze,* die je nach ihrer Beschaffenheit und Ausrichtung das Ausmaß der Bewegung festlegen.

Aus faserigem Knorpelmaterial bestehende *Zwischenglieder* (Bandscheiben) wirken wie Stoßdämpfer. Herzstück einer Bandscheibe ist ein gallertartiger Kern, der wie ein prall gefülltes Wasserkissen die Wirbelkörper auseinanderpreßt. Bei Beugung der Wirbelsäule wird die Bandscheibe etwas in Richtung der stärksten Krümmung zusammengedrückt. Der Kern weicht dabei in Gegenrichtung aus. Die Kerne funktionieren zusammen wie ein Kugellager und halten die Wirbelsäule in alle Richtungen beweglich.
Verschiedene *Bänder* verspannen die Wirbelsäule zu einem elastisch federnden, vielfach geschwungenen Rohr, das am unteren Ende durch das Kreuzbein mit dem Beckengürtel verbunden ist.

Mechanik
Die Mechanik der Wirbelsäule gestattet *Vor-, Rück-* und *Seitbeugungen* sowie *Längsachsendrehungen.* Der Bewegungsspielraum ist vom Hals bis zum Kreuzbein unterschiedlich. Vor- und Rückbeugungen erlauben vor allem die Hals- und die Lendenwirbelsäule. Der straffe Bandapparat und die Mechanik der Wirbelbogengelenke verhindern zwar größere Bewegungen von Wirbel zu Wirbel, doch der geringe Bewegungsspielraum summiert sich in der Gliederkette der Wirbelsäule zu Bewegungen mit großen Ausschlägen.
Das Bewegungsausmaß wird beim Vorbeugen von Bändern gehemmt. Bei der Rückneigung zeigt sich ein umgekehrtes Verhalten. Die Wirbelbogengelenke werden bei der Halswirbelsäule zum Beispiel dachziegelartig zusammengeschoben und tragen dadurch zu einer Verfestigung bei. Der Druck auf die Gelenkflächen der Wirbelbogengelenke nimmt dabei erheblich zu. Die rückwärtig gelegenen Bänder sind entspannt.
Dieses verdeutlicht, daß je nach Bewegungsrichtung die Beanspruchung der einzelnen Strukturelemente der Wirbelsäule schwerpunktmäßig wechselt: bei der Vorbeugung sind es vornehmlich die Bandscheiben und das hintere Längsband, bei der Rückneigung dagegen die Wirbelbogengelenke, die vermehrter Belastung ausgesetzt sind.

Wirbelsäulenbeanspruchung und Sport

Diese biomechanischen Bedingungen haben für den Sport besondere Konsequenzen. In vielen Sportarten werden extreme Wirbelsäulenpositionen erreicht, bei denen die Beanspruchung der beschriebenen Strukturelemente um ein Vielfaches ansteigt. Häufig wirken in diesen exponierten Stellungen zusätzliche Erschütterungen und Stöße ein, so daß die Druckbelastung ein Mehrfaches des Körpergewichtes erreicht. Als Beispiele sollen genannt werden:

- Landungen nach Sprüngen mit Amortisation der Bewegung über eine extreme *Hohlkreuzhaltung,* wie sie im Turnen, Eiskunstlaufen und in der Rhythmischen Sportgymnastik praktiziert werden.
- Landungen nach ein- und beidbeinigen Sprüngen mit *zusätzlicher Last* wie Gewichtsweste, Sandsack oder gar Hantel, wie sie im Konditionstraining vieler Sportarten zu finden sind.
- Schlagartige Verstärkung der Wirbelsäulenbiegung durch die *spezifische Technik* der Sportart wie zum Beispiel beim Delphinschwimmen und Speerwerfen oder durch Zug und Druck eines Partners als «wippende oder federnde» Ausführung einer gymnastischen Übung.

Auf falsche Bewegungsführung beim Heben von Lasten wird immer wieder sowohl in der medizinischen als auch in der sportpraktischen Literatur hingewiesen. So potenziert sich zum Beispiel der Druck auf die Bandscheiben beim falschen Heben eines nur 50 kg schweren Gewichts schon auf 720 kg (vgl. Abb. 9). «Es liegt auf der Hand, daß derartige Extrembelastungen vorzeitig zu Verschleißprozessen an den Wirbelsäulenstrukturen führen können. So sind zum Beispiel bei Gewichthebern gelegentlich schon im dritten Lebensjahrzehnt erhebliche krankhafte

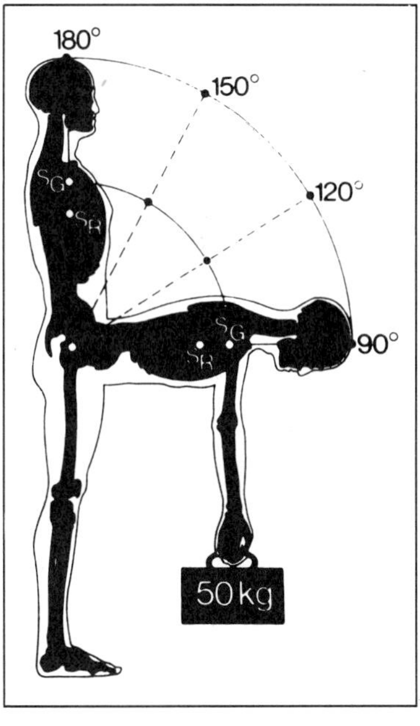

Abb. 9: Wirbelsäulenbelastung beim falschen Heben eines 50 kg schweren Gewichts
Druckbelastung des 5. Lendenwirbels bei:
180° = 90 kg
150° = 360 kg
120° = 630 kg
90° = 720 kg
(*Quelle:* Bäker 1981)

Veränderungen im Bereich der Lendenwirbelsäule nachzuweisen» (Cotta 1983, 57).

In vielen Sportarten wird mit allerlei sinnvollen, aber auch sinnlosen Übungen versucht, die *Extremitätenmuskulatur* auf einen optimalen Leistungsstand zu bringen, weil sie gemeinhin als leistungsbestimmend anerkannt wird, während die Kraftentwicklung der *Rumpfmuskulatur* vernachlässigt wird. So kommt es nicht selten zu einem Mißverhältnis im konditionellen Zustand zwischen ‹Antriebsmuskulatur› der Extremitäten und der ‹Haltemuskulatur› des Rumpfes. Eine Bewegung ist aber nie ein isoliertes Einzelgeschehen. Stets beteiligen sich in einem komplizierten Mit- und Nacheinander ganze Muskelketten an der Ausführung. Der Rumpf dient dabei der Antriebsmuskulatur gewissermaßen als ‹Widerlager›.

In den leichtathletischen Würfen zum Beispiel versucht man in der Abstoß- bzw. Abwurfphase durch Fixierung der linken Körperseite (beim Rechtshänder) dieses Widerlager bewußt aufzubauen, damit sich der Kraftimpuls aus dem Wurf- bzw. Stoßarm dem Beschleunigungsstoß aus der explosiven Streck-Schwenkbewegung des Rumpfes beim Auflösen der Stoß- bzw. Wurfauslage «aufsetzen» kann. Nur solches Verhalten sichert eine maximale Endbeschleunigung des Wurfgerätes. Der *Wirbelsäule* kommt dabei im Zusammenwirken mit der Rumpfmuskulatur eine zentrale Schlüsselfunktion zu: sie ist gewissermaßen ‹Dreh- und Angelpunkt› der Abwurfbewegung (vgl. Kap. «Kraft und Krafttraining»). Drehende oder gar scherende Kraftimpulse aus diesen Streck-/Schwenkbewegungen mit abruptem Blockieren treffen die Wirbelsäule um so unvermittelter, je schwächer die Rumpfmuskulatur ausgebildet ist.

Auch bei Sprüngen mit Landungen nach Drehungen um die Körperachse, wie wir sie im Eiskunstlauf, Turnen und Trampolinspringen finden, sind die Strukturelemente der Wirbelsäule besonders beansprucht. Dem können Sporttreibende längerfristig nur dann widerstehen, wenn sie in der Lage sind, durch eine kräftige Rumpfmuskulatur die Wirbelsäule als Drehachse wie einen Schiffsmast zu verspannen (vgl. Abb. 17, Seite 99).

Im Wettkampfsport bestimmt das Leistungsdenken jegliches Tun, wobei selbst unphysiologische Belastungen des passiven Bewegungsapparates billigend in Kauf genommen werden. Für den Leistungssport sollte daher folgendes Postulat aufgestellt werden: Rumpfkraft vor Beinkraft, d. h., bevor man sich artistische Sprünge mit Drehungen um die Körperachsen zumutet, sollte man über ein solide ausgebildetes ‹Muskelkorsett› des Rumpfes verfügen.

Auch stereotype, d. h. gleichbleibende Bewegungsabläufe wie beim Rudern (Riemen), Kanu und Speerwerfen beispielsweise können Beschwerden verursachen, wenn nicht im Trainingsprozeß durch *Ausgleichsgymna-*

stik zur Stabilisation und Mobilisation der nicht achsengerecht beanspruchten Wirbelsäule versucht wird, die einseitigen Belastungen zu kompensieren. Ist einmal die zentrale Funktionseinheit Wirbelsäule gestört, können eine ganze Reihe Beschwerdebilder entstehen. Aus dem Bereich des Lendenwirbelsäulensyndroms soll hier nur am Rande die auch bei Sportlern häufig anzutreffende *Ischias-Neuralgie* erwähnt werden. Nach BÄKER wird auch das sogenannte *Tennisarmsyndrom* zu 80% durch Wirbelsäulenstörungen zumindest mit ausgelöst (BÄKER 1983). Vielerlei funktionelle Störungen anderer Organe und Organsysteme können aber ebenso ihren Ursprung in Wirbelsäulenschäden haben.
Aus diesen und den vorgenannten Gründen ist die ‹Pflege› der zentralen Funktionseinheit «Wirbelsäule» von großer Bedeutung. Der Stabilisation und Mobilisation der Wirbelsäule für die Bedürfnisse des Sports wird daher im Praxisteil besondere Beachtung geschenkt.

Zusammenfassung der *Wirkungen* des Sports *auf die Wirbelsäule:*
Getreu der ARNDT-SCHULZEschen Regel «Gebrauch erhält, Anstrengung fördert, Überanstrengung schadet» führt regelmäßig betriebener Sport, gleich welcher Art, zu Anpassungserscheinungen im Bereich der Wirbelsäule, die ganz allgemein die Leistungsfähigkeit dieses vielfach gegliederten axialen Stützgerüstes verbessern.
Man kann davon ausgehen, daß diese Veränderungen denen der anderen Gelenksysteme entsprechen:

- Festigung des Knochengewebes der Wirbel,
- Verdickung der Knorpelflächen an den Wirbelgelenken,
- Verbesserte Versorgung der Bandscheiben durch dauernd wechselnde Druckbelastung,
- Kräftigung der Rücken- und Bauchmuskulatur.

Die Grenzen zwischen noch funktionellen Belastungen, die die Leistungsfähigkeit der Wirbelsäule steigern, und Überbeanspruchungen mit leistungsmindernden, teilweise irreversiblen Veränderungen an den Strukturelementen der Wirbelsäule (DE MAREES 1979) sind im Sport allerdings sehr schwer genau zu bestimmen. Manche Sportarten sind, was die Wirbelsäulenbelastung anbetrifft, deswegen risikoreicher als andere. Genaue Kenntnisse der sportartspezifischen Belastungen helfen, das Risiko für den Sporttreibenden möglichst klein zu halten. *Besondere Risiken* können sein:

- wiederholte extreme Überstreckungen (Hyperlordosierung) im Lendenwirbelbereich (Bodenturnen, Landung nach Sprüngen und Abgängen von Turngeräten u. a.),
- ausdauernde Beanspruchung der Wirbelsäule bei starker Krümmung (Radfahren, Kanu u. a.),

- zusätzliche Dreh-, Scher- und Stauchungskräfte (Landungen nach Sprüngen mit Drehungen um die Körperlängsachse, wie beim Eiskunstlaufen, Turnen und Ballett u. a.),
- falsche Hebetechniken beim Bewegen großer Lasten wie beim Gewichtheben und im Krafttraining.

Ferner bedeuten angeborene Anomalien im Bereich der Wirbelsäule wie Spaltbildung im Wirbelbogen (Spondylolyse) bzw. Haltungsschwächen und -schäden (Rundrücken, Flachrücken, Skoliose) immer ein erhöhtes Risiko bei sportlicher Betätigung. Je unfunktioneller die sportartspezifischen Belastungen sind, desto sorgfältiger sollte eine ‹Wirbelsäulenpflege› in Form von *funktioneller Gymnastik* (Stabilisation und Mobilisation) als trainingsbegleitende Maßnahme regelmäßig durchgeführt werden. Eine anlagebedingte Gewebeschwäche mit entsprechend früh einsetzenden physiologischen Verschleißerscheinungen an der Wirbelsäule (DE MAREES 1979) stellt im Sport immer ein schwer kalkulierbares Risiko dar, das nur duch regelmäßige sportärztliche Überwachung und durch verantwortungsvoll betriebenen Sport klein gehalten werden kann.

Der aktive Bewegungsapparat

Es liegt in der Natur der Sache, daß sich die Sportwissenschaft zu allen Zeiten mehr mit den biologischen und physiologischen Grundlagen des aktiven als des passiven Bewegungsapparates beschäftigt hat. Die Ursache hierfür mag die Tatsache sein, daß die Anpassungserscheinungen der verschiedenen Organsysteme an sportliche Reizsetzungen sich für Sporttreibende, Sportlehrende, Trainer und Übungsleiter am deutlichsten sichtbar an der Muskulatur manifestieren. Der funktionelle Zustand der Muskulatur prägt das äußere Erscheinungsbild des Menschen deutlich mit. Diese ästhetische Dimension wird so zum Beispiel im Body-Building zum vornehmlichen Trainingsziel erhoben. Aus Muskeltraining entsteht hier ‹Muskelkultur›, eine besondere Ausdrucksform des sporttreibenden Menschen. Beschäftigt man sich mit den physiologischen Grundlagen der Bewegung, wird man sehr schnell erkennen, daß all diese äußerlichen Veränderungen letztlich mit dem Energiestoffwechsel der arbeitenden Muskulatur zusammenhängen. Aus diesem Grund kann man der Muskulatur innerhalb der Sportphysiologie eine zentrale Stellung einräumen (MARKWORTH 1984).
Im Themenzusammenhang interessiert nur die quergestreifte Skelettmuskulatur, ihr Aufbau und ihre Funktion sowie die Erscheinungsweise ihrer Eigenschaften, soweit sie für eine Funktionsgymnastik bedeutsam ist. Ansonsten wird verwiesen auf: MARKWORTH, Sportmedizin, Bd. 1, sowie auf Standardliteratur zur Muskelphysiologie des Sportlers im Anhang.

Skelettmuskulatur und Funktionsgymnastik

Die ‹äußeren› Eigenschaften

Die Funktion der Muskeln bestimmt ihre Form. *Spindelförmige* Muskeln bestehen aus einem dicken Muskelbauch, der sich gleichmäßig zu beiden Sehnenenden verjüngt, die man auch als Muskelköpfe bezeichnet (MARKWORTH). Ihre Fasern verlaufen parallel. Bei den *gefiederten* Muskeln (einfach oder doppelt gefiedert) verlaufen die Fasern schräg zur Sehne. Das Ausmaß, um das sich Muskeln verkürzen können, ist beim spindelförmigen, parallelfaserigen Muskel am größten, beim gefiederten am geringsten. Im spindelförmigen Muskel «... sind im Gegensatz zum gefiederten Muskel in einem bestimmten Muskelvolumen relativ weniger Faserquerschnitte enthalten, so daß die durch die Kontraktion erzielbare Kraft geringer ist. Da die Hubhöhe des parallelfaserigen Muskels jeweils der echten Verkürzung der Muskelfasern entspricht, ist die Verkürzungsgeschwindigkeit, verglichen mit dem gefiederten Muskel, langsamer» (SCHMITT, O. in: HORT/FLÖTHER 1983, 28).

Spindelförmige Muskeln erzielen daher bei relativ geringer Kraftentfaltung und langsamer Kontraktionsgeschwindigkeit relativ großräumige Bewegungen in den Gelenken, auf die sie wirken. Wir finden sie an den Extremitäten, wo schnelle

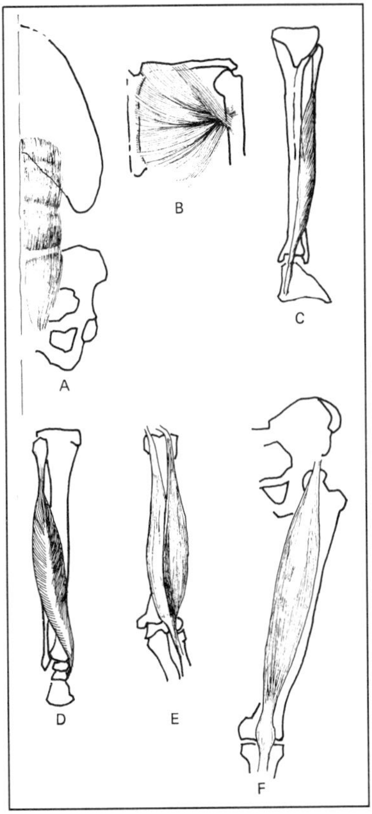

Abb. 10: Muskelformen (modif. nach BAMMES o. J.)
A = platter Muskel (Bauchmuskel)
B = fächerförmiger Muskel (großer Brustmuskel)
C = einfach gefiederter Muskel (Großzehenstrecker)

D = doppelt gefiederter Muskel (Großzehenbeuger)
E = zweiköpfiger Muskel (Ellbogenbeuger)
F = spindelförmiger Muskel (Kniestrecker)

Bewegungen ausgeführt werden müssen. Die gefiederten Muskeln dagegen besitzen bei gleichem Muskelvolumen mehr Fasern, so daß ihre Kraftleistung deutlich größer ist. Aber aufgrund der geringen Faserlänge ist ihre absolute räumliche Verkürzung geringer, die Kontraktionsgeschwindigkeit dagegen größer.
Verglichen mit den spindelförmigen Muskeln ist ihre Beeinflussung hinsichtlich Bewegung in den Gelenken geringer, weswegen der gefiederte Muskeltypus am Skelett überall dort zu finden ist, wo überwiegend große Kräfte erforderlich sind, wie in der Rumpfmuskulatur. Spindelförmige Muskeln haben daher mehr bewegende (Aktionsmuskulatur), gefiederte mehr haltende Funktion (Fixationsmuskulatur) (vgl. Abb. 10).
Muskeln können nicht nur über ein Gelenk, sondern auch über zwei Gelenke hinwegziehen. Ferner können sie verschiedene Köpfe besitzen wie der dreiköpfige Ellbogenstrecker (m. triceps) oder der vierköpfige Kniegelenkstrecker (m. quadriceps).

Die ‹inneren› Eigenschaften

Muskeln haben neben diesen ‹äußerlichen› Formtypen auch ‹innere› Qualitäten, die für ihre Funktion von großer Bedeutung sind. So ist ein Muskel sowohl *plastisch* als auch *elastisch*. Er kann sich aktiv zusammenziehen oder passiv gedehnt werden. Physikalisch gesehen sind dies völlig gegensätzliche Eigenschaften, die das Muskelgewebe durch die parallele und hintereinandergeschaltete Kopplung von elastischen und plastischen Strukturelementen gleichermaßen, aber unvollkommen in sich vereint. «Denn Elastizität ist die Eigenschaft eines Körpers, einer Deformation (z. B. Dehnung) von außen Widerstand zu leisten und sofort die ursprüngliche Form einzunehmen, wenn die deformierende Kraft aufhört. Stahl ist demnach hoch elastisch und kaum dehnbar, Gummi ist weniger vollkommen elastisch und dafür dehnbar, Butter schließlich ist nicht mehr elastisch, dafür aber leicht und bleibend deformierbar, sie ist ‹plastisch›. Daß der Muskel sowohl Dehnbarkeit als auch Elastizität – beide mit nur relativer Vollkommenheit – besitzt, ist für seine Funktion im Körper von großer Bedeutung» (Brecht 1960, 276).
Würde die Muskulatur nicht über diese einzigartigen mechanischen Eigenschaften verfügen, sportliche Betätigung, gleich auf welchem Niveau, wäre gänzlich ausgeschlossen.
Wenn sich zum Beispiel die Extensoren eines Gelenkes verkürzen, müssen die antagonistischen Flexoren nachgeben können, also leicht dehnbar sein, um die Gelenkstreckung nicht zu hemmen. Andererseits müssen die gedehnten Beugemuskeln auch wieder möglichst schnell zu ihrer Ausgangslänge zurückkehren, sie müssen elastisch sein. Gegenüber im physikalischen Sinne vollkommen elastischen Körpern (z. B. einem Stahlstab) besitzen die Muskeln eine Reihe auffälliger Besonderheiten. Bei gleichmäßig

ansteigender Dehnung nimmt die Länge des Muskels immer mehr ab. Ein Muskel dehnt sich am Anfang leichter, bei zunehmender Verlängerung aber immer schwerer.
«Eine weitere Besonderheit des Muskels sind seine elastischen Nachwirkungen auf Grund seiner elastischen Unvollkommenheit» (Brecht 1960, 278). Wird ein Muskel nach Dehnung entlastet, so bleibt für eine gewisse Zeit ein Dehnungsrückstand. Er kehrt nicht vollkommen in seinen Ausgangszustand zurück. Dies sind Eigenschaften, die bei der Ausführung von gymnastischen Dehnungsübungen (auch Stretching) vorzugsweise Berücksichtigung finden (vgl. Kap. «Beweglichkeit und Beweglichkeitstraining»).
«Schließlich zeigt die elastische Gestaltsveränderung des Muskels ein besonderes thermisches Verhalten. Wird ein Stahldraht gedehnt, so kühlt er sich minimal ab. Der Muskel dagegen erwärmt sich; bei Entlastung kühlt er sich ab. Wird ein Stahldraht von außen erwärmt, so dehnt er sich aus. Wird ein Muskel erwärmt, so verkürzt er sich. Er hat einen sogenannten negativ linearen thermischen Ausdehnungskoeffizienten» (Brecht 1960, 278). Diese auffälligen *thermo-elastischen Eigenschaften* werden im Sport beim sogenannten *Aufwärmen* entsprechend ausgenutzt. Dehnungsübungen sowie das ‹Warmhalten› durch spezielle Trainingskleidung sind unverzichtbar in der Aufwärmphase jeder Sportart.
Elastizität, Dehnfähigkeit, Kontraktilität und Plastizität sind muskuläre Eigenschaften, die im Sport immer schon zum Lernzielbereich der Gymnastik gehörten. In den Kapiteln «Kraft und Krafttraining» und «Beweglichkeit und Beweglichkeitstraining» wird darauf eingegangen, wie und in welchem Maß diese Eigenschaften durch funktionelle gymnastische Übungen trainingsmäßig beeinflußt werden können.

Kontraktionsformen der Muskulatur

Diese komplexen Grundeigenschaften befähigen die Muskulatur zu bestimmten Kontraktionsleistungen. In Abhängigkeit von den äußeren Bedingungen werden üblicherweise drei *Kontraktionsformen* unterschieden:
- die *isometrische* Kontraktion, bei der sich unter Aufrechterhaltung der Ausgangslänge des Muskels die kontraktilen Elemente zusammenziehen, die elastischen Elemente aber gedehnt werden. Es entsteht Muskelspannung ohne Bewegung im Gelenk, auf das der Muskel einwirkt. Ansatz und Ursprung des Muskels werden einander nicht genähert;
- die *isotonische* Kontraktion mit Verkürzung des Muskels bei gleichbleibender Spannung. Die isotonische Kontraktion stellt einen Sonderfall dar, der in der Sportpraxis in Reinform so gut wie nicht vorkommt. Sie hat vielmehr modellhaften Charakter und wird in der Trainingslehre gemeinhin zum besseren Verständnis der auxotonischen Kontraktion verwendet;
- die *auxotonische* Kontraktion, eigentlich eine Mischung aus den vorge-

nannten Kontraktionsvarianten, die durch die mechanische Kraftübertragung des Knochen-Gelenk-Apparates unter dauernd wechselnden Kraft-Last-Bedingungen entsteht und bei der sich der Muskel verkürzt und die Spannung innerhalb einer Bewegung durch differenziertes Zu- und Abschalten neuromotorischer Einheiten anpassend geregelt wird. Diese Bezeichnung dürfte wohl am ehesten den realen sportspezifischen Kontraktionsformen entsprechen.
Eine weitere Differenzierung der Kontraktionsformen in Unterstützungs- und Anschlagskontraktion, wie sie DE MAREES (1979) und MARKWORTH (1984) verwenden, orientiert sich an variablen, rein äußerlichen Bedingungen der Muskelarbeit und dient kaum der Klärung des physiologischen Bedingungsgefüges der Kontraktionsvarianten. Sie verwirrt nur, weshalb auf den Umgang mit ihr in der Trainingslehre verzichtet werden sollte.

Arbeitsweisen der Muskulatur
Grundsätzlich ist der Muskel zu zwei verschiedenen Arbeitsweisen in der Lage:
- zur *dynamischen* Muskelarbeit und
- zur *statischen* Haltearbeit.

Dynamische Muskelarbeit entsteht, wenn infolge auxotonischer Kontraktionen im Gelenk bzw. Gelenksystem Bewegung (Flexion, Extension, Rotation etc.) entsteht.
Statische Haltearbeit dagegen wird durch isometrische Kontraktion geleistet, die Gelenkbewegung verhindert. Allerdings verwendet der Sport den Begriff «Haltearbeit» auch für muskuläre Leistungen, wie sie zum Beispiel der Skirennläufer beim Abfahrtslauf aufzubringen hat. Die Absicht, eine möglichst aerodynamische Körperhaltung vom Start bis zum Ziel einzunehmen, zwingt den Rennläufer dazu, einen bestimmten, als optimal angesehenen Kniewinkel aufrechtzuerhalten, was ihm allerdings unmöglich ist; denn Unebenheiten des Geländeprofils, Ausgleichsbewegungen zur Stabilisierung des Gleichgewichts u. a. verlangen dauernde Bewegungen im Kniegelenk. Es handelt sich hier im Grunde auch um eine auxotonische Kontraktionsform ohne Entspannungsphase des Muskels (Relaxation), bei der allerdings der isometrische Anteil deutlich überwiegt. Eine spezielle Funktionsgymnastik für Abfahrtsläufer hätte im Übungsangebot demzufolge auf diese besonderen muskulären Beanspruchungsformen einzugehen.
Die Formen der Muskelarbeit können *konzentrisch* (überwindend) oder *exzentrisch* (nachgebend) sein. In einem Bewegungsablauf kommen beide Formen kombiniert vor. Im Sport hat die exzentrische Muskelarbeit bremsenden, die konzentrische eher beschleunigenden Charakter.
Beim Hochsprung zum Beispiel wird nach Aufsetzen des Sprungbeins beim Absprung zunächst das Kniegelenk gebeugt. Der Kniegelenk-Strecker (m.

quadriceps) wirkt hier als Bremser der Gelenkbeugung. In der Trainingswissenschaft wird diese Phase üblicherweise als «Amortisationsphase» bezeichnet, was, bezogen auf die physiologischen Bedingungen, nicht richtig ist. Dieser der Geldwirtschaft entlehnte Begriff bedeutet im ursprünglichen Sinn eine «allmähliche Tilgung». Auf die Muskelfunktion bezogen wird hier aber keineswegs «getilgt» (abgebaut), sondern im Gegenteil Muskelspannung durch exzentrische Arbeitsweise des Streckers aufgebaut. Es kommt gewissermaßen zu einer Speicherung der «Muskelaktionsenergie» in den bindegewebigen, elastischen Strukturelementen des Muskelgewebes, die sich dann in der konzentrischen Phase zusätzlich entlädt.
In der Funktionsgymnastik wird man diesem Muskelaktionsmuster immer dann folgen, wenn es gilt, die *reaktiven* Fähigkeiten der Muskulatur zu trainieren.

Zusammenspiel von Agonisten und Antagonisten
Die funktionelle Kraftlinie eines Muskels wird durch seinen Ursprung und seinen Ansatz am Knochen bestimmt. Jener Teil des Skeletts, der als Ausgangsbasis für eine Bewegung relativ fest steht, heißt *Ursprung* eines Muskels (Punctum fixum), der zu bewegende Abschnitt bildet das Punctum mobile oder den Muskelansatz (Bammes, o. J.).
Eine Bewegung ist kein isoliertes Einzelgeschehen. An ihr beteiligen sich stets ganze Muskelgruppen. Muskeln mit gemeinsamer Funktion vereinen sich in der Funktionsgemeinschaft der *Agonisten.* Ihre Gegenspieler sind die sogenannten *Antagonisten,* die jeweils zum agierenden Agonisten (Synergisten) die entgegengesetzte Funktion übernehmen. Je nach Bewegungsrichtung, ob Beugung oder Streckung, können die Rollen der Muskeln gewechselt werden.
Beim Kugelstoßen streckt der dreiköpfige Unterarmstrecker (m. triceps) schlagartig das Ellbogengelenk, das Gefahr liefe, geschädigt zu werden, wenn der Beuger (m. biceps) der Gegenseite diese Bewegung nicht hemmen würde.
Ursprung (Punctum fixum) und Ansatz (Punctum mobile) können innerhalb gleichbleibender mechanischer Wirkung eines Gelenks ebenso vertauscht werden. Zum Beispiel steht das Becken relativ fest, wenn im Stand das Bein vor-hoch gehoben wird. Das Becken mit dem sich beugenden Hüftgelenk dient hier als Ursprung (Punctum fixum) (vgl. Abb. 11).
Wenn der Oberkörper dagegen im Stand gebeugt wird, so ist der Oberschenkel fixiert (Punctum fixum), und das Becken neigt sich im Hüftgelenk und wird zum Ansatz (Punctum mobile).
Es sei noch erwähnt, daß sich viele Muskeln funktionell in verschiedene Teile aufspalten, so daß die Wirkungsrichtung einzelner Muskelportionen im Verhältnis zur Gelenkachse unterschiedlich ist. Der Deltamuskel (m. deltoides) gliedert sich zum Beispiel in einen vorderen, mittleren und hinte-

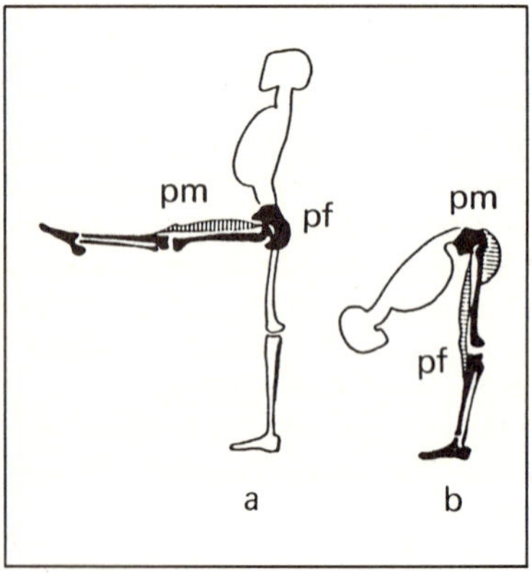

Abb. 11: Vertauschung von Ansatz und Ursprung
(a) Punctum fixum (pf) am Becken, punctum mobile (pm) am Schienbein
Wirkung der Muskelkontraktion: Beugen des Hüftgelenks mit Anheben des Beins (vgl. auch Abb. 18)

(b) Punctum fixum (pf) am Schienbein, punctum mobile (pm) am Becken
Wirkung der Muskelkontraktion: Beugung des Hüftgelenks unter Neigung des Beckens nach vorn bei antagonistischer (bremsender) Funktion des Gesäßmuskels (modif. nach Bammes, o. J.)

ren Abschnitt. Der vordere führt den Arm nach vorn (Anteversion), der hintere nach rückwärts (Retroversion), d. h., ein und derselbe Muskel kann sein eigener Gegenspieler sein.
Das Begreifen dieses wechselweisen Zusammenspiels und der mechanischen Wirkungsweise von Agonisten (Synergisten) und Antagonisten hat später große Bedeutung für die Ausführung funktioneller gymnastischer Übungen; denn im «Sport werden oft ungeeignete Trainingsübungen angewandt, weil Grundkenntnisse der funktionellen Anatomie fehlen» (Groves/Camaione 1975, 124).

Zusammenfassung der Eigenschaften der Skelettmuskulatur:

- Muskeln haben unterschiedliche Formgestalt. Die Funktion bestimmt entscheidend die Form.
- Muskeln sind elastisch, d. h. dehnungsfähig, kontraktil und plastisch.
- Die Kontraktionsart eines Muskels kann isometrisch oder auxotonisch sein. Isotonische Kontraktion kommt selten in Reinform vor.
- Die Arbeitsweise der Muskulatur ist dynamisch und statisch.
- Die Form der Muskelarbeit kann konzentrisch (überwindend) oder exzentrisch (nachgebend) sein.
- Agonisten und Antagonisten bilden eine funktionelle Einheit.
- Zwischen Agonisten und Antagonisten besteht hinsichtlich ihrer Wirkungsweise ein reziprokes Verhältnis. Dies gilt auch für Muskeln, die sich in bestimmte Teile mit unterschiedlicher Funktion unterteilen lassen.

Nerven und Muskelfunktion

Alle Aktionen von Muskeln und Muskelgruppen werden vom Nervensystem gesteuert. Zu allen Zeiten haben sich Menschen für diese komplizierten Steuerungseigenschaften interessiert und danach gefragt, welche biologischen Gesetze wirksam werden, wenn man Töne hört, Gegenstände wahrnimmt oder seine Muskeln arbeiten läßt, um sich von einer Stelle zu einer anderen zu bewegen. Die umfassenden Bewegungsmöglichkeiten des Menschen werden allgemein als *Motorik* bezeichnet. Gerade der Sport, insbesondere der Leistungssport, ist wohl die anspruchsvollste und vielseitigste Herausforderung an die menschliche Motorik. Eine spezielle Neurophysiologie der Sportmotorik gibt es nicht; denn alles, was im Sport an Bewegungsleistung produziert wird, läßt sich mit den Grundmechanismen der Alltagsmotorik erklären (Henatsch/Langer 1983).
Dennoch hat die Bewegungsforschung im Sport einen nicht unbedeutenden Beitrag zur Aufhellung der komplizierten Steuerungseigenschaften des zentralen Nervensystems geleistet. Eine umfassende Darstellung der neurophysiologischen Grundlagen von Haltung und Bewegung kann im Rahmen dieses Buches nicht geleistet werden. Dazu mehr zum Beispiel in: Markworth 1984, Willimczik/Roth 1983 und weiterführender Fachliteratur im Anhang. Übergreifende kinästhetische Aspekte sowie spezielle neurophysiologische Steuerungsprozesse, soweit sie für die Funktionalität gymnastischer Übungen im Sport von Bedeutung sind, sollten allerdings verstanden sein, um dem qualitativen Anspruch der Funktionsgymnastik genügen zu können.

Muskeltonus

Allein schon die Erhaltung der aufrechten Körperhaltung gegen die Schwerkraft bedingt, daß sich unwillkürlich viele Muskeln in ständiger Aktivität befinden. «Die Aufrechterhaltung dieser Tätigkeit erfolgt dadurch, daß einzelne Teile der Muskeln abwechselnd auf Grund reflektorischer Impulse (dauernd) Spannung entwickeln» (Brecht 1960, 305). Diese reflektorische *Muskelgrundspannung* wird Muskeltonus genannt, der durch einen beständigen Einstrom von Impulsen aus dem Zentralnervensystem unterhalten wird. Diese Impulse entstehen in sensiblen Empfangsorganen – wie den Muskelspindeln und Sehnenorganen – im Muskel selbst. Es sind Mechanorezeptoren, die auf Dehnung oder Druck reagieren und Impulse ins Rückenmark senden, wodurch die Muskulatur innerviert wird.
Dieser Mechanismus wird als *Dehnungs-* oder *Streckreflex* bezeichnet und ist für die Aufrechterhaltung des Muskeltonus entscheidend verantwortlich. An der Körperhaltung und Bewegung sind eine ganze Reihe weiterer Steuerungsprozesse beteiligt, die von anderen Rezeptoren (Auge, Gleich-

gewichtsorgan u. a.) ausgehen. Die Besprechung dieser Steuerungen im einzelnen würde hier zu weit führen. Dazu mehr bei Markworth 1984.
Der Muskeltonus ist ständigen Schwankungen ausgesetzt. Sowohl physische als auch psychische Regelmechanismen können den Muskeltonus steigern oder hemmen. Einige *sportrelevante Einflußkriterien* sollen hier erwähnt werden:

- sportliche Betätigung erhöht den Muskeltonus,
- kräftigende Übungen wirken tonussteigernd,
- Dehnungsübungen wirken tonussenkend,
- einseitige muskuläre Beanspruchung kann dazu führen, daß die Tonuslage bestimmter Muskelgruppen dauernd erhöht und die Balance des Tonus (Farfel 1977) zwischen Agonisten und Antagonisten gestört ist;
- bei der Ausführung von unbekannten, ungewöhnlichen und schwierigen Bewegungen erhöht sich auch der Tonus jener Muskeln, die nicht unmittelbar an der Bewegung teilnehmen. Solche überflüssigen Tonussteigerungen werden im Training als Verspannung oder Verkrampfung registriert;
- Klimareize führen zu Aktivitätsänderungen der Muskulatur. So verursachen stärkere Kältereize über eine Erregbarkeitssteigerung der Muskelspindeln (vgl. auch Kap. «Muskelreflexe») eine Zunahme des Muskeltonus insbesondere der Beugemuskulatur (de Marees 1979). Die subjektive Empfindung, daß die ‹Gelenke steif sind›, wenn man bei größerer Kälte Sport treibt (Skifahren, unzweckmäßige Sportkleidung u. a.), beruht also nicht auf einer eingeschränkten Gelenkbeweglichkeit, sondern allein die Erhöhung des Tonus der Beugemuskulatur vermindert die Gelenkigkeit. Das sogenannte «Kältezittern», wenn man friert, ist sichtbarer Ausdruck dieses Regulationsmechanismus;
- die psycho-physische Gesamtverfassung des Sportlers vor dem Wettkampf (Vorstartzustand) kann die Muskeltonuslage beeinflussen: Im Zustand des Startfiebers ist der Muskeltonus eher erhöht, im Zustand der sogenannten Startapathie dominieren die Hemmungsprozesse; der Muskeltonus ist vermindert;
- autosuggestive und psychoregulative Maßnahmen können den Muskeltonus senken.

Die Bedeutung gymnastischer Übungen zur Hebung des muskulären Aktivierungsniveaus ist im Wettkampfsport ebenso anerkannt wie die Wirkung von Körperübungen zwecks Abbau psychischer Erregungszustände.
Das sogenannte *Aufwärmen* vor dem Wettkampf dient daher nicht nur dazu, die Muskeln ‹auf die nötige Betriebstemperatur zu bringen›, sondern auch der ‹Entstressung›, der Verminderung negativ auf die Lei-

stungsfähigkeit wirkender psychischer Prozesse. Beobachtet man allerdings Sportler beim Aufwärmen, so hat man bisweilen den Eindruck, daß ihre Handlungen historisch gewachsene, über Generationen von Sporttreibenden vererbte, rituelle Handlungen sind, die oft nicht den *psycho-physischen Regulationsmechanismen* entsprechen.

Im Kapitel «Aufwärmen vor Training und Wettkampf» wird differenzierter auf die Bedeutung funktioneller gymnastischer Übungen eingegangen.

Muskelreflexe

Nicht minder bedeutsam für die Gymnastik sind die Muskelreflexe als funktionelle Bausteine der spinalen Motorik. Bestimmte gymnastische Strömungen in der Bewegungstherapie bauen auf den verschiedenen Reflexsystemen auf; so zum Beispiel die Methode der Komplexbewegungen (nach KABAT 1961; KNOTT/VOSS 1981), auch «propriozeptive neuromuskuläre Fazilitation» (PNF) genannt: die ihre Wirkungsweise aus Reflexmustern der Spinalmotorik bezieht. HOLT (1971) versuchte als erster, die Erkenntnisse der PNF-Technik auf den Sport zu übertragen. Sein «Gymnastik-System» (Scientific Stretching for Sport) ist in der Sportpraxis, zumindest in Deutschland, leider nicht sonderlich bekannt geworden.
Das Stretching, das sich als eigenständige Sportform auch bei uns zu etablieren versucht, basiert auf ganz speziellen Ausführungsweisen von Dehnungsübungen, die es erlauben, den *Muskeldehnungsreflex auszuschalten.* Die guten Ergebnisse, die man mit Stretching in manchen Sportarten als vornehmlich präventive Maßnahme, um Muskelverletzungen vorzubeugen, erzielt hat, deuten an, daß es sich hier nicht nur um eine Modeerscheinung, sondern durchaus um ein ernst zu nehmendes Gymnastik-System handelt.

Die Tatsache, daß das Rückenmark ohne ‹Zuschaltung› des Gehirns in der Lage ist, Bewegungen durch Reflexe zu steuern bzw. zu kontrollieren, hat sich als besonders zweckmäßig erwiesen; denn wäre dem nicht so und müßte bei jeder Reaktion immer eine vollständige Verschaltung mit dem Gehirn stattfinden, der Mensch hinge im sprichwörtlichen Sinn in der Tat ‹an der langen Leine›; die geradezu artistischen Leistungen im Spitzensport wären nur schwer vorstellbar. Aus den vielschichtigen Struktur- und Funktionselementen der Rückenmarksmotorik seien als Beispiele die Arbeitsweise der *Muskelspindeln* und der *Golgischen Sehnenorgane* einmal herausgenommen, weil gerade diese beiden Rezeptorenapparate bei sportlichen Bewegungsabläufen, insbesondere bei der Ausführung von Dehnungsübungen, eine gewichtige Rolle spielen (vgl. auch MARKWORTH 1984).

Muskelspindeln und Dehnungsreflex

Muskelspindeln sind *Dehnungsrezeptoren.* Sie sind in die Muskelfasern eingelagert, zu diesen parallel geschaltet und von einer spindelförmigen bindegewebigen Hülle umgeben. Anders als die Fasern der Arbeitsmuskulatur sind sie nicht durchgängig kontraktil. Lediglich die Endabschnitte bestehen aus kontraktilen Elementen, der Mittelteil (Kernsackregion) dagegen kann sich nicht zusammenziehen. Um diesen Mittelteil schlingen sich spiralig sensible Nervenfasern, die als dehnungsempfindliche Rezeptoren gelten und jede Zustandsänderung der Kernsackregion ans Rückenmark melden. Damit sich das Muskelspindelorgan der wechselnden Muskellänge anpassen und diese auch immer erkennen kann, sind die beiden kontraktilen Endigungen nochmals zusätzlich nervös versorgt. «Wenn nun ein Muskel gedehnt wird, werden auch die parallel angeordneten Muskelspindeln gedehnt, besonders die Kernsackregion. Dadurch werden die spiralig angeordneten Endverzweigungen verformt» (Markworth 1984, 106). Diese Formveränderung wird durch die Rezeptoren in die «Sprache des Nervensystems» (Markworth) umgesetzt und an das Zentralnervensystem weitergeleitet, von wo aus der Befehl zur Kontraktion über Alpha-Motoneurone genannte Nervenfasern an die Arbeitsmuskulatur blitzschnell weitergegeben wird.

Die *spinale Grundverschaltung* des Dehnungsreflexes läßt sich zusammenfassend wie folgt darstellen (vgl. Abb. 12):

- Über schnelle sensible Ia-Fasern ist der Dehnungsrezeptor (Kernsackregion) mit dem Rückenmark verbunden;
- die kontraktilen Endigungen der Muskelspindeln werden über das Rückenmark mit Gamma-Motoneuronen nervös versorgt;
- die Arbeitsmuskulatur erhält ihre Befehle über Alpha-Motoneurone aus dem Rückenmark.

«Dieser Dehnungsreflex ist jeweils auf nur einen oder wenige Muskeln beschränkt. In kybernetischem Sinn wird er aufgefaßt als ein die Muskellänge stabilisierender Regelkreis, der die Voraussetzung für Halte- und Tragefunktion liefert» (Henatsch 1983, 32).

Für den Sport sind diese Regelmechanismen von unterschiedlicher Bedeutung. Einerseits werden sie bewußt zur Leistungssteigerung ausgenutzt (*Prinzip der Vordehnung* bei Ausholbewegungen), andererseits *verkehrt sich die Wirkung von Dehnungsübungen ins Gegenteil*, wenn dieser Regelmechanismus nicht beachtet wird; denn die im Sport traditionell gebräuchliche Dehnungsgymnastik besteht zum größten Teil aus federnden, wippenden und schwingenden Übungen. Eine plötzliche starke *Dehnung* auf den Muskel aber, wie sie durch Wippen und Federn

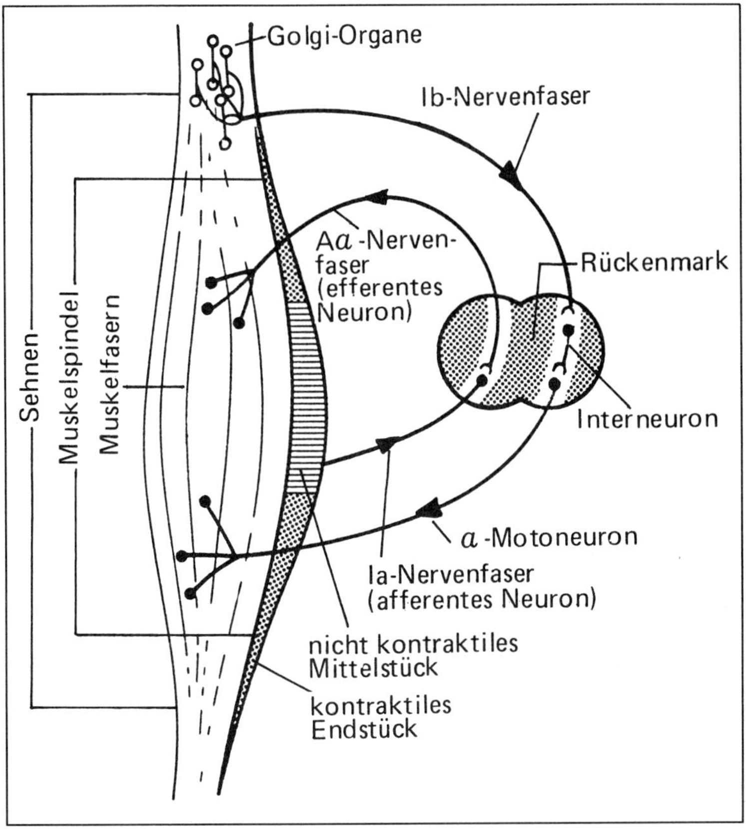

Abb. 12: Muskel- und Sehnenreflex (schemat. Darst.)

in der Regel ausgelöst wird, führt über die Wirkungsweise des Dehnungsreflexes zur *Kontraktion* des betreffenden Muskels; denn «die Frequenz der Spindelerregung hängt nicht nur von der Größe der Dehnung (Längenzunahme), sondern auch von der Dehnungsgeschwindigkeit (Längenänderung/Zeiteinheit) ab» (de Marees 1979). Statt die Muskulatur dehnfähiger und geschmeidiger zu machen, erreicht man genau das Gegenteil: langfristig würden sich die Muskeln eher verkürzen und nicht mehr in der Lage sein, das Gelenk über den vollen Bewegungsumfang zu führen.

Golgisches Sehnenorgan

Wie bereits in den anderen Kapiteln mehrfach angedeutet, begnügt sich der menschliche Organismus niemals mit einer einfachen Absicherung der Funktion durch einen einzigen Regelmechanismus. Immer sind mehrere Regelkreise an der Steuerung der Funktion beteiligt. Dies ist ein biologisches Gesetz.

So finden sich in den Sehnen der Muskulatur weitere Rezeptoren, die sogenannten Golgi-Organe, die nicht wie die Muskelspindeln zur Arbeitsmuskulatur parallel, sondern in Serie hintereinandergeschaltet sind. Diese besondere Bauweise befähigt sie, *Spannungsänderungen* zu «erfühlen». Sie werden sowohl bei passiver Dehnung als auch aktiver Kontraktion des Muskels erregt. Wird nun die Sehne gedehnt, melden die Golgi-Organe die zunehmende Spannung über empfindliche Nervenfasern (Ib-Fasern) an das Rückenmark. Dort werden die Impulse auf hemmende Zwischenneurone umgeschaltet, die über Nervenfasern wieder mit dem Muskel, in dessen Sehnen die Golgi-Apparate sitzen, verschaltet sind (Markworth 1984). Der hemmende Einfluß der Interneurone führt dazu, daß sich der Muskel nicht weiter kontrahiert, die Spannungsentwicklung im Muskel abnimmt. Die Reizschwelle der Golgi-Organe liegt bedeutend höher als die der Muskelspindeln. Erst bei starker aktiver Kontraktion und/oder starker passiver Dehnung springen sie an.

«Diese sogenannte autogene Hemmung – ein negatives Gegenstück zum Dehnungsreflex – ist aber nicht eng umschrieben wie jener, sondern erfaßt hemmend alle Agonisten einer ganzen Extremität und fördert zugleich deren Antagonisten» (Eccles/Eccles/Lundberg 1957, 227–252). «Die gerade in der Sportmedizin lange vorherrschende Auffassung, daß die Hauptaufgabe dieses Spannungsrezeptor-Systems der Schutz vor übermäßiger Muskelspannung sei und dadurch Muskel- und Sehnenrisse vermieden würden, ist revisionsbedürftig» (Henatsch 1984, 34).

Nun darf man keineswegs aus dieser vereinfachenden Darstellung des spinalen Rückkopplungssystems schließen, komplexe Bewegungsabläufe in ihren verschiedenen Phasen würden ausschließlich über diesen ‹kurzen› Weg der Dehnungsreflexe kontrolliert und gesteuert. Alle «informationsverarbeitenden Prozesse ... im multineuronalen Netzwerk des Rückenmarks bedürfen einer ständigen Koordination und Integration durch übergeordnete Instanzen» (Henatsch/Langer 1983, 38). Informationen aus Muskelspindeln und Sehnenorganen erreichen sehr wohl auch die motorischen und sensomotorischen Bereiche der Großhirnrinde. «Sie können dort zumindest partiell bewußt werden, was längere Zeit bestritten wurde. Damit sind sie, neben Gelenk- und anderen Rezeptoren beteiligt am sportmotorisch wichtigen ‹Kraftsinn›» (Matthews 1977). Vor allem aber können die propriozeptiven Meldungen sogleich wieder reflexartig auf «... cerebralmotorische Bahnen übertragen werden» (Henatsch/Langer 1983, 46).

Die Stellung der Spinalmotorik innerhalb der motorischen Zentren ist keineswegs eine besondere, wie die ausführliche Betrachtung des Dehnungsreflexes den Anschein machen könnte. Sie ist lediglich ein kleiner, wenn auch bedeutender Baustein im gesamtmotorischen System, auf dem allerdings die Theorie verschiedener Dehnungsgymnastik-Lehren wie zum Beispiel dem Stretching (HOLT 1971; ANDERSON 1982; SÖLVEBORN 1983) beruht. Nur aus diesem Grund wurde ausführlicher auf die Muskeldehnungsreflexe eingegangen. Vereinfacht dargestellt ergibt sich für die motorischen Zentren folgende funktionelle Gliederung (nach DE MAREES 1979, 69):

– Rückenmarksebene	Spinalmotorik mit einfachen Haltungs- und Bewegungsmustern auf der Basis der Dehnungs- und Beugereflexe.
– Hirnstammebene	Stützmotorik mit Abstimmung der Tätigkeit der Haltemuskulatur; ermöglicht situationsgerechte Körperhaltung; schafft Voraussetzungen für zielmotorische Bewegungen.
– Motorischer Cortex (Motorcortex)	Motorische Zentren mit Ausführungsfunktion (Execution) von einlaufenden Bewegungsprogrammen.
– Kleinhirn und Basalganglien	sog. Funktionsgeneratoren für räumlich-zeitlich gegliederte Bewegungsprogramme im Rahmen der Zielmotorik.
– Assoziationsfelder des motorischen Cortex	Programmentwürfe auf Abruf (Gedächtnis).
– Limbisches System und andere Motivationsareale	Entscheidungsinstanz für Handlungsantriebe, d. h. über Programmentwürfe für Bewegungen.

Das wohlabgestimmte Zusammenwirken all dieser motorischen Areale mit den verschiedenen Organsystemen zur Gewährleistung eines dem jeweiligen Zweck dienlichen Funktionsablaufs bezeichnet man als *Koordination.*

Intramuskuläre Koordination
Für die Ausgewogenheit und Zielgerichtetheit von Muskelaktionen, gleich welcher Qualität, ist die abgestimmte Aktivierung motorischer Einheiten von besonderer Bedeutung. Diesen harmonischen Ablauf von Erregungs- und Hemmungsprozessen innerhalb einer muskulären Funktionseinheit bezeichnet man als intramuskuläre Koordination.

Intermuskuläre Koordination
Sie bezeichnet das ausgewogene Zusammenwirken verschiedener muskulärer Funktionseinheiten in einem Muskel oder zwischen Muskeln oder Muskelgruppen (zwischen Agonisten und Antagonisten).
Der in der Trainingswissenschaft übliche Gebrauch des Begriffs nur für das Zusammenwirken verschiedener Muskeln (wie bei THIESS 1980; EHLENZ u. a. 1983; RÖTHIG 1983) ist korrekturbedürftig; denn im Kapitel «Der aktive Bewegungsapparat» wurde bereits darauf hingewiesen, daß unterschiedliche Teile in ein und demselben Muskel durchaus gegenläufige Funktion haben können, weshalb obige Definition zur Bezeichnung des Sachverhaltes als zweckmäßiger erscheint. Beide Fähigkeiten sind in hohem Maß von der «Funktionstüchtigkeit des Nervensystems, vor allem der hohen Beweglichkeit und Plastizität der Nervenprozesse abhängig» (BAUERSFELD / SCHRÖTER 1979). Ihre Entwicklung nimmt im Trainingsprozeß aller Sportarten eine Schlüsselstellung ein.
Die entscheidenden Trainingsmittel sind das Erlernen vieler und vielfältiger Bewegungsabläufe (Fertigkeitsentwicklung) sowie die dauernd variierende Anwendung der Wettkampfdisziplin.

Der Beitrag, den Funktionsgymnastik im Rahmen der *Koordinationsschulung* zu leisten imstande ist, bezieht sich auf die Entwicklung und Verbesserung von Teilaspekten der sportlichen *Gewandtheit* wie
- Anpassungsvermögen,
- Steuerungsvermögen,
- Kombinationsvermögen,
- Geschicklichkeit

(vgl. auch WILLIMCZIK / ROTH 1983).
Dies kann zum Beispiel erreicht werden durch die Koppelung mehrerer Übungen zu einer Bewegungsfolge, durch die Rhythmisierung von Übungen (Eigenrhythmus oder mit Hilfe von Musikuntermalung), aber auch durch ein bewußtes Erleben und Empfinden der Bewegungsausführung. Die Aufzählung der Beeinflussungsmöglichkeiten hinsichtlich der Entwicklung koordinativer Fähigkeiten kann hier nicht vollständig sein; denn die meisten Einflußgrößen und deren Wirkungsweisen sind sehr komplex und sprechen in der Regel vielfältige sensomotorische Funktionen an.

Ein schlecht koordinierter Bewegungsablauf, fehlbemessene, unabgestufte Krafteinsätze (siehe auch Dehnungsreflex), mangelnde Richtungs- und Rhythmuspräzision sowie insbesondere eine gestörte Umstellungsfähigkeit von Kontraktion auf Relaxation und umgekehrt bedeuten für den Sporttreibenden immer ein erhöhtes Verletzungsrisiko.

Im Praxisteil wird daher auf bestimmte Ausführungsweisen und Organisationsformen speziell hingewiesen, wenn die intra- oder intermuskuläre Koordinationsfähigkeit besonders angesprochen werden soll.

Zusammenfassung:

- Die Muskeltätigkeit bei der Ausführung von Bewegungen zu koordinieren ist eine der vielen Aufgaben des zentralen Nervensystems.
- Unter normalen Bedingungen verfügen alle Muskeln über eine Grundspannung (Muskeltonus).
- Mechanorezeptoren (Muskelspindeln, Golgi-Organe) steuern und kontrollieren über Reflexsysteme den Spannungs- und Längenzustand der Muskeln.
- Diese Reflexe laufen über das Rückenmark (spinale Motorik), so daß höhere motorische Zentren (Gehirn) gewissermaßen für andere Aufgaben ‹geschont› werden, aber dennoch als übergeordnete Instanzen die Spinalmotorik kontrollieren.
- Bei funktionellen Dehnungs-, Entspannungs- und Beweglichkeitsübungen ist die Beachtung der Muskelreflexe von besonderer Bedeutung.
- Psychische Regelmechanismen beeinflussen ebenfalls den Muskeltonus.
- Intra- und intermuskuläre Koordination beruhen auf der Beweglichkeit und Plastizität der Nervenprozesse.
- Optimale Funktionsbereitschaft des Nervensystems vermindert die Verletzungsgefahr im Sport.

Herz-Kreislauf-System

Das Herz-Kreislauf-System verfügt über erstaunliche Anpassungsmöglichkeiten, die in nahezu allen Sportarten, im Breiten- und Fitnesssport sowie in der Prävention und Rehabilitation von Erkrankungen bewußt ausgeschöpft werden.
Eine hohe Funktionsbereitschaft dieses Systems ist wichtige Voraussetzung für leistungsorientiertes Training. Ohne optimal eingestellte Herz-Kreislauf-Funktion läuft selbst in jenen Sportarten nichts, bei denen man

gemeinhin vermutet, daß Energiebereitstellungsprozesse die Leistung nicht bestimmen könnten.
Ein Paradebeispiel hierfür ist der Schießsport, bei dem zur Konditionierung neben Kraft- auch Ausdauerübungen (Dauerläufe, Seilsprünge u. a.) betrieben werden, um die spezifische Leistungsfähigkeit im Wettkampf zu erhöhen. Die Vorteile eines Herz-Kreislauf-Trainings für den Sportschützen sind (nach Glock 1979):

- Die Ruhepulsfrequenz kann gesenkt werden;
- bei langandauernder und sich immer wiederholender statischer Muskelarbeit, wie sie in allen Schießdisziplinen üblich ist, kann die Durchblutung der Muskulatur durch eine optimale Funktion des Herz-Kreislauf-Systems besser aufrechterhalten werden;
- durch eine verbesserte Sauerstoffausschöpfung kann der Schütze die Atempause beim Zielvorgang mühelos ausdehnen;
- ein kräftiges Herz und ein gut ausgebildetes Kreislaufsystem sind bei nervlicher Belastung besser und länger in der Lage, den Organismus mit Sauerstoff zu versorgen. Ein Mangel an Sauerstoff würde die Konzentrationsfähigkeit vermindern, die Reaktionszeit verlängern und die Sehkraft schwächen.
- Ein optimal eingestellter Muskelstoffwechsel sorgt für eine bessere und raschere Entspannung und Erholung sowie die Möglichkeit, das Gleichgewicht in der Anschlagposition länger halten zu können.

Diese Zusammenstellung der Auswirkungen eines Herz-Kreislauf-Trainings zeigt deutlich, welche im Grunde zentrale Funktion die Energiebereitstellungsprozesse für jegliche Art sportlicher Tätigkeit haben. Womöglich ist hierin auch der Grund zu suchen, weshalb leistungsphysiologische Überprüfungen in der Sportärztepraxis häufig ausschließlich auf einer Funktionsdiagnostik des Herz-Kreislauf-Systems aufbauen.
Im allgemeinen Sportverständnis wird überdies eine hohe Leistungsfähigkeit gerade dieses Organsystems mit Fitness oder Gesundheit gleichgesetzt, ein Verständnis, das sicherlich dazu beigetragen hat, daß sich neben den klassischen Sportarten moderne Sportformen entwickeln konnten, deren vornehmliche Sinngebung in Erhaltung bzw. Steigerung der Herz-Kreislauf-Funktion zu finden ist, wie Jogging, Trimming 130 und Aerobic.
Ein Herz-Kreislauf-Training im Sport verfolgt im wesentlichen folgende *Ziele:*

- Stabilisierung der Gesundheit durch eine vielseitige Entwicklung aller Organsysteme, die in einer größeren Widerstandsfähigkeit gegenüber Infektionskrankheiten, Klimaeinflüssen u. a. zum Ausdruck kommt;
- Ökonomisierung der Organfunktionen, d. h. eine effektivere Regulation aller im Körper ablaufenden Energiebereitstellungs- und -ausschöpfungsprozesse sowie der nervalen Steuerungsmechanismen wie zum Beispiel Atemregulation und Wärmeregulation;

- Realisierung funktioneller Voraussetzungen, um andere konditionelle Fähigkeiten besser entwickeln zu können, wie zum Beispiel Schnelligkeit und Kraft, die sich auf der Grundlage eines optimal eingestellten Herz-Kreislauf-Systems effektiver beeinflussen lassen, weil neuromuskuläre Prozesse resistenter gegenüber Ermüdungserscheinungen bei hohen Belastungen werden (nach Bauersfeld/Schröter 1979, 85).

Nicht unerwähnt bleiben darf die Auswirkung eines Herz-Kreislauf-Trainings auf die *Psyche.* Besonders Ausdauerübungen (Jogging, Skilanglauf, Aerobic u. a.) können einerseits eine ausgesprochen beruhigende Wirkung ausüben, andererseits wesentliche Charakter- und Willenseigenschaften ausbilden, wie sie zur Bewältigung stetig ansteigender Trainings- und Wettkampfbelastungen notwendig sind.
Bauersfeld/Schröter (1979) nennen:
- Leistungsbereitschaft und Härte gegen sich selbst,
- Risikobereitschaft und Entschlußkraft,
- reale Selbsteinschätzung und bewußte geistige Mitarbeit,
- Willensspannkraft und Mobilisierungsfähigkeit.

Die Motivationen, die Freizeitsportler zu regelmäßigem Herz-Kreislauf-Training antreiben, haben zum großen Teil ihren Ursprung im äußerst positiven Erleben des verbesserten allgemeinen Wohlbefindens; das ist (nach Eberspächer 1984):
- die Steigerung des Selbstwertgefühls im Sinn von Selbstbewußtsein, Selbstbestätigung, Selbstvertrauen und der positiv erlebten Veränderung des Selbstbildes;
- die Vitalisierung im Sinn gesteigerter Frische, Lebensfreude und Aktivität;
- das seelische Gleichgewicht;
- der Ausgleich zum Alltag und Beruf.

Die Anpassungserscheinungen in den Energiebereitstellungs-, zentralen Steuerungs- und psycho-vegetativen Einstellungsprozessen sind demgemäß besonders vielseitig und können nicht vollkommen erörtert werden. Die nachstehende Übersicht muß daher als eine vereinfachte Darstellung der vielfältigen Adaptionsmöglichkeiten des wohl flexibelsten Organsystems des Organismus verstanden werden. (Für weitergehende Studien zur Physiologie des Herz-Kreislauf-Systems und der biologischen Grundlagen von Ausdauer und Ausdauertraining wird auf Markworth, Sportmedizin 1 [1984], sowie auf Letzelter, Trainingsgrundlagen [1984], verwiesen.)
Eine funktionelle Leistungssteigerung des Herz-Kreislauf-Systems und Muskelstoffwechsels drückt sich in einer Optimierung und Ökonomisierung der aeroben und anaeroben Energiebereitstellungsprozesse aus. *Kenngrößen* einer funktionellen Leistungsfähigkeit des Herz-Kreislauf-Systems sind:

- ein vergrößertes Herz (größere Herzhohlräume, dickerer Herzmuskel),
- ein gesteigertes Schlagvolumen (Menge des Blutes, die bei einer Herzkontraktion ausgeworfen wird),
- ein verbessertes Herzminutenvolumen (Blutmenge, die pro Minute von jeweils einer Herzkammer in den Kreislauf ausgeworfen wird),
- eine ökonomisierte Herzfrequenz oder Pulsfrequenz, eine für den Sport leicht zugängliche Kennziffer zur Beurteilung der aktuellen Leistungsfähigkeit des Herz-Kreislauf-Systems,
- eine vermehrte Sauerstoffausschöpfung (arterio-venöse Sauerstoff-Differenz nimmt zu),
- eine gesteigerte maximale Sauerstoffaufnahme (in Abhängigkeit des vergrößerten Herzminutenvolumens),
- eine verbesserte Kapillarisierung (Querschnittszunahme der Einzelkapillare und größere Zahl eröffneter Kapillaren bei Belastung).

Eng mit den Anpassungserscheinungen von Herz-Kreislauf und Atmung an körperliches Training sind vielfältige *biochemische Veränderungen* in der Muskelzelle und des Muskelstoffwechsels verbunden. Ein ausdauerorientiertes Herz-Kreislauf-Training

- steigert die Zahl und die Größe der Mitochondrien,
- erhöht die Aktivität der Enzyme für die oxydative Energiegewinnung,
- vermehrt das sauerstoffbindende Myoglobin,
- vergrößert das Glykogendepot, das bei submaximaler Belastung geschont werden kann, weil in größerem Umfang als beim Untrainierten Fettsäuren verbrannt werden (nach DE MAREES 1979),
- fördert die Restitutionsvorgänge des Organismus.

Inwieweit aber nun im Sport die aeroben oder anaeroben Prozesse ausgeschöpft werden, hängt ganz von der Art, Intensität und Dauer der Herz-Kreislauf-Beanspruchung in der jeweils betriebenen Sportart ab (vgl. REICHERT 1983, 41). So konnten KINDERMANN u. Mitarbeiter (1983) bei Untersuchungen der Trainingswirkung des Aerobic nachweisen, daß der terminologische Anspruch, nämlich ein *aerobes* (=Aerobic) Herz-Kreislauf-Training zu sein, tatsächlich in keiner Weise den Beanspruchungen dieser populären Sportform entspricht. Der intervallmäßige Charakter der Belastung, der beständige Wechsel in der Übungsausführung und die in der Regel unvollständigen Erholungspausen haben zur Folge, daß neben den *aeroben* verstärkt auch die *anaeroben* Energiebereitstellungsprozesse angesprochen werden, so daß eine mehr deskriptive, beide Ausdauerfähigkeiten umfassende Bezeichnung wie «Ausdauergymnastik mit Musik» zutreffender erscheint.

Entwicklung der Ausdauerleistungsfähigkeit

So vielfältig die Erscheinungsweisen der Ausdauerfähigkeit im Sport sind, so mannigfältig sind auch die Methoden, mit Hilfe derer man diese komplexe Fähigkeit zu beeinflussen sucht. Grob sind zwei Methoden der Ausdauerentwicklung zu unterscheiden:

- das *extensive* Ausdauertraining mit einem relativ hohen Belastungsumfang bei niedriger und überwiegend mittlerer Intensität, das nach der Dauermethode oder dem Intervallprinzip organisiert werden kann (vorwiegend aerobe Reizsetzungen),
- das *intensive* Ausdauertraining mit höherer Belastungsintensität bei geringerem Umfang, das vorwiegend nach dem Intervallprinzip aufgebaut wird (hauptsächlich anaerobe Reizsetzungen).

Der konzeptionelle Aufbau einer Ausdauergymnastik mit Musik orientiert sich fast ausschließlich an den Gesetzmäßigkeiten des extensiven Intervalltrainings. Die Dauermethode hat nur eingeschränkte Bedeutung.

Besonderes Kennzeichen des extensiven Intervalltrainings ist die «lohnende Pause». Die Pause bedeutet jedoch keine vollständige Erholung, sondern der nächste Belastungsreiz erfolgt, wenn die Pulsfrequenz 120–140 Schläge pro Minute erreicht hat. Nach Weineck (1980) sollte die Pause 1–1,5 Minuten nicht überschreiten, da sonst eine Rückkehr der Herz-Kreislauf-Größen sowie der Stoffwechselvorgänge zur Ruhelage die Folge wäre. Beim erneuten Arbeitsbeginn müßten dann wiederum die verschiedenen Regulationsmechanismen und Energiegewinnungsstadien von vorn durchlaufen werden.

Die extensive Intervallmethode ist besonders für Übungsprogramme mit Anfängern oder Ungeübten geeignet, da bei Aufnahme des Trainings noch nicht mit hohen Belastungen begonnen werden sollte. «Mit der Intervallmethode können so auch geringe Belastungen bei großem Belastungsumfang trainingswirksam sein» (Cordes/Uibe/Zeibig 1980, 21).

Unter gesundheitlichen Aspekten wird allgemein die Dauermethode zur Verbesserung der aeroben Kapazität favorisiert, doch läßt sich dieses Prinzip nicht konsequent auf die Ausdauergymnastik übertragen. Der Grund hierfür liegt in der Vielgestaltigkeit der Wirkungen gymnastischer Übungen (wie Federn, Hüpfen, Schwingen, Springen, Laufen u. v. a.) und den damit verbundenen dauernd wechselnden Beanspruchungsformen, die eine Organisation nach der Dauermethode mit mittleren, ununterbrochenen Belastungen nicht zulassen.

Entspannung und Entspannungstraining

Psychologische Aspekte der körperlichen Leistungsfähigkeit

Sportliche Leistungen in einem Wettkampf sind neben den durch Konstitution und Training bedingten konditionellen, technischen und taktischen Fähigkeiten eines Sportlers auch von dessen psycho-vegetativer Verfassung abhängig, das sind verallgemeinert alle Aktivierungs- und Hemmungs- oder auch nur Spannungszustände im ‹Seelenleben›.
Wie stark solche Abhängigkeiten sein können, beweisen tagtäglich die Berichte der Medien über «psychisches Versagen» prominenter Sportler und Sportlerinnen in bedeutenden Wettkämpfen. Kondition als qualitatives Merkmal sportlicher Leistungsfähigkeit muß daher immer als ein ganzheitlicher, die *physische und psychische Verfassung* gleichermaßen umfassender Zustand betrachtet werden.

Physiologische Zustandsänderungen haben demgemäß immer auch Veränderungen der ‹psychischen Kondition› zur Folge. Umgekehrt zeigen psychische Veränderungen in der Regel Auswirkungen auf die physische Leistungsfähigkeit.

So empfindet ein Freizeitsportler, der sich mit Hingabe beispielsweise dem Jogging widmet, die verbesserte Leistungsfähigkeit des Herz-Kreislauf-Systems auch als eine Art «Vitalisierung im Sinne gesteigerter Lebensfreude und größeren Selbstbewußtseins» (vgl. auch Eberspächer 1984, 1). Das Wohlbefinden ergibt sich als Konsequenz aus der positiven Zustandsänderung der Herz-Kreislauf-Funktion. Körperliche Fitness und seelisches Gleichgewicht werden hier untrennbar miteinander verbunden.

Sport ist, gleich in welcher Form, unter welchen Bedingungen, mit welcher Intensität betrieben, zunächst immer auch eine psychohygienische Maßnahme.

Der gesamte Präventiv- und Nachsorgesport baut auf diesen Zusammenhängen auf. Dennoch lehrt der Wettkampfsport, daß dieses Bedingungsgefüge unter bestimmten Leistungs- und Beanspruchungssituationen nicht immer aufrechterhalten werden kann, so zum Beispiel «... wenn Aktivierung und Spannung des Sportlers der Trainings- oder Wettkampfaufgabe nicht angemessen sind, er also beispielsweise Angst hat oder niedergeschlagen und lustlos ist. Der erfolgreiche Bewegungsablauf einer sportlichen Handlung ist nur möglich auf der Grundlage eines ihr angemessenen Erregungszustandes. Das bedeutet, daß ein Sportler seinen psycho-vegetativen Zustand so ‹einregulieren› muß, daß sowohl leistungsungünstige Unter- als auch Übererregungen vermieden werden. Diese Kontrollvorgänge werden Psychoregulation genannt und sind erlernbar» (SONNENSCHEIN/TRADT 1982, 447).
Psychoregulative Verfahren, die als effizient für Sportler erachtet werden, setzen in der Regel dort an, wo vom Sporttreibenden die besten Voraussetzungen zu erwarten sind, nämlich an der Muskulatur mit ihren kinästhetischen Eigenschaften.
Als Beispiel sei die *progressive Muskelentspannung* nach JACOBSON genannt. Das äußere Erscheinungsbild dieser Entspannungstechnik (Muskeln isometrisch anspannen und entspannen) gleicht im Grunde der *Contract-Relax-Dehnungsmethode* (die Dehnungsphase fehlt allerdings) und basiert auf der Regel, daß tiefgreifende muskuläre Lockerung und Entspannung erste Voraussetzung für eine weitreichende vegetative und geistige Entspannung ist. Diese Erkenntnis ist auch die Grundlage für die Wirkungsweise funktionsgymnastischer Übungen zur Steigerung der Entspannungsfähigkeit; denn wenn schon die Psychotherapie sich Muskelrelaxationsmethoden bedient, um die unterschiedlichsten psycho-vegetativen Störfelder zu beeinflussen, dann sind im Grunde auch bestimmte ‹gymnastische Muskelübungen› geeignet, die psychoregulative Steuerungsfähigkeit des Übenden in spezifischer Weise anzusprechen.

Wohlgemerkt: Funktionsgymnastik erhebt nicht den Anspruch, ein vollwertiges Psychoregulationstraining für Sportler zu sein, sondern stellt lediglich eine ganz wesentliche Vorstufe zur Selbstregulation dar. Funktionsgymnastik ist dem Wesen nach eine gewissermaßen psychohygienische Maßnahme, die über die Beeinflussung des Muskelspannungsniveaus auch psycho-vegetative Zustandsänderungen hervorruft.

Ziele funktionsgymnastischer Entspannungsübungen

Zahlreiche Untersuchungen zur psychischen Beanspruchung im Wettkampfsport haben gezeigt, «... daß sich ein Sportler in vielerlei Hinsicht vor, während und nach dem Wettkampf in einem psycho-physischen Beanspruchungszustand befindet, der ungünstige Auswirkungen auf nachfolgende Leistungs- und Erholungsprozesse haben kann» (ALLMER 1981, 534).

Die Ziele funktionsgymnastischer Entspannungsübungen beziehen sich daher auf eine Beanspruchungsmodifikation (vgl. auch ALLMER 1981):

- Aufrechterhaltung und Schaffung von optimalen Leistungsvoraussetzungen im Training und Wettkampf. Darunter ist zu verstehen:
  - Vermeidung disharmonischer Funktionszustände (wie Muskeldysfunktion, unphysiologisches Kraftniveau zwischen Agonisten und Antagonisten, Muskelhypertonie u. a.),
  - Dämpfung ungünstiger Erregungszustände (wie Startfieber, Startapathie u. a.).

Allen Bemühungen ist gemeinsam, den Sportler gegenüber den zu erwartenden Beanspruchungen zu *stabilisieren* und seine selbstregulatorischen Fähigkeiten zu *mobilisieren* (präventive Modifikationsmaßnahmen). Die Begriffe «Stabilisation» und «Mobilisation», allgemein auf den passiven und aktiven Bewegungsapparat bezogen, werden hier im funktionsgymnastischen Sinn um eine psycho-vegetative Komponente erweitert (ALLMER 1981).

- Wiederherstellung der optimalen Leistungsvoraussetzungen nach Training und Wettkampf. Darunter ist zu verstehen:
  - Mobilisation der körpereigenen Regenerationsfähigkeit (wie Abbau von Stoffwechselschlacken),
  - Einregulierung ungünstiger Erregungszustände nach Training und Wettkampf (alle negativen Stress-Symptome),
  - Abbau von trainings- und wettkampfbedingten ‹unnatürlichen› muskulären Spannungszuständen (Hypertonie).

Wesentliches Merkmal dieser Maßnahmen ist, daß mit ihnen bereits eingetretene Abweichungen des optimalen Funktionszustands kompensiert werden sollen (*kompensatorische Modifikationsmaßnahmen,* ALLMER 1981).

Zusammenfassend besteht der Nutzen der Funktionsgymnastik für Sportler darin, ein psycho-physisches Gleichgewicht, eine optimale Funktionslage (NITSCH/ALLMER 1979) zu erhalten oder wiederherzustellen, um die Leistungsmöglichkeiten besser ausschöpfen und Erholungsprozesse wirksamer beschleunigen zu können.

Techniken funktionsgymnastischer Entspannungsübungen

Dem Zweck entsprechend werden Übungen eingesetzt, die eine Reduzierung des Aktivierungsniveaus und eine Zunahme der Entspannung anstreben. Alle *Muskeldehnungstechniken* nach der Methode des gehaltenen Dehnens sind dazu geeignet, dieser Zielstellung zu genügen. Besonders die Dehnungsübungen nach der Vorspannungs-Dehnungs-Methode (contract-relax-stretch) scheinen eine über die physiologische Wirkung hinausgehend tiefgreifendere psycho-vegetative Entspannung zu begünstigen. Die signifikant geringere Muskelverletzungshäufigkeit, die EKSTRAND (1982) bei schwedischen Liga-Fußballspielern nach Aufnahme dieser Methode ins Konditionstraining beobachten konnte, ist sicherlich auch auf die psychovegetativen Zustandsveränderungen (im Sinn von Relaxation) zurückzuführen, ein Aspekt, der im Sport bisher wenig Beachtung fand, in der Physiotherapie dagegen traditionell viel stärker berücksichtigt wurde.
Vernachlässigt wurden bisher die Untersuchungen über die Regulierung der Beanspruchungszustände *nach* Wettkampf und Training durch sportspezifische *Entmüdungs-* bzw. *Entspannungsverfahren.* Zur Zeit laufende Untersuchungen mit Wettkampfschwimmern am Sportmedizinischen Untersuchungszentrum der Universität Heidelberg zeigen bereits eindeutig die positive Wirkung von «Ausschwimmen» auf die physiologischen Wiederherstellungsprozesse. Diese Vorgänge konnten allein durch «Ausschwimmen» derart beschleunigt werden, daß sich die Schwimmer am nächsten Tag vor dem Training wieder in einer optimalen Funktionslage befanden, während sich bei einer Kontrollgruppe noch deutlich Ermüdungsreste (Lactat-Konzentration im Blut etc.) nachweisen ließen.

Diese Ergebnisse unterstützen die Erkenntnisse der Trainingspraxis und der Sportphysiotherapie (vgl. KUPRIAN u. Mitarbeiter 1981), die dem Regulieren der psycho-physischen Beanspruchungszustände *nach* Training und Wettkampf («Cool-down») durch «aktives Entmüden» (Auslaufen, Ausschwimmen, auflockernde Spiele u. a.) mehr und mehr Beachtung schenken.

Welche Rolle funktionsgymnastische Übungen für die Wiederherstellungsprozesse haben, ist im Zusammenhang mit der Entmüdung und Entstressung im Sport bisher zwar nicht untersucht worden, doch muß angenommen werden, daß sich die gleichen Übungen, wenn sie in der Vorwettkampfphase zum Beispiel zur Einregulierung (Relaxation und Aktivierung) auf sportartspezifische Beanspruchungen geeignet sind, auch zur Nachregulierung (Relaxation und Restitution) mit gleichem Erfolg verwenden lassen; denn der Wirkungsmechanismus dürfte sich in beiden Situationen nur unwesentlich – wenn überhaupt – unterscheiden: Durch eine

propriozeptive Reizung der Muskulatur werden psycho-physische Zustandsänderungen begünstigt oder beschleunigt, die in dem einen Fall der Vorbereitung (Aufwärmen), im anderen Fall der Nacharbeitung («Cooldown», Auslaufen, Ausschwimmen etc.) dienen.
Damit funktionsgymnastische Übungen tatsächlich auch der muskulären und psycho-vegetativen Entspannung nützlich sein können, sollten allerdings folgende Vorbedingungen erfüllt sein:

- Der Sportler sollte funktionell *aufgewärmt* sein (Einstimmungsphase) und über eine geeignete *Trainingskleidung* verfügen, um die optimale ‹Betriebstemperatur› (bei niedriger Umgebungstemperatur) auch während der Gymnastik erhalten zu können. Bei hohen Umgebungstemperaturen sollte die Trainingskleidung den äußeren Bedingungen angepaßt werden:
- der Sportler sollte sich seinen Bedürfnissen und der Sportart entsprechende Übungen zu einem *individuellen Programm* zusammenstellen (zehn ‹goldene› Entspannungsübungen) und diese über einen längeren Zeitraum beibehalten;
- der Sportler sollte bestimmte *Aktionsmuster* einhalten (vgl. Organisation funktionsgymnastischer Übungen);
- Sportler verfügen über unterschiedliche Voraussetzungen für die Entspannungsfähigkeit, weswegen sie zur *Selbststeuerung* der funktionsgymnastischen Entspannungsübungen erzogen werden sollten. Sie müssen lernen, in sich ‹hineinzuhorchen›, um sich dem ‹inneren› Rhythmus von Spannung, Entspannung und Dehnung (z. B. bei der Contract-Relax-Stretch-Methode) überlassen zu können (Versenkungsphase).

Gruppenübungen sind sicherlich am Anfang zum Erlernen der funktionellen Entspannungstechniken sehr nützlich, sind aber vornehmlich nur eine Hilfe zur Selbsthilfe. Die Übungen müssen frühzeitig individualisiert und nach Umfang und Intensität gemäß der persönlichen Beanspruchungssituation immer wieder neu dosiert werden.
Sportler müssen lernen, auch «mit ihren Muskeln zu denken» (mind/body integration nach Harris/Harris 1984), wenn über die physiologische Wirkung gymnastischer Übungen eine tiefergreifende psycho-vegetative Entspannung erreicht werden soll.

All diese Verhaltens- und Handlungsmuster reichen allerdings allein nicht aus, um die Übungen jederzeit optimal einsetzen zu können. «Vielmehr ist es unabdingbar und notwendig, ständig gleichzeitig die (subjektive) Überzeugung aufzubauen, das die erworbenen … Fertigkeiten ausreichen und hilfreich sind, um auch unter hoher Belastung bestehen zu können. Es gilt, im Training ständig die Überzeugung zu verbessern, daß die erworbenen … Voraussetzungen unter allen potentiellen Bedingungen realisierbar sind. Überzeugung ergibt sich (aber nur) aus der erlebten Sicherheit, daß die einer Person zur Verfügung stehenden Handlungen und Handlungsmöglichkeiten im Sinne der Zielsetzung wirksam sind» (EBERSPÄCHER 1982, 217), d. h., wenn die Muskulatur keine Probleme verursacht, weil sie nur innerhalb ihrer funktionellen Grenzen sinnvoll beansprucht wurde, dann ist auch die mentale Einstellung positiv und die psychische Kondition in der Regel stabil.

Entspannungspositionen

«Als Routineverfahren zur Regulation emotionaler Prozesse im Sport» (EBERSPÄCHER 1982, 203) gelten die psychoregulativen Techniken. Die Ausführung solcher Techniken ist in der Regel mit einer bestimmten *Körperhaltung* verbunden, die die Entspannung fördert. Der sogenannte «Droschkenkutschersitz», der gewöhnlich im autogenen Training Anwendung findet, ist wohl eine der bekanntesten Entspannungspositionen (Foto unten). In solchen Körperhaltungen wird die Konzentration auf die psychoregulativen Handlungen erleichtert. Auf den Fotos, Seite 183f, werden andere Positionen gezeigt, die in ähnlicher Weise der psycho-vegetativen Entspannung förderlich sind. Welche der Positionen vom Sporttreibenden letztendlich bevorzugt werden, entscheiden das subjektive Empfinden und die situativen Bedingungen. Während in den Hallensportarten alle Entspannungshaltungen anwendbar sind, schließen sich unter Freiluftbedingungen bei ungünstigen Witterungsverhältnissen (z. B. Skilauf u. a.) bestimmte Positionen von selbst aus.

In der Wartephase unmittelbar vor dem Wettkampf, in kurzen Wettkampfpausen (im Turnen beim Wechsel von einem Gerät zum anderen oder in den Hallen-Ballsportarten bei ausgewechselten Spielern, die erneut zum Einsatz kommen), aber auch im Training in den Erholungspausen nach starker konditioneller oder konzentrierter Bean-

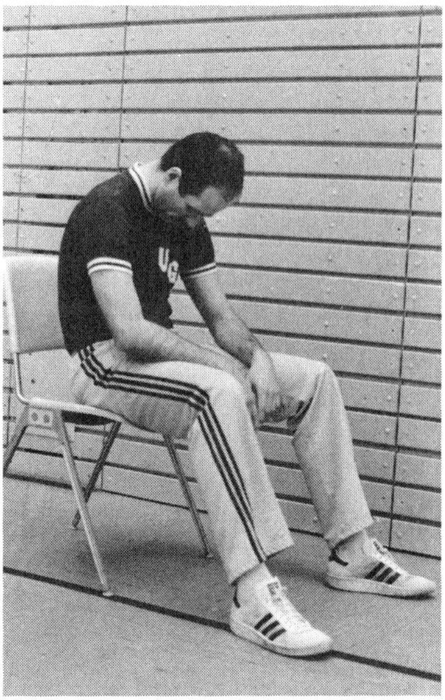

«Droschkenkutschersitz»
(Foto: Margarete Ruthardt)

spruchung empfiehlt sich die Anwendung von Entspannungspositionen, die je nach emotionalem und physiologischem Beanspruchungsgrad mit Muskelentspannungstechniken kombiniert werden können.

Eine Sonderstellung nehmen die «reinen» *Muskelentspannungspositionen* nach starker Beanspruchung der Wirbelsäule ein. Besonders großen Belastungen sind die Wirbelsäule und die Rückenmuskulatur im Maximal- und Schnellkrafttraining mit Hanteln und Kraftmaschinen, im Sprungkrafttraining (plyometrische Sprünge), im Techniktraining bei Landungen nach Sprüngen (Abgänge von Turngeräten, Dreisprung, Eiskunstlaufen u. a.) ausgesetzt. Das sogenannte «Aushängen» an der Sprossenwand, am Reck oder ähnlichen Einrichtungen, das in der Fachliteratur zum Krafttraining bisweilen beschrieben und in der Trainingspraxis auch gern angewandt wird, ist ein unspezifischer Versuch, die beanspruchte Wirbelsäule zu entlasten.

Funktioneller und damit auch effizienter ist die «Hakenposition» (vgl. Foto unten), weil in dieser Körperhaltung in spezifischer Weise gerade jene Bereiche gedehnt und somit entlastet werden, die bei den vorgenannten beispielhaften Beanspruchungsformen im Sport am stärksten gefordert sind. Diese Bereiche sind:

- der Übergang von der Brustwirbelsäule zur Lendenwirbelsäule (thorakolumbaler Übergang),
- der Übergang von der Lendenwirbelsäule zum Kreuzbein (lumbo-sakraler Übergang).

Durch diese Körperposition (Foto unten) wird die ‹tiefe› Rückenmuskulatur (m. erector spinae) gedehnt und über die Reizung der Propriozeptoren die Entspannung der Muskulatur gerade in diesem kritischen Bereich bewirkt.

«Hakenposition»

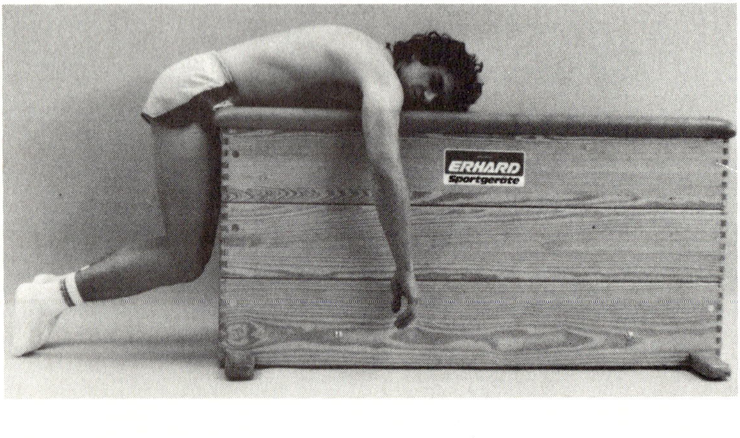

In der Übung 23 (siehe Seite 145) zur funktionellen Kräftigung der Rückenmuskulatur wird aus dieser Ausgangsposition gearbeitet, so daß folgendes Muskelaktionsmuster entsteht: «entspannen – anspannen – entspannen usw.», womit von vornherein eine Verspannung der Rückenmuskulatur ausgeschlossen bleibt.

Aktionsmuster der Muskelentspannung

Als eine wirkungsvolle Methode der Entspannung hat sich sowohl in der Sportpraxis als auch in der Physio- und Psychotherapie das Verfahren der «isometrischen Vorspannung» erwiesen (vgl. JACOBSON 1938; HOLT 1971; KOS/TEPLY 1980; EVJENTH/HAMBERG 1981; KNOTT/VOSS 1981).
Auf die besondere Wirkungsweise des Anspannens wird im Kapitel «Beweglichkeit und Beweglichkeitstraining», Seite 81, hingewiesen. Genauer betrachtet wird die Entspannung jeder Muskelgruppe in vier Phasen durchgeführt.

CHRS-Methode:
1. Phase: Anspannen der Muskelgruppen (*C*ontract),
2. Phase: Halten der Spannung (*H*old),
3. Phase: Entspannen (*R*elax),
4. Phase: Dehnen (*S*tretch).

In der *ersten Phase* muß darauf geachtet werden, daß das Anspannen der betreffenden Muskelgruppe langsam und kontinuierlich bis zum Maximum gesteigert wird. Schnelles Anspannen sowie Nachlassen der Spannung sollten vermieden werden. Empfehlenswert ist es, den Spannungsanstieg in den Muskeln zu beobachten bzw. zu erfühlen, bis keine weitere Steigerung mehr möglich ist.
In der *zweiten Phase* wird die maximale isometrische Spannung 5 bis 8 Sekunden lang gehalten. Wichtig ist, daß die Spannung auch gegen Ende dieser Phase nicht nachläßt. Nützlich ist ein ‹innerlicher› Countdown: während die isometrische Kontraktion aufrechterhalten wird, wird ruhig bis zur Entspannung heruntergezählt: fünf-vier-drei-zwei-eins-entspannen.
Die *dritte Phase* beginnt mit dem schlagartigen Lösen der Spannung. Auch hier sollte man ‹in sich hineinhorchen› und versuchen zu erfühlen, was mit den Muskeln geschieht. Der Unterschied zur Spannungsphase sollte ganz bewußt erlebt werden. Die Muskeln brauchen nun Zeit zur Entspannung. Der Vorgang dauert bei gut trainierter Muskulatur 2 bis 3 Sekunden, kann aber durchaus in einer hohen Beanspruchungssituation (z. B. in der Vorwettkampfphase) mehr Zeit in Anspruch nehmen. Entscheidend für die Dauer der Entspannungsphase ist allein das *subjektive* Empfinden: die Lockerung muß man tatsächlich spüren.

Erst dann sind die Voraussetzungen für die *vierte Phase* (Dehnung) gegeben. Die zuvor angespannte Muskelgruppe wird durch das Einnehmen spezifischer Körperhaltungen gedehnt. Das Herantasten an eine funktionelle Dehnungslage vollzieht sich genauso behutsam wie der Aufbau der Muskelspannung. Ist eine Dehnungslage erreicht, in der ein deutlicher Dehnungsreiz spürbar wird, wird diese Körperposition genauso lange gehalten wie die Muskelspannung in der Kontraktionsphase, nämlich 5 bis 8 Sekunden.
Besonders wichtig ist, daß in allen Phasen (vor allem in der Anspann- und Dehnungsphase) völlig *normal weitergeatmet* wird. Das Anhalten der Atemluft schafft ungünstige Voraussetzungen für den Muskelstoffwechsel, was im Extremfall einer Entspannung entgegenwirkt.
Begonnen wird immer mit den Muskeln jenes Funktionskreises, der bei der sportlichen Betätigung am stärksten beansprucht wird. Dann folgen jene Muskelgruppen, die am zweitstärksten, drittstärksten usw. belastet sind.

Beispiele:
- Läufer, Springer, Fußballer: Funktionskreis III, II, I, IV;
- Schwimmer, Turner (Geräte): Funktionskreis IV, I, II, III;
- Handballer, Basketballer, Volleyballer: Funktionskreis III, IV, I, II. (Darstellung der Funktionskreise siehe Seite 77).

Nicht bei jeder sportlichen Aktivität lassen sich die Dominanzen der Beanspruchung so klar hierarchisch ordnen wie bei den vorgenannten Beispielen. In solchen Fällen wird mit jenen Muskeln begonnen, die die größeren Widerstände zu überwinden haben (z. B. Gewichtheber: Beinmuskeln, Funktionskreis III) oder für optimale feinmotorische Bewegungspräzision benötigt werden (Tennisspieler: Arm- und Schultergürtelmuskulatur, Funktionskreis IV).

Innerhalb eines Funktionskreises wird mit der Entspannung jeweils der *Antagonisten* begonnen, denen dann die *Agonisten* des gleichen Gelenks folgen.
Die Beanspruchung der Antagonisten bei sportlichen Bewegungsabläufen hat eher bremsenden *(exzentrischen)*, die der Agonisten eher beschleunigenden *(konzentrischen)* Charakter. Die exzentrische Arbeitsweise führt aber schneller zu Verspannungen. Untersuchungen von Masterovoj (1969) über den Erwärmungseffekt von Einschießen bei Fußballern bzw. Einlaufen bei Leichtathleten haben gezeigt, daß die rückseitige Oberschenkelmuskulatur (Ischiocrurale Muskelgruppe) zum ‹Abkühlen› neigt (trotz intensiver Aufwärmung). Er führt dieses Phänomen auf die exzentrische Beanspruchung in der Vorschwungphase des Beines beim Schuß bzw. Laufschritt zurück. Seinen Berechnungen zufolge «... vergrößerte sich die Spannung der genannten Muskeln während des Laufs (Geschwindigkeit

4–5 m/s) um das Vier- bis Siebenfache, bei den Torschüssen (mit voller Kraft) um das Zehnfache und mehr ... Die entstehenden Überspannungen rufen eine starke Reizung der Propriozeptoren hervor. Das wiederum führt zu einer Verengung der Gefäße, zur Verminderung der Geschwindigkeit des Blutstroms und zum Absinken der Hauttemperatur über den Muskeln» (MASTEROVOJ 1969, 539).
Weiter konnte MASTEROVOJ feststellen, daß gymnastische Übungen, wenn sie vor dem eigentlichen sportartspezifischen Aufwärmen (3–4 Min.) durchgeführt werden, die ‹Betriebstemperatur› der genannten Muskulatur durchschnittlich um 1,15 Grad (Leichtathleten) bzw. um 3,06 Grad (Fußballer) nach Beendigung der gesamten Aufwärmung erhöhten.

Diese in der Sportpraxis bisher nicht sonderlich beachteten Zusammenhänge zwischen den unterschiedlichen Reaktionsmechanismen der Agonisten und Antagonisten sind die Begründung für das bei den Antagonisten beginnende Entspannungsmuster.

Die Reihenfolge der Entspannungsübungen für die Funktionskreise III und IV (Extremitätenmuskulatur) ist immer von außen nach innen, d. h., man ‹tastet› sich von den körperäußeren Muskeln an die körperinneren Muskeln heran. Eine Vorgehensweise, die auch der progressiven Muskelentspannung bzw. dem autogenen Training zugrunde liegt.
Für die Strecker-Beugerschlinge der Beinmuskulatur (Funktionskreis III), die in den meisten Sportarten starken Beanspruchungen ausgesetzt ist, ergäbe sich folgendes *Muskelaktionsmuster* (nach der CHRS-Methode «Anspannen-Halten-Entspannen-Dehnen»):
1. Beginn mit dem nicht dominanten Bein,
2. Fußgelenkbeuger (Antagonist) – Fußgelenkstrecker (Agonist),
3. Kniegelenkbeuger (Ischiocruralen) – Kniegelenkstrecker (Quadriceps),
4. Hüftgelenkbeuger (Iliopsoas) – Hüftgelenkstrecker (Gesäßmuskeln).

Das gleiche Aktionsmuster wird dann mit dem dominanten Bein (Schußbein, Sprungbein etc.) durchlaufen, bis der gesamte Funktionskreis ‹durchgearbeitet› ist.
Für den Fall, daß sich nach Beendigung der Entspannungsübungen noch keinerlei Unterschied zum normalen Spannungszustand eingestellt hat, empfiehlt sich eine Wiederholung des Anspannungs-Entspannungs-Dehnungs-Zyklus.

Am Anfang spielen die Umgebungsbedingungen, wo die Übungen ausgeführt werden, für das Erlernen und die Wirkungstiefe der Entspannungstechnik eine große Rolle. Wenn einmal die Aktionsmuster und die «Versenkungstechnik» erlernt worden sind, dürften die situativen Bedingungen keine große Bedeutung mehr haben.

Daher sollte anfänglich auf nachstehende Punkte besonders geachtet werden:

- Möglichst in kleinen Trainingsgruppen üben;
- nur auf sich selbst und die eigenen Handlungen konzentrieren (Augen schließen hilft am Anfang; Lärm, Unruhe, miteinander reden stört dagegen);
- im Trainingsraum sich zurückziehen, sich eine Ecke suchen, wo man weitestgehend ungestört ist;
- funktionelle Trainingskleidung ist Voraussetzung;
- die innere Einstellung zu diesen Verfahren muß positiv sein.

Muskelentspannung und Aufwärmen

Gymnastische Übungen im Rahmen des Aufwärmens vor Wettkampf und sportlicher Betätigung sind *traditionelle*, bisweilen auch nur *rituelle* Bewegungshandlungen zur Muskelentspannung. Die Zielsetzungen dieser Handlungen gehen meistens darauf aus, im physiologischen Bereich positive Zustandsänderungen zu erreichen, um den nachfolgenden trainings- bzw. wettkampfspezifischen Beanspruchungen besser widerstehen zu können (vgl. Kap. «Aufwärmen vor Training und Wettkampf»). Selten wird den Sporttreibenden bewußt, daß neben den physiologischen auch psychovegetative Veränderungen erreicht werden, die mehr oder weniger nachhaltig die Leistungsbereitschaft unterstützen.

Für die Einstimmung auf sportliche Betätigung spielt es dabei zunächst keine Rolle, mit welchen Aktivitäten man sich aufwärmt: ein bißchen Ballspielen, ein wenig Laufen, auf der Stelle hüpfen. Der Zweck ist, die Blutzirkulation zu steigern, die Temperatur der Muskeln zu erhöhen, die Blutgefäße zu erweitern. Die häufigste Form des Aufwärmens dürfte wohl das «Einlaufen» darstellen.

Zahlreiche Untersuchungen (vgl. ZIESCHANG 1978) weisen nach, daß selbst *unspezifisches* Aufwärmen noch einen durchaus positiven Effekt sowohl auf die vielfältigen physiologischen als auch psycho-vegetative Anpassungsmechanismen haben kann. Je besser allerdings der Organismus trainiert ist, desto mehr verlangt er nach spezieller Behandlung im Aufwärmen. Die hochgezüchtete Maschine eines Formel-1-Rennwagens ist in keiner Weise vergleichbar mit der Maschine eines normalen PKWs. Das Warmfahren eines Rennmotors folgt auch eigenen Gesetzen.

Die Muskelentspannungstechnik nach der CHRS-Methode ist so ein spezielles Aufwärmverfahren, das sich zunehmend aufgrund der positiven komplexen Wirkung sowohl im physischen als auch psychischen Bereich in vielen Sportarten durchzusetzen scheint. Vor allem in Profi-Sportarten, in denen ein intakter, voll funktionsfähiger Organismus ausschließlich die

Grundlage der Erwerbstätigkeit darstellt (Tennis, American Football, Baseball, Profi-Basketball u. a.), werden von Sportmedizinern, Psychologen und Physiotherapeuten *Aufwärm- und Einstimmverfahren auf Basis der integrierten Muskelentspannung* ausgetüftelt und auch erfolgreich angewandt.

Aufwärmen mit CHRS-Übungen

Die Untersuchungen Masterovojs konnten zeigen, daß sich mit bestimmten gymnastischen Dehnungsübungen (Masterovoj gibt nicht an, welche Übungen angewandt wurden) eine positive, gezielte «Durchblutungsumverteilung» schon vor dem Aufwärmen erreichen läßt, so daß eine aus biomechanischen Gründen zu erwartende Minderversorgung zum Beispiel der Antagonisten von vornherein vermieden wird.
Anwendung finden die CHRS-Übungen vor und während der eigentlichen Aufwärmphase. Die Vorgehensweise folgt den bereits beschriebenen Prinzipien:

- Immer mit den Muskelgruppen jenes Funktionskreises beginnen, die in der nachfolgenden sportlichen Beanspruchung am stärksten belastet werden.
- Innerhalb eines Funktionskreises gilt die Regel: Antagonist vor Agonist!
- Bei den Funktionskreisen III und IV (Extremitätenmuskulatur) immer mit den körperäußeren Muskelgruppen beginnen (von außen nach innen).

Werden Muskelentspannungsübungen in das Aufwärmen zur Regulation psychischer Erregungszustände integriert, muß allerdings darauf geachtet werden, daß diesen Übungen wettkampf- oder sportartspezifische Belastungen folgen, mit denen sich der Sportler wieder ‹anpeppen›, d. h. sich psychisch stimulieren und ‹aufladen› kann; denn eine extrem entspannte Muskulatur wäre nicht voll leistungsfähig. CHRS-Übungen sollen im Aufwärmen lediglich die psycho-vegetativen «Erregungsspitzen» beseitigen helfen, dürfen aber niemals zu einem totalen «psychischen Umkippen» mit völlig entspannter Muskulatur führen. Die Anwendung solcher Techniken bedarf daher eines gewissen Trainings und Erfahrung.

Da jeder Sportler über ganz persönliche Voraussetzungen und Erregungszustände verfügt, sollten in Mannschaftssportarten solche Entspannungsübungen während des Aufwärmens immer *individuell* gesteuert ausgeführt werden, d. h., Anzahl, Wiederholung und Dauer der Übungen sollten nach Möglichkeit den aktuellen situativen Bedingungen und persönlichen Bedürfnissen angepaßt werden können.

Allgemein ist davon auszugehen, daß die Intensität und der Umfang der CHRS-Übungen um so größer ist, je bedeutender der Wettkampf und je stärker die psychische Beanspruchung ist.

Muskelentspannung und «Cool-down»

Nur graduell anderen Charakter haben die CHRS-Übungen als Bestandteil von *Entmüdungsmaßnahmen.* Während sie als Einstimmung auf wettkampfmäßige Belastungen vorwiegend das Ziel verfolgen, im psycho-vegetativen Bereich Erregungsspitzen zu ‹brechen›, ist die Absicht nach Training und Wettkampf, die totale Entspannung und Entstressung zu erzielen, damit die körpereigenen Regenerationsmechanismen nachhaltiger wirken können.
Es liegt in der Natur der Sache, daß sich Umfang und Intensität der Übungen nach dem subjektiven Befinden des Sportlers zu richten haben: Je stressender der Wettkampf oder das Training empfunden wurde, desto intensiver und umfassender sollten die Übungen betrieben werden. Besonders in Sportarten, die über mehrere Tage vom Athleten konzentrierte Höchstleistungen verlangen (Vorkampf-Endkampf-Situation, Mehrkampf im Turnen und in der Leichtathletik, Qualifikationsturniere wie beim Fechten, Ringen, Boxen etc.), sind integrierte Muskelentspannungstechniken nach der CHRS-Methode von großem Vorteil, um physische und psychische Belastungsreaktionen schneller bis zum nächsten Wettkampf abbauen zu können.
Auch tägliches oder gar mehrmaliges tägliches Training verlangen nach jeder Trainingseinheit ein *aktives Entstressen* mit Hilfe von CHRS-Übungen, damit langfristig der hohe Trainingsaufwand ohne Schaden an ‹Leib und Seele› aufrechterhalten werden kann.

Aufwärmen vor Training und Wettkampf

Unter dem in allen Sportbereichen (Schulsport, Fitnesssport, Leistungs- und Wettkampfsport etc.) gepflegten sogenannten Aufwärmen werden üblicherweise Maßnahmen verstanden, die den Sporttreibenden in irgendeiner Weise auf die bevorstehende Wettkampf- oder Trainingsbelastung *physisch* und *psychisch* vorbereiten. Die Grundidee ist dabei überall die gleiche: Wie man einen Motor bei Kaltstart auch zunächst einmal durch mäßige Beanspruchung auf die nötige Betriebstemperatur kommen läßt, bevor man ihm höhere Drehzahlen zumutet, so versucht man, die «die körperliche Leistung limitierenden Organfunktionen aus der Ruhelage in Richtung auf die für sportliche Arbeit charakteristischen Werte zu ändern. Dadurch wird erreicht, daß die funktionelle Leistungsfähigkeit bereits schon vor der Trainings- oder Wettkampfbelastung gesteigert ist» (vgl. DE MAREES 1979), d.h., die Stufe bis zur bisweilen maximal hohen Wettkampf- oder Trainingsbelastung wird kleiner.
Das Aufwärmen hat in der Regel für alle nachfolgenden Handlungen einen Verstärkereffekt. Dieser Effekt wird von zahlreichen Untersuchungen aus den Bereichen Sportmedizin, Sportpsychologie und Trainingswissenschaft immer wieder nachhaltig unterstrichen (vgl. auch ISRAEL 1977 und ZIESCHANG 1978), so daß das Aufwärmen zu einem ehernen Bestandteil jeglicher sportlicher Aktivität geworden ist. Die Inhalte des ‹Warmmachens› sind meistens den sportartspezifischen Handlungsmustern entlehnt: Einlaufen, Einschwimmen, Einspielen etc., kombiniert mit mehr oder weniger spezifischen gymnastischen Übungen. Alle Maßnahmen stützen sich in der Regel auf *Erfahrungswerte*, die in den einzelnen Sportarten über beinahe Jahrzehnte von Trainern und Übungsleitern gesammelt und in populärwissenschaftlichen und sportpraktischen Anleitungsbüchern und anderen Veröffentlichungen vielfältig verbreitet wurden.

Viele der ‹warmmachenden› Verhaltensweisen haben sich daher so verselbständigt, daß der Sinn und Zweck der Maßnahmen den meisten Sporttreibenden schon gar nicht mehr bewußt wird und die Grenzen zwischen funktionellem Anspruch und rituellem Handeln keineswegs mehr klar erkannt werden: Man macht's halt so, weil's immer schon so gemacht worden ist und prinzipiell nicht geschadet hat.

Aber gerade die ungewöhnlich hohe Zahl von verletzten Athleten vor der Bundesligasaison 1984 im Fußball oder bei den Olympischen Spielen in Los Angeles zum Beispiel in der Leichtathletik (87,5 % der Leichtathleten waren aufgrund von Verletzungen, Überlastungssyndromen u. a. nicht voll einsatzfähig und mußten sportärztlich gestützt werden) und neuerliche Denkanstöße aus den Bereichen Muskel- und Neurophysiologie sowie Sportphysiotherapie, die insbesondere von Holt (1971) und Ekstrand (1977) in den USA bzw. Schweden in das Aufwärmverhalten von Hochleistungssportlern umgesetzt wurden, haben dazu geführt, die Inhalte des «klassischen» Erwärmens kritisch zu hinterfragen.
Allerdings muß erwähnt werden, daß die wieder aufgelebte Sensibilisierung für das uralte Thema «Aufwärmen» vor dem Hintergrund vieler verletzter prominenter Spitzensportler eine ganze Reihe von Empfehlungen und Veröffentlichungen nach sich gezogen hat, die gewissermaßen wie Heilslehren an den Sporttreibenden herangetragen werden (vgl. die im Sport sich breitmachende Mystifizierung des Stretchings) und die im Anspruch den positiven Erfahrungen anderer Untersucher nicht in jedem Fall standhalten können.
Zweifelsohne ist es zumindest im Hochleistungssport dringend erforderlich, Verhaltensmuster des Aufwärmens auf ihre Funktionalität hin zu überprüfen und gegebenenfalls zu ändern.

Funktionelles Aufwärmen

Der menschliche Organismus funktioniert schon viele tausend Jahre nach bestimmten Gesetzen. Auch der Sport hat an diesen biologischen Regelmechanismen nichts geändert. Folglich kann eine optimale Einstellung der psycho-physischen Verfassung vor Training und Wettkampf nur innerhalb dieser biologischen Gesetzmäßigkeiten stattfinden. So werden an das Aufwärmen im Sport grundsätzlich folgende Erwartungen gestellt:
- Anpassen der *Herz-Kreislauf-Tätigkeit* und *Atmung* (Steigerung der Blutzirkulation und der Sauerstoffaufnahmekapazität, Senkung des Blutflußwiderstandes, Ökonomisierung der Atmung);

- Einstimmung der *Muskeltätigkeit* und des *Muskelstoffwechsels* (Erhöhung der Muskeltemperatur und des Energieumsatzes im Muskel, Verminderung elastischer und visköser Widerstände);
- Einstellung der *neuronalen Steuerungsprozesse* (Steigerung der Nervenimpuls-Leitgeschwindigkeit und der Empfindlichkeit der Rezeptorsysteme sowie dadurch der Muskelkontraktions- und -entspannungsfähigkeit, Optimierung des Muskeltonus u. a.);
- Optimierung der Funktionsbereitschaft des *passiven Bewegungsapparates* (an den Gelenkflächen verdickt sich die Knorpelschicht, wodurch die einwirkenden Kräfte auf eine größere Auflagefläche verteilt werden und sich dadurch der Druck pro Quadratzentimeter Gelenkfläche vermindert – vgl. DE MAREES);
- Schaffung optimaler *psychischer Voraussetzungen* (Verminderung leistungshemmender psychischer Reaktionen wie Startfieber, indifferente Nervosität etc.).

Das alles wird mit der Zielsetzung durchgeführt:

- Verletzungen von Muskeln, Sehnen und Bändern zu vermeiden,
- die konditionellen Fähigkeiten Kraft, Schnelligkeit, Ausdauer, Beweglichkeit besser auszuschöpfen,
- die koordinativen Fähigkeiten zweckmäßiger einsetzen zu können und
- die psycho-vegetative Leistungsbereitschaft zu erhöhen.

Endziel ist eine der jeweiligen Situation angemessene gesteigerte Funktionsbereitschaft aller Organsysteme und der Psyche.

Aktives und passives Aufwärmen

Unter funktionellem Aufwärmen verstehen wir grundsätzlich immer ein *aktives* Erwärmen. Das in der sportmedizinischen, trainingswissenschaftlichen und auch physiotherapeutischen Literatur immer wieder genannte *passive* Aufwärmen in Form von heißen Duschen und Bädern ist so *unfunktionell* und *praxisfremd*, daß es keinerlei Erwähnung mehr bedarf. Auch die zunehmend auf den Markt drängenden chemischen Mittel zum Einreiben wie «Startfluids» verfehlen nicht nur ihren Zweck, sondern täuschen bisweilen durch Verarbeitung leicht die Durchblutung fördernder Substanzen den Zustand der Erwärmung vor, was zu gefährlichen Irritationen der Muskelfunktion und damit zur Erhöhung des Verletzungsrisikos führen kann.

Selbst wenn solche Substanzen in Verbindung mit einer Sportmassage verwendet würden, dürften sie nur als Mittel der zweiten Wahl angesehen werden. Auch *Sportmassage* als passive Maßnahme kann funktionelles Aufwärmen niemals ersetzen und sollte nur als eine Ergänzungsmaßnahme zum Beispiel in der Phase des «Warmhaltens» in kurzen Wettkampfpausen, falls andere Möglichkeiten nicht genutzt werden können, von einem erfahrenen Sportmasseur angewandt werden.

Dauer und Intensität des Aufwärmens

Über Dauer und Intensität des Aufwärmens vor Training und Wettkampf lassen sich nur schwer allgemeingültige Aussagen machen, da sie von vielen Einflußfaktoren abhängig sind, die von Sportart zu Sportart, von Situation zu Situation verschieden sind. Wenn wir dennoch einige Empfehlungen zusammenstellen, so sind diese lediglich als *Orientierungshilfen* zu verstehen. Unter Berücksichtigung der klimatischen Faktoren schwanken die Angaben über eine zweckmäßige Aufwärmzeit im Wettkampfsport zwischen zehn Minuten und zwei Stunden (DE MAREES 1979). Viele Autoren geben allerdings ein «Erfahrungsoptimum» von ca. 15 bis 20 Minuten an, in dem es unter den meisten Bedingungen gelingt, die Muskeltemperatur um ca. zwei Grad anzuheben. Längeres Aufwärmen steigert zwar noch die Körperkerntemperatur, hat aber auf die Muskeltemperatur keinen nennenswerten Einfluß mehr, mit Ausnahme eines stabilisierenden Effekts: eine optimal angepaßte Körpertemperatur (ca. 38,5–39 Grad) hält auch die ‹Betriebstemperatur› der Muskeln länger aufrecht. «So ist 5 Minuten nach Ende der Aufwärmzeit die Muskeltemperatur noch unverändert hoch und damit der volle Effekt der Aufwärmarbeit auf die Leistungsfähigkeit erhalten. Nach 45 Minuten Ruhe ist der Aufwärmeffekt nicht mehr nachweisbar. Die Muskeltemperatur hat den Ausgangswert vor dem Aufwärmen wieder erreicht» (DE MAREES 1979, 336).
Diese Angaben beziehen sich in der Regel auf *Schnellkraftsportarten* und sollten auch nur dort als Orientierungshilfen angewandt werden. Sportarten und Sportformen, in denen die Schnellkraftfähigkeiten nur eine untergeordnete Rolle für die sportliche Leistung spielen (Ausdauerleistungen von 30 Minuten und länger), können auf ein Aufwärmen mit deutlicher Muskeltemperaturerhöhung weitgehendst verzichten. Hier wären funktionsgymnastische Übungen (CHRS-Übungen, Dehnungsübungen nach der Stretching-Methode, vgl. auch Seite 93f) zweckmäßiger. NIELSEN (1982) empfiehlt sogar unter Wettkampfbedingungen ein *Abkühlen statt Aufwärmen vor Ausdauerleistungen*, weil der langsam anspringende Kreislauf dadurch bei der späteren Energiebereitstellung besser geschont würde.
Verallgemeinernde Empfehlungen zur Dauer des Aufwärmens, das machen hoffentlich die Angaben deutlich, bleiben immer eine heikle Angelegenheit und sollten von Sportart zu Sportart individuell gelöst werden. Zur Lösung können die gemachten Angaben allerdings durchaus hilfreich sein.

Klimatische Bedingungen

Die *Umgebungstemperatur* spielt für die Dauer und Intensität des Aufwärmens eine Rolle. Hohe Temperaturen verkürzen die Aufwärmzeit. Bei kühlerem Wetter muß die Aufwärmphase allerdings nicht unbedingt verlängert sein; denn durch eine zweckmäßige Trainingskleidung können klimatische Unterschiede gut ausgeglichen werden. Die Gefahr, sich bei kalter Witterung ungenügend aufzuwärmen, ist bei weitem geringer, als sich bei schwül-warmem Wetter unangemessen stark aufzuwärmen. Oft läßt sich beobachten, daß Athleten (-innen) sowohl die Trainingskleidung als auch die Trainingsmittel nicht den sich verändernden Bedingungen anpassen. Der gewohnte Trainingsanzug, der eigentlich für mitteleuropäische Temperaturen gedacht ist, wird auch dann anbehalten, wenn hochsommerliche Temperaturen vorherrschen.
Die aus vielerlei Gründen verwendeten Kunststoffasern in der Trainingskleidung können zu einem Wärmestau führen, der zentrale Ermüdungsprozesse begünstigt und das subjektive Gefühl, bereits optimal auf die bevorstehende Leistung eingestimmt zu sein, verstärkt. Die ersten Schweißperlen auf der Stirn sind kein sicheres Kennzeichen zur Beurteilung der muskulären ‹Betriebstemperatur›! Aus Angst vor Muskelverletzungen verläßt die meisten Sportler der Mut, bei höheren Umgebungstemperaturen auch einmal die Trainingskleidung abzulegen bzw. von vornherein leichtere, sprich funktionellere Kleidung anzuziehen.

Tageszeit

Biorhythmische Schwankungen der Leistungsbereitschaft innerhalb eines Tagesablaufs können auf die Aufwärmdauer Einfluß nehmen. Normalerweise nimmt die Leistungsbereitschaft zum Nachmittag hin zu, weil gewohnheitsmäßig auch das Training vielfach in den frühen Abendstunden durchgeführt wird. Werden sportliche Leistungen (Wettkampfleistungen) am Vormittag verlangt, empfiehlt sich in der Regel ein längeres und intensiveres Aufwärmen.

Alter

Die Einstellung der Organfunktionen im vegetativen Bereich (Transportsysteme) vollzieht sich bei erwachsenen Sportlern langsamer als bei Kindern und Jugendlichen, weshalb sich Erwachsene länger aufwärmen sollten (vgl. de Marees 1979).

Allgemeines und spezielles Aufwärmen

Häufig wird in der Fachliteratur zur Trainingslehre von «allgemeinem» und «speziellem» Aufwärmen geredet (Weineck 1980, Bentley 1982, Ehlenz u. a. 1982), wobei das allgemeine Erwärmen immer als eine von den spezifischen Anforderungen der Sportart unabhängige, die Organfunktionen aktivierende Maßnahme betrachtet wird.
Diese auch in vielen anderen Bereichen des Sports und der Trainingslehre immer wieder unsinnigerweise ausgeübte Praxis, zwischen dem «Allgemeinen» und dem «Besonderen» (vgl. auch allgemeine und spezielle Ausdauer, Kraft etc.) zu unterscheiden, darf nicht unwidersprochen bleiben; denn unserer Meinung nach stellt jegliche Art von Sport sowohl im Training, besonders aber im Wettkampf jeweils ganz spezifische Beanspruchungen an den Sporttreibenden. Der allgemeine Charakter einer Handlung oder Leistung im Sport wird lediglich durch das Verhältnis zu einer bestimmten physiologischen Reaktion ausgedrückt. Kenngröße des *Allgemeinen* ist daher immer das *Unspezifische*, das *Unfunktionelle*, weshalb man auch beim Aufwärmen endlich einmal von dieser Zweiteilung abrükken sollte. Dem Sporttreibenden nützt zur optimalen Einstimmung nur ein an die zu erwartende Beanspruchung angepaßtes *funktionelles* Aufwärmen mit ganz *spezifischen* Reizsetzungen.

Funktionelle Aufwärmübungen

Beobachtet man das Aufwärmverhalten von Spitzenathleten im Wettkampfsport, so läßt sich folgendes *Aktionsmuster* erkennen:
1. Begonnen wird mit *Ganzkörperübungen* zur Anregung der Herz-Kreislauf-Funktionen (Laufen, Komplexübungen wie Ballpassen in Verbindung mit Laufübungen usw.);
2. es folgen gymnastische Übungen zur *Mobilisation* des aktiven und passiven Bewegungsapparates (zumeist mehr oder weniger funktionelle Übungen wie federndes Dehnen, schwungvolles Rumpfkreisen, Ausschütteln der Extremitäten usw.);
3. abgeschlossen wird das Aufwärmen meistens mit *sportartspezifischen* Handlungen, die mit verminderter Intensität durchgeführt werden (ein paar Spielzüge, kurze Sprints, Teilelemente der Turnübung usw.).

Zwischen diesen drei Aktionskomplexen finden sich alle nur erdenklichen Variationen, und es ist bisweilen schon erstaunlich, wie unterschiedlich das Aufwärmen selbst in der gleichen Sportart, der gleichen Disziplin, bei sogar annähernd übereinstimmenden Leistungsvoraussetzungen von den einzelnen Athleten (-innen) gestaltet wird, wobei doch alle die gleiche Ziel-

richtung verfolgen: eine optimale physiologische und psycho-vegetative Einstellung des ganzen Organismus.
Viele Aktionsmuster sind lediglich liebgewonnene Handlungen, Ritualen gleich, die unter den unterschiedlichsten Bedingungen immer wiederkehrend mit großer Hingabe und Konzentration durchgeführt werden. Ihre gemeinsame Wirkung besteht darin, psycho-vegetative Zustandsänderungen herbeizuführen, um die nachfolgende Wettkampfleistung psychisch besser bestehen zu können, während die physiologischen Auswirkungen so manches Mal am eigentlichen Ziel vorbeigehen; denn um eine jeweils optimale Einstellung der Organfunktionen zu erreichen, sind *Struktur* und *Reihenfolge* der Aufwärmübungen besonders wichtig.
Die nachstehenden Anregungen sollen helfen, das Aufwärmverhalten vor Training und Wettkampf auf seine Effizienz überprüfen und gegebenenfalls funktioneller gestalten zu können.

- Inhalt, Dauer und Intensität des Aufwärmens im Training sind grundsätzlich anders als im Wettkampf. Beim Erwärmen vor dem Wettkampf müssen in der Regel auch Erregungszustände (Startfieber) kompensiert werden. Muskelentspannungsübungen (wie z. B. CHRS-Übungen und funktionelle Dehnungsübungen) spielen daher in Umfang und Intensität beim Aufwärmen vor dem Wettkampf eine größere Rolle.
- Nicht in jedem Fall muß das Aufwärmen mit ganzkörperlichen Bewegungen begonnen werden. Im Krafttraining beispielsweise stehen lokal begrenzte Muskelbeanspruchungen an. Hier durch unspezifisches «Einlaufen» anzuwärmen wäre wenig sinnvoll. Es ist durchaus funktioneller, durch mehrere Wiederholungen der Kraftübung mit leichter bis mittlerer Belastung die zu beanspruchende Muskelgruppe anzuregen, worauf funktionelle Dehnungsübungen sowohl der Agonisten als auch Antagonisten folgen, bevor man ins eigentliche Training einsteigt. So ließe sich die intramuskuläre Koordinationsleistung (beim Krafttraining besonders wichtig) günstiger als bei einem unspezifischen, ganzheitlichen Aufwärmen ansprechen.
- Häufig werden Dehnungsübungen im Aufwärmen übertrieben oder ganz und gar falsch ausgeführt. Auf letzteres wird im Kapitel «Beweglichkeit und Beweglichkeitstraining» hingewiesen. Die Übertreibungen beziehen sich auf die Struktur, Intensität und den Umfang der Übung. Ein optimal trainierter und eingestellter Muskel muß nicht um jeden Preis gedehnt werden. Hier sollten nur sparsam Dehnungsreize gesetzt werden, damit der Muskel bzw. die Muskelgruppe nicht ‹umkippt›, d. h. zu sehr entspannt wird (hypotone Funktionslage). Dieser Aspekt ist ganz besonders bei Schnelligkeits- und Schnellkraftübungen wichtig.
- Aktives und/oder passives gehaltenes Dehnen ist auch dann im Aufwärmen zweckmäßiger, wenn die nachfolgende sportliche Betätigung reaktiv-explosive Muskelbeanspruchung mit exponierten Gelenkstellungen

beinhaltet. Schwungvolle, schnellkräftige Gelenkbewegungen als Aufwärmübungen (wie z. B. Rumpfkreisen, Bein- und Armkreisen) haben nur unspezifische und unfunktionelle Wirkung und können schlimmstenfalls genau das Gegenteil bewirken: statt *Abbau* von Muskelspannung *Aufbau* derselben!

- Das Aufwärmprogramm sollte niemals mit Dehnungsübungen zum Zwecke der Mobilisation der Gelenke und muskulären Entspannungsfähigkeit enden. Nach der Mobilisation sollten immer noch gymnastische Kräftigungsübungen der gedehnten Muskulatur folgen, bevor man zu wettkampf- bzw. trainingsspezifischen Beanspruchungen kommt.
- In ganz besonderen Wettkampfsituationen kann bereits eine Vor-Erwärmung («prep-warm-up») eingeleitet werden. Vor-Erwärmung nach der Methode der CHRS-Übungen wäre dann angebracht, wenn längere Anreisen zum Wettkampfort notwendig sind. Sie könnten bereits während der Anreise als integrierte Muskelentspannungsübungen angewandt werden (vgl. auch MASTEROVOJ 1969). Ebenso kann es passieren, daß eine nicht ausreichende Aufwärmzeit zur Verfügung steht, sei es durch verspätete Anreise, durch Zeitplanänderung eines Wettkampfs oder andere unvorhersehbare Dinge. Auch hier können CHRS-Übungen als Vor-Erwärmung eingesetzt werden, um die Aufwärmdefizite auszugleichen.

Warmhalten und Entmüden

Aktives und passives Warmhalten

Genauso bedeutsam wie das Aufwärmen ist das Warmhalten für die Leistungsfähigkeit im Training und Wettkampf. Der zweckmäßigen Wärmeschutzkleidung (Trainingsanzug) kommt dabei selbstverständlich eine besondere Bedeutung zu. Schweißnasse Kleidung nach dem Aufwärmen muß gewechselt werden, weil sonst der Wärmeentzug verstärkt bzw. dadurch das Warmhalten erschwert wird.

Funktionsgymnastische Übungen (Kräftigungs- und Dehnungsübungen) erhalten die Muskeltemperatur. Auch in Trainingspausen sind sie regelmäßig anzuwenden, weil sie die körpereigene Regenerationsfähigkeit unterstützen.

Aktives und passives Entmüden («Cool-down»)

Unter passivem Entmüden sind heiße Duschen und Bäder sowie Saunabäder zu verstehen. Ihr Nutzeffekt ist unbestritten und muß hier nicht weiter erläutert werden (vgl. hierzu EITNER/KUPRIAN u. a. 1981).
Aktives Entmüden in Form von Auslaufen u. ä. ist in vielen Sportarten zur Gewohnheit geworden. Meist werden diese ganzkörperlichen Übungen auch mit Gymnastik verbunden. Eine optimal entmüdete Muskulatur zeigt nur wenige Belastungsreaktionen und toleriert nachfolgende Beanspruchungen leichter. Die Vorgehensweise ist dem des Aufwärmens vergleichbar: Nach ganzkörperlichen Übungen (lockeres Laufen, Ausschwimmen etc.) folgen, um die metabolischen Restitutionsvorgänge zu unterstützen, funktionelle Dehnungsübungen (aktives und/oder passives gehaltenes Dehnen und/oder CHRS-Übungen), um die nach Training und Wettkampf vorherrschende hypertone Funktionslage der Muskulatur wieder auf ein «normales Maß einzupegeln». Endziel ist eine möglichst tiefgreifende psycho-physische Entspannung (vgl. auch Seite 64).
Je nach Situation können die aktiven Entmüdungsmaßnahmen 10 bis 30 Minuten betragen. Je funktioneller sie eingesetzt werden, desto kürzer ist die Dauer der Entmüdung.

Individuelles Aufwärmen und Entmüden

Aus all diesen Erörterungen geht hervor, daß, je spezifischer die Trainingswirkung ausfallen soll, desto individueller die Reizsetzungen gestaltet werden müssen. Nicht nur Muskelspannung und -länge sind von Individuum zu Individuum unterschiedlich, sondern auch die psychische Situation jedes einzelnen Sportlers kann starken Schwankungen unterliegen. Während im Fitness- und Breitensport, im Anfänger- und Nachwuchstraining durchaus gruppenweises Einstimmen im Training und Wettkampf möglich ist, sollte im Hochleistungssport Aufwärmen und Entmüden stärker individualisiert werden.

Die Funktionskreise

Das Gesamtsystem des Bewegungsapparates läßt sich funktionell in einzelne Teil-Systeme untergliedern. Diese Gliederung ist sinnvoll für das Verständnis von funktionellen Zusammenhängen und Abhängigkeiten bei körperlicher Betätigung.

Gebräuchlich sind Unterteilungen in Rumpf, obere und untere Extremitäten. Diese Unterteilungen sind für unsere Darstellung der Funktionsgymnastik weder zutreffend noch ausreichend.

Deshalb führen wir den Begriff *Funktionskreis* ein. Diese Funktionskreise stellen in unserem Verständnis jeder für sich eine *funktionelle Einheit*, ein Teilsystem dar, das jedoch von den anderen Einheiten nicht isoliert werden kann. Jeder Funktionskreis überlappt mit mindestens einem Nachbarkreis und steht mit diesem in engem funktionellem Zusammenhang. Die Funktionskreise umfassen folgende Bereiche (einschließlich der in diesen Bereichen wirkenden Muskulatur):

Funktionskreis I: Halswirbelsäule mit Kopf, Brustwirbelsäule bis zum fünften Thorakalwirbel,

Funktionskreis II: Brustwirbelsäule vom fünften bis einschließlich zwölften Thorakalwirbel, Lenden-Becken-Hüftregion,

Funktionskreis III: untere Lendenwirbelsäule, Hüftgelenk und Kreuz/Darmbeingelenk, komplette untere Extremität,

Funktionskreis IV: Schultergelenk mit Schulterblatt und Schlüsselbein, komplette obere Extremität.

Wir gehen davon aus, daß diese Unterteilung praxisbezogen ist, sind uns jedoch bewußt, daß einerseits grob vereinfacht, andererseits das Umsetzen dieser Einteilung in praktische Übungen vordergründig nicht leicht fallen wird. Zur Verdeutlichung, warum wir die Einteilung in Funktionskreise für notwendig halten, dient das auf Seite 78 gegebene Beispiel.

Ausgewählte Muskeln und Muskelgruppen der Funktionskreise

1 Kopfwender (m. sternocleidomastoideus)
2 Kapuzenmuskel (m. trapezius)
3 Schulterblattheber (m. levator scapulae)
4 Kopfteil des längsten Rückenmuskels (m. longissimus capitis)
5 tiefe Muskulatur der Halswirbelsäule
6 gerader Bauchmuskel (m. rectus abdominis)
7 schräger Bauchmuskel (m. obliquus abdominis)
8 querer Bauchmuskel (m. transversus abdominis)
9 längster Rückenmuskel (m. longissimus dorsi)
10 Rückenstrecker (m. erector trunci)
11 tiefe Muskulatur der Wirbelsäule
12 Sägemuskel (m. serratus anterior)
13 gemeinsamer Rückenstrecker (m. sacrospinalis)
14 Lendendarmbeinmuskel (m. iliopsoas)
15 Gesäßmuskel (m. glutaeus maximus)
16 Schenkelbindenspanner (m. tensor fasciae latae)
17 Schneidermuskel (m. sartorius)
18 Beinanziehermuskeln (Adduktoren)
19 Beinabspreizmuskeln (Abduktoren)
20 vierköpfiger Kniegelenkstrecker (m. quadriceps)
21 Kniegelenkbeuger (mm. ischiocrurales)
22 Zehenstrecker (m. extensor digitorum longus)
23 Zehenbeuger (m. flexor digitorum longus)
24 Muskeln des oberen Sprunggelenkes (Dorsal-/Plantarflexoren)
25 Muskeln des unteren Sprunggelenkes (Pronatoren/Supinatoren)
26 oberflächliche Fingerbeuger (m. flexor digitorum superficialis)
27 tiefe Fingerbeuger (m. flexor digitorum profundus)
28 gemeinschaftliche Fingerstrecker (m. extensor digitorum communis)
29 Daumenmuskulatur (Extensoren, Flexoren, Adduktoren und Abduktoren)
30 Handgelenkbeuger und -strecker (m. flexor bzw. extensor carpi radialis und ulnaris)
31 Oberarm-Speichenmuskel (m. brachioradialis)
32 zweiköpfiger Ellbogenbeuger (m. biceps brachii)
33 dreiköpfiger Ellbogenstrecker (m. triceps brachii)
34 innerer Armmuskel (m. brachialis)
35 Einwärts- und Auswärtswender (Pronatoren und Supinatoren)
36 Brustmuskeln (m. pectoralis major und minor)
37 Deltamuskel (m. deltoides)
38 breitester Rückenmuskel (m. latissimus dorsi)
39 großer und kleiner Rundmuskel (m. teres major und minor)
40 Ober- und Untergrätenmuskel (m. supra und infra spinam)

Abb. 13: Funktionskreise (FK) und die in ihnen wirkenden wichtigsten Muskeln und Muskelgruppen. Die Pfeile deuten die engen funktionellen Beziehungen der Funktionskreise untereinander an.

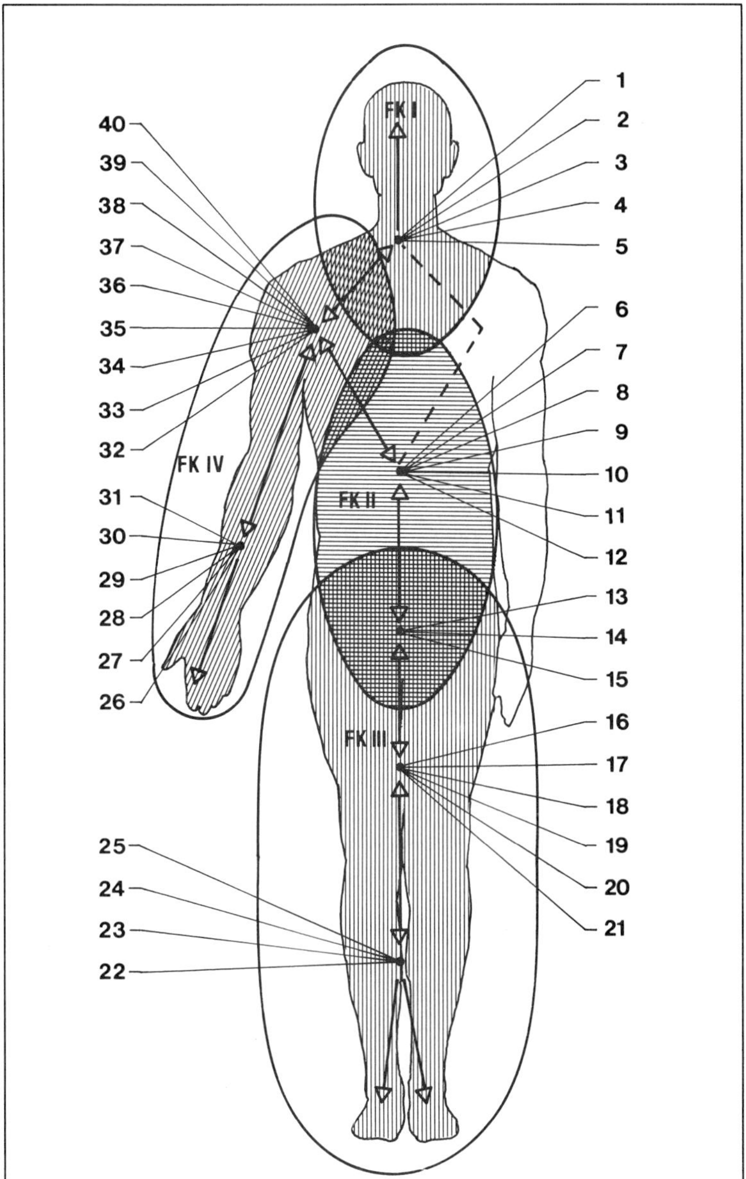
1
2
3
4
5
6
7
8
9
10
11
12
13
14
15
16
17
18
19
20
21
22
23
24
25
26
27
28
29
30
31
32
33
34
35
36
37
38
39
40
FK I
FK II
FK III
FK IV

«Rumpfkreisen» ist eine traditionell angewandte Übung zur Beweglichmachung von Hüfte und Rumpf. Analysieren wir jedoch die Übungsausführung, so stellen wir fest, daß Bewegungen in Sprung-, Knie-, Hüft- und Kreuz/Darmbeingelenk sowie mit Lenden-, Brust- und Halswirbelsäule durchgeführt werden. Der Zielort unserer Übung ist demnach nicht exakt definiert, die ‹Ausweichmöglichkeiten› sind mannigfaltig. Überdies stehen alle Gelenke nahe ihrer Mittelstellung, so daß weder von Mobilisation noch von Dehnung die Rede sein kann. Der ‹trainierende› Effekt, den man verspürt, *resultiert lediglich aus der ungünstigen Belastung* des unteren Lendenwirbelsäulen-Abschnittes.

Fazit: Diese Übung, über mehrere Funktionskreise verteilt, kann ihrem Anspruch, effizient zu sein, nicht gerecht werden; denn
- alle bewegten Gelenke stehen nahe der Mittelstellung und sind nicht fixiert, so daß weder eine Mobilisation noch eine Dehnung erreicht wird,
- die untere Lendenwirbelsäule wird zu Bewegungen genötigt, die physiologisch kaum zu bewältigen sind; so ist zum Beispiel die Rotationskomponente so minimal angelegt, daß eine einfache Rumpfwendung um ca. 25 Grad nach links oder rechts schon genügen würde, um das volle Bewegungsausmaß auszuschöpfen. Rumpfkreisen dagegen geht beträchtlich über dieses Maß hinaus.

Hieraus ziehen wir folgende Schlüsse: Um effiziente Übungen durchführen zu können, bedarf es mehrerer Voraussetzungen.
1. Wollen wir mobilisieren und/oder dehnen, müssen die Gelenke eines Funktionskreises in Endstellung gebracht werden.
2. Mobilisation und Dehnung in einem Funktionskreis verlangen Fixation des benachbarten Funktionskreises.
3. Mobilisation und Dehnung werden aus physiologisch richtiger Ausgangsstellung in die physiologische Bewegungsrichtung durchgeführt.

Entsprechend modifiziert wird unsere Übung Rumpfkreisen so ausgeführt:
- Sprung-, Knie- und Hüftgelenk *aktiv fixiert* = Funktionskreis III,
- Brust- und Halswirbelsäule *aktiv fixiert* = Funktionskreis I,
- Lendenwirbelsäulen-Bereich *mobilisiert* = Funktionskreis II.

(Siehe Übung 2, Seite 131, und Übung 4, Seite 132.)

Jeder Funktionskreis hat mindestens einen dominierenden Agonisten und dessen Antagonisten. Die Forderung nach dem physiologischen Gleichgewicht, die an anderer Stelle bereits für die *Muskeln* eines jeden Gelenks erhoben wurde, gilt hier in gleichem Maße für die *Muskelschlingen* in jedem Funktionskreis. Nur bei vorhandener Balance in jedem Funktionskreis ist gewährleistet, daß der Gesamt-Bewegungsapparat kein Ungleichgewicht aufweist. Dies verdeutlicht ein Beispiel: Sind Rückenstrecker und Lendendarmbeinmuskel verkürzt, erfolgt zwangsläufig eine Abschwächung der Bauchmuskeln und des Gesäßmuskels. Hieraus resultiert eine

funktionell falsche Beckenstellung mit sich darauf aufbauender falscher Statik der Wirbelsäule.
Ein Beispiel aus der Sportpraxis soll diese Zusammenhänge verdeutlichen: Fußballspieler tendieren zu einer kräftigen Kniestreck- und Hüftbeugemuskulatur. Ursache dafür sind die sportartspezifischen Beanspruchungen dieser Muskelgruppen in Training und Wettkampf. Wird darüber hinaus im Konditionstraining nicht ausgleichend darauf reagiert (z. B. durch funktionelle Dehnungs- bzw. Kräftigungsübungen der Antagonisten), kann sich eine Dysbalance im passiven und aktiven Bewegungsapparat insbesondere der Lenden-Becken-Hüft-Region aufbauen: Die kräftigen Kniestrecker und Hüftbeuger kippen das Becken nach vorn (vgl. Abb. 14). Der funktionelle Zustand der Rückenstrecker ändert sich allmählich. Sie stellen sich kompensatorisch auf eine neue Länge ein, sie verkürzen sich und verfestigen die Beckenkippung.
Der verhängnisvolle Teufelskreis schließt sich, wenn im Konditionstraining die Notwendigkeit der Rumpfkräftigung zwar erkannt wird, doch trainingstechnisch die falschen Schlüsse gezogen und völlig unfunktionelle gymnastische Übungen zum Ausgleich betrieben werden. Übungen, wie sie auf Seite 100ff beschrieben werden, sind in ihrer unspezifischen und falschen Wirkung lediglich dazu angetan, die beschriebene Dysbalance aufzubauen.
Die vielen indifferenten Beschwerdebilder unserer «Bundesliga-Kicker» (Leistenbeschwerden, Kreuzschmerzen, Adduktorendefekte, Zerrungen der Ischiocruralen u. v. a.), von denen allwöchentlich in den Sportberichten der Medien berichtet wird, rekrutieren sich nicht selten aus der funktionellen Dysbalance des aktiven und passiven Bewegungsapparates der Lenden-Becken-Hüft-Region (Funktionskreise II und III).
Die veränderte Beckenstatik kann aber auch gänzlich andere Ursachen haben. Das folgende Beispiel soll dies verdeutlichen und aufzeigen, wie das Bedingungsgefüge eines Funktionskreises niemals isoliert betrachtet werden kann, sondern jeder Funktionskreis immer im Zusammenhang mit den anderen gesehen werden muß.
Bei unzureichender Fußgelenkstützmuskulatur sinkt der Fuß im Sinn eines Knickfußes nach innen; hieraus resultiert eine Innenrotation des gesamten Beines im Hüftgelenk; diese wiederum hat eine Beckenkippung mit verstärkter Lordose (Krümmung nach vorn) der Lendenwirbelsäule zur Folge. Eine verstärkte Kyphose (Krümmung nach hinten) der Brustwirbelsäule und eine entsprechende Einstellung der Halswirbelsäule zur Kompensation ist die Regel. Hier kann ohne Übertreibung festgestellt werden: kleine Ursache, große Wirkung!
Unser Bewegungsapparat besitzt die Fähigkeit, vorhandene Defekte zu kompensieren und über bestimmte Verschaltungen Überlastungsschäden zu vermeiden sowie schmerzhaftes Gewebe zu schonen. Dieser Mechanis-

mus wird als «Nozizeptiver Somatomotorischer Blockierungseffekt» (NSB) bezeichnet (Brügger 1964). Beim Auftreten des NSB kommt es in der betroffenen Funktionseinheit zu einem Ungleichgewicht, das im Interesse der Schonung aufrechterhalten wird. Dieses Ungleichgewicht wiederum beeinträchtigt u. a. Muskelspannung und Muskellänge sowie die Beweglichkeit der durch die Muskulatur überspannten Gelenke.
Diesen Mechanismus des NSB zu unterbinden bzw. nicht entstehen zu lassen, kann eine sauber durchgeführte Funktionsgymnastik mithelfen. Anzumerken ist, daß jeder Mensch in jedem Funktionskreis *individuelle Merkmale* aufweist, die ihm bewußt sein müssen. Folglich muß jedes Individuum sich seine eigene «Balance» erarbeiten. So ist Funktionsgymnastik in der Gruppe zweifelsohne möglich, jedoch setzt jeder seine individuellen Schwerpunkte.

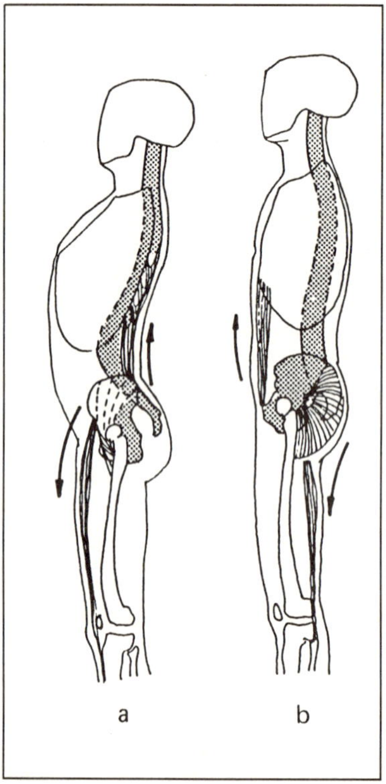

Abb. 14: Veränderung der Wirbelsäulen-Becken-Statik durch Muskeldysbalance am Beispiel eines Fußballspielers

(a) Kräftige Hüftbeuger (innerhalb des Beckens verlaufend; Faserverlaufsstruktur schematisch, gestrichelt dargestellt) in Verbindung mit den Kniegelenkstreckern kippen das Becken nach vorn. Kompensatorisch stellt sich die Rückenmuskulatur auf eine andere Länge ein. Sie verkürzt allmählich und unterstützt die Beckenkippung

(b) Zweckmäßige gymnastische Übungen können die Dysbalance verhindern bzw. ausgleichen:

1. Dehnungsübungen für die Hüftbeuger (m. iliopsoas)
2. Dehnungsübungen für die Rückenstrecker (m. erector trunci)
3. Kräftigungsübungen für die geraden Bauchmuskeln (m. rectus abdominis)
4. Kräftigungsübungen für die Kniegelenkbeuger (mm. ischiocrurales)
5. Kräftigungsübungen für die Gesäßmuskulatur (m. glutaeus maximus)

(Pfeilrichtung = Zugrichtung der Muskeln)

Beweglichkeit und Beweglichkeitstraining

Mit Beweglichkeit wird in der sportwissenschaftlichen Literatur allgemein die körperliche Fähigkeit bezeichnet, Bewegungen mit einer großen Schwingungsweite (Bewegungsamplitude) in den Gelenken und Gelenksystemen auszuführen (HARRE 1971; SIMKIM/MATWEJEW, zit. nach FETZ 1972; WEINECK 1980; THIESS/SCHNABEL/BAUMANN 1980). Synonym gebraucht wird häufig Gelenkigkeit und/oder Flexibilität (FETZ 1969; HOLLMANN/HETTINGER 1980). Die Bezeichnungen «Biegsamkeit» (bei ZACIORSKIJ 1974) reduziert den Sinngehalt des Begriffes auf eine rein physikalische Norm, während «Geschmeidigkeit» (GAULHOFER/STREICHER) ihn eher um eine ästhetisierende Komponente erweitert.
Durch Zusatzbezeichnungen wie «Gelenksbeweglichkeit» (GROSSER 1977) oder «Gelenk-Beweglichkeit» (WEISS 1983) wird versucht, den Begriff zunehmend enger zu fassen. Diese einschränkende Sichtweise scheint bei dem Begriffswirrwarr in Trainingslehre und Praxis zur Kennzeichnung dringend erforderlich zu sein. Wir verstehen daher Beweglichkeit ebenfalls im engeren Sinne als *Gelenkbeweglichkeit*; gemeint ist die *Fähigkeit der Gelenke, Bewegungen gemäß ihren funktionalen Möglichkeiten optimal ausführen zu können.* Synonym verwenden wir den in der Physiotherapie bzw. Medizin gebräuchlichen Begriff der *Mobilität* mit seinen Grenzformen Hypomobilität (verminderte Gelenkbeweglichkeit) bzw. Hypermobilität (Überbeweglichkeit der Gelenke).

Biologische Grundlagen der Gelenkbeweglichkeit

Gemäß dieser Begriffserklärung bestimmen folgende Faktoren die Gelenkbeweglichkeit:
- Zustand der knöchernen Formelemente (Form und Kongruenz von Gelenkkopf und Pfanne),
- Zustand der bindegewebigen Formelemente (Dicke bzw. Elastizität von Gelenkknorpel, Gelenkkapsel und Bändern),
- Zustand der auf das Gelenk einwirkenden Muskulatur (Elastizität, Kraft und Masse der Muskeln sowie Elastizität der Sehnen),
- Gelenkstoffwechsel (Gelenkschmiere),
- neuro-physiologische Steuerungsprozesse (Muskeltonus, Entspannungsfähigkeit),
- psycho-physische Hemmungs- bzw. Aktivierungsprozesse (psychische Gespanntheit bzw. Verspannung).

Ferner unterliegt die Gelenkbeweglichkeit einer ganzen Reihe anderer Einflußgrößen (vgl. GROSSER 1977 und WEINECK 1980):
- Mit zunehmendem Lebensalter vermindert sich die Gelenkbeweglichkeit infolge chemischer und struktureller Veränderungen der beteiligten Gewebe (Abbau elastischer Fasern);
- hormonelle Unterschiede sind wesentlich verantwortlich für die im Durchschnitt größere Gelenkbeweglichkeit bei Mädchen und Frauen;
- in den frühen Morgenstunden ist die Gelenkbeweglichkeit schlechter als zur übrigen Tageszeit;
- nach hartem, ermüdendem Training ist die Gelenkbeweglichkeit aufgrund biochemischer und neuronaler Steuerungsprozesse eingeschränkt;
- bei erhöhter Außentemperatur und nach funktionellem Aufwärmen ist die Gelenkbeweglichkeit besser.

  Die Gelenkbeweglichkeit wird häufig mit einer großen Schwingungsweite bzw. einer großen Bewegungsamplitude gleichgesetzt (vgl. HARRE 1971, WEINECK 1980, GROSSER 1983). Eine solche Definition unterstellt leichtfertig, daß die *Größe* des Bewegungsumfangs das alleinige Maß zur Beurteilung der *Qualität* der Gelenkbeweglichkeit sei.

  Folgt man dieser lediglich quantifizierenden Beurteilung allzu unkritisch, so würde eine große Schwingungsweite, zum Beispiel bedingt durch eine Hypermobilität, zwangsläufig auch als eine qualitativ gute Gelenkbeweglichkeit angesehen werden müssen. Hypermobile Gelenke bedeuten aber in jedem Fall eine funktionelle Schwächung, die für den Sporttreibenden ein erhöhtes Verletzungsrisiko und langfristig gesehen auch die Gefahr eines irreversiblen Sportschadens darstellt.

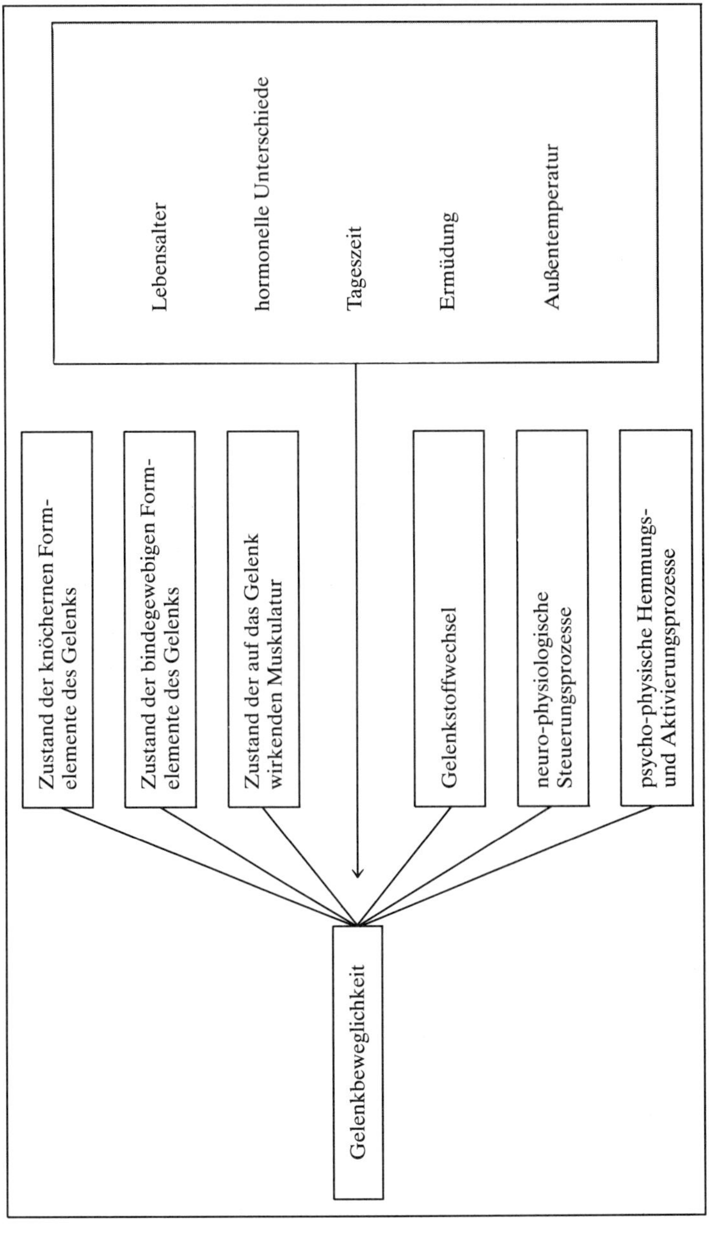

Tab. 3: Einflußgrößen auf die Gelenkbeweglichkeit

Eine quantifizierende, ausschließlich physikalische (mechanische) Betrachtungsweise, wie sie im Sport und in den Sportwissenschaften weit verbreitet zu sein scheint, reicht keinesfalls aus, um die Bewegungsqualitäten eines Gelenks zufriedenstellend beurteilen zu können. Ausdruck einer qualitativ guten Beweglichkeit kann daher nur eine funktionelle, optimal große, sich unbedingt in den physiologischen Grenzen haltende Bewegungsamplitude sein.

Lokal begrenzte Hypermobilitäten, wie sie bisweilen im Hochleistungssport (Hürdenläufer: Hüftgelenk-Nachziehbein; Speerwerfer: Schultergürtel-Wirbelsäule) ‹antrainiert› werden (vgl. HOLLMANN/HETTINGER 1980, 172–174), mögen zwar kurzzeitig muskulär steuerbar und der Optimierung der Sporttechnik zunächst dienlich sein, stellen jedoch immer eine Gefahr für die Gesundheit im späteren Leben dar.
Diese Gefährdung würde zweifelsohne an Bedeutung verlieren, wenn im Sport bei der *Optimierung von Techniken* ‹funktioneller› gedacht würde, d. h. beispielsweise, daß die sportartspezifische Beweglichkeit immer als eine *Summation von Einzel-Gelenkbeweglichkeiten* innerhalb einer ganzen Gliederkette gesehen werden sollte (vgl. auch Kap. «Funktionskreise»).
Ein Beispiel aus der sport-physiotherapeutischen Praxis kann diese Zusammenhänge noch besser verdeutlichen: Ein Handballspieler klagt über Schmerzen in der Wurfschulter. Als Rückraumschütze ist er großgewachsen und mit einer Fehlhaltung der Brustwirbelsäule (verstärkte Kyphose) ‹ausgerüstet›, die bei solchen Konstitutionstypen häufig anzutreffen ist und mit einer Verkürzung der Brustmuskulatur einhergeht. Gleichzeitig blokkiert die verstärkte Kyphose die physiologische Rotation in der Brustwirbelsäule. Die dadurch verminderte wurfspezifische Beweglichkeit kompensiert der Spieler mit einem hypermobilen Schultergelenk, das über einen längeren Trainingsprozeß erworben wurde. Im Training wird auf diese individuelle Disposition nicht eingegangen. Das Beweglichkeitstraining (Dehnungsübungen) beschränkt sich hauptsächlich auf das ohnehin schon stark strapazierte Schultergelenk. Die eingeschränkte Beweglichkeit der Gliederkette Brustwirbelsäule-Schultergürtel (Funktionskreise I und IV) und der nicht funktionelle Ansatz der Beweglichkeitsschulung im Training haben letztendlich zu den Beschwerden (Subluxationszustände) im Oberarmgelenk geführt.
Auch wenn hier ein individueller Sachverhalt vorliegt, so zeigt dieses Beispiel doch, daß die wurfspezifische Beweglichkeit eines Handballspielers nicht ausschließlich als eine Leistung des Schultergürtels (besonders Oberarmgelenk) gesehen werden kann, sondern sich aus der Summe der Einzelbeweglichkeiten innerhalb der genannten Funktionskreise ergibt.

Die Größe des Bewegungsumfangs in einem Gelenk bzw. Gelenksystemen wie Handwurzel, Wirbelsäule u. a. (Schwingungsweite, Amplitude) wird bestimmt von der

- Form der Gelenke (Scharniergelenk, Sattelgelenk, Kugelgelenk etc. und der davon abhängigen Zahl der Freiheitsgrade oder Achsen),
- Gelenkbeweglichkeit mit ihren Einflußgrößen (vgl. Seite 83),
- dem Trainingszustand.

Ferner ist die Größe der Gelenkbeweglichkeit von der Art der *Steuerung* der Bewegung abhängig. Man unterscheidet eine

- *aktiv*-selbstgesteuerte Gelenkbeweglichkeit, die durch die Aktivität der Muskeln (Agonisten) erzeugt wird, und eine
- *passiv*-fremdgesteuerte Gelenkbeweglichkeit, die durch den Einfluß äußerer Kräfte, zum Beispiel Partner, Zusatzlast etc., hervorgerufen wird.

Dabei ist der Bewegungsumfang der passiven Gelenkbeweglichkeit größer als der der aktiven (vgl. Abb. 15).

Weiterhin wird von vielen Autoren unterschieden zwischen

- *dynamischer* Beweglichkeit (Gelenkbeweglichkeit, Flexibilität) und
- *statischer* Beweglichkeit (de Vries 1968).

Tab. 4: Abhängigkeiten des Bewegungsumfangs

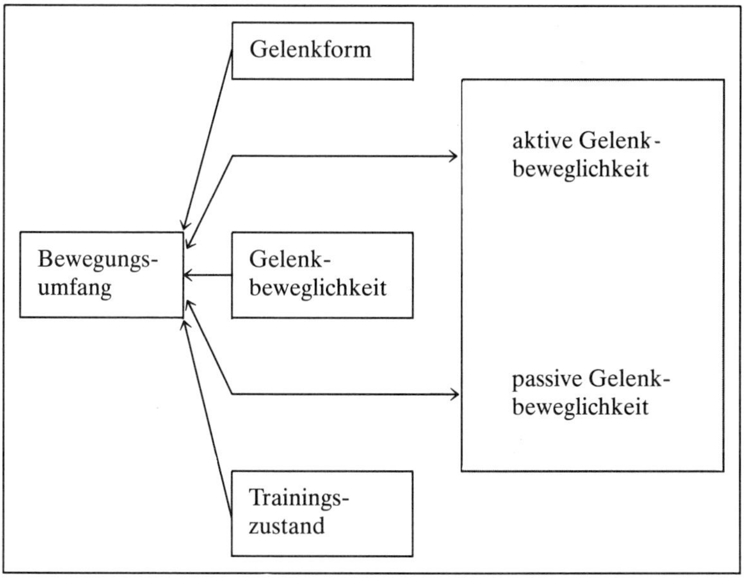

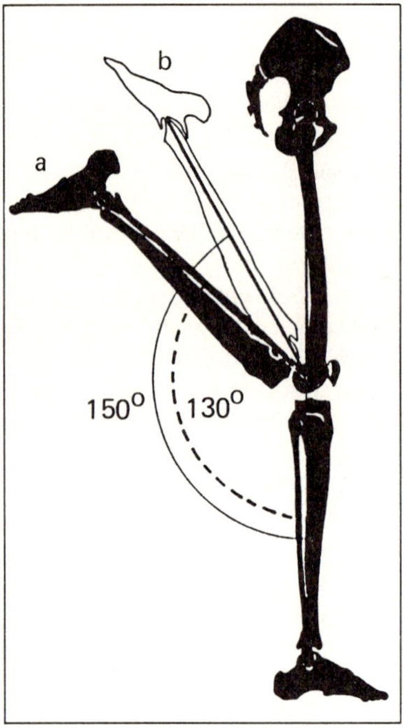

Abb. 15: Mechanik des Kniegelenks
a = aktive Beweglichkeit (130 Grad)
b = passive Beweglichkeit (150 Grad)
(*Quelle:* BAMMES, o. J., 221)

Während erstere durch die dynamisch erreichbare Bewegungsamplitude sowie die Widerstandsgröße, gegen welche eine Bewegung durchgeführt wird, gekennzeichnet ist (z. B. schwungvolles Rumpfkreisen), ist letztere beschrieben durch die Bewegungsweite, die statisch eingenommen werden kann, zum Beispiel bei einer gehaltenen Rumpfbeuge vorwärts (HOLLMANN/HETTINGER 1980). Allgemein wird die dynamische Beweglichkeit als der statischen überlegen charakterisiert (LETZELTER 1978; HOLLMANN/HETTINGER 1980).

Zusammenfassung:

- Gelenkbeweglichkeit ist die Fähigkeit der Gelenke (bzw. der Gelenksysteme), Bewegungen gemäß ihren funktionalen Möglichkeiten optimal ausführen zu können.
- Die Gelenkbeweglichkeit ist abhängig vom Zustand der knöchernen, bindegewebigen und muskulären Strukturelemente des Gelenks sowie von neuro-physiologischen Steuerungs- bzw. psycho-physischen Aktivierungs- bzw. Hemmungsprozessen.
- Ausdruck einer *qualitativ* guten Gelenkbeweglichkeit ist eine optimal große, aber *physiologische* Bewegungsamplitude (Bewegungsumfang oder Schwingungsweite).
- Die Größe der Bewegungsamplitude wird bestimmt durch die Form des Gelenks, die Gelenkbeweglichkeit und den Trainingszustand.

Training der Beweglichkeit

Aus den funktionellen Beziehungen ist erkennbar, daß die (Gelenk-)Beweglichkeit eine motorische ‹Kenngröße› darstellt, die zwischen den konditionellen und koordinativen Fähigkeiten anzusiedeln ist. HOLLMANN/HETTINGER (1980, 171) bezeichnen sie daher als eine «motorische Hauptbeanspruchungsform». Je nach Einflußgröße auf die sportliche Leistungsfähigkeit kann sie zwar in den einzelnen Sportarten recht unterschiedlich ausgeprägt sein, doch immer gilt sie als *Grundvoraussetzung* für die qualitative und quantitative Ausführung sportmotorischer Fertigkeiten, da sie (nach BAUERSFELD/SCHRÖTER 1979)

- in Einheit mit den koordinativen Fähigkeiten das Erlernen und Vervollkommnen sportlicher Bewegungsabläufe sowie das Aneignen anderer konditioneller Fähigkeiten erleichtert;
- zu einer Ökonomisierung der Bewegungshandlungen hinsichtlich Bewegungsgenauigkeit, Krafteinsatz und Bewegungsschnelligkeit beiträgt und somit die Verletzungsgefahr von Muskeln, Sehnen und Bändern vermindert;
- den Transfereffekt einzelner konditioneller Fähigkeiten begünstigt.

Im Konditionstraining der meisten Sportarten sowie im Gesundheits-, Fitness- oder Schulsport haben «beweglichmachende» Übungen eine lange Tradition. Diese traditionelle Verankerung in allen Bereichen des Sports hat aber auch dazu beigetragen, daß sich Verfahrensweisen in der Sportpraxis etabliert haben, die oft nicht den Anspruch «funktioneller Beweglichkeitsschulung» aufrechterhalten können.

In der Regel bedient man sich mehr oder weniger spezifischer gymnastischer Übungen. Allen Übungen ist gemein, daß ihre Wirkungsweise auf den Erhalt bzw. auf die Verbesserung der Elastizität der das Gelenk umgebenden Muskeln, Sehnen, Kapseln und Bänder abzielt.

Training der Gelenkbeweglichkeit

Die natürliche Gelenkbeweglichkeit ist im Kindes- und Jugendalter am größten. Bereits nach dem zehnten bis zwölften Lebensjahr beginnt sie, wenn keine Trainingsreize gesetzt werden, infolge chemischer und struktureller Veränderungen der beteiligten Gewebe abzunehmen (KIRCHNER/GLEINS 1957; WEISS 1983). WEISS (1983, 13) folgert hieraus, daß «im Gegensatz zum Training aller andern Konditionsfaktoren ... dieses Training nicht so sehr zu strukturellen oder biochemischen ‹Verbesserungen› führt, sondern ... allein einer ‹negativen› Entwicklung entgegenwirkt».

In einigen Wettkampfsportarten, in denen die Beweglichkeit ein bedeutender leistungsbestimmender Faktor ist, werden hieraus die Konsequenzen gezogen und intensives Beweglichkeitstraining in die frühe Kindheit, nach dem Motto «Was Hänschen nicht lernt, lernt Hans nimmermehr», bewußt ‹ausgelagert›.

Solange sich Trainingsreize und Belastungsumfang an den funktionellen Möglichkeiten des kindlichen Bewegungsapparates orientieren, ist gegen solche trainingstechnisch begründbare Verfahrensweise nichts einzuwenden, doch leider wird im Leistungssport immer wieder dagegen verstoßen, weil ausschließlich die sportliche Höchstleistung als Maßstab für die Bemessung der Trainingsbelastung herhalten muß.

Trainer und Übungsleiter sind deshalb in die pädagogische Verantwortung zu nehmen und darauf hinzuweisen, daß der kindliche Bewegungsapparat hinsichtlich Beweglichkeit zwar «faszinierend formbar» ist, doch niemals «verformt» werden sollte.
Für alle, die sich mit Kindern und Jugendlichen im Sport beschäftigen, liegt hierin Chance und Fluch zugleich; denn bis zum Abschluß des Längenwachstums (bei Mädchen etwa 16 bis 17 Jahre; Jungen etwa 18 bis 19 Jahre) sind einerseits die noch nicht ausgereiften Knochen (Wachstumsknorpel als wesentliche Bausteine des kindlichen Skeletts) besonders stark in ihrer substantiellen Struktur gefährdet, wenn ihnen unfunktionelle Belastungen über einen längeren Zeitraum zugemutet werden, andererseits müssen in manchen Sportarten gerade hinsichtlich der Gelenkbeweglichkeit im Kindesalter Grundlagen geschaffen werden (bei Orientierung auf Spitzensport), weil diese (Gelenkbeweglichkeit) sich nach der Reifung wahrscheinlich qualitativ nicht im gleichen Maße ausbilden lassen.

Die größte Einflußmöglichkeit auf die Gelenkbeweglichkeit besteht im Kindes- und Jugendalter. Die funktionellen Bewegungsmöglichkeiten des passiven Bewegungsapparates können zwar ausgeschöpft, ihre Grenzen dürfen aber in dieser Entwicklungsphase nicht überschritten werden.

Beeinflußbarkeit der Gelenkstruktur

Aufgrund der biologischen Beziehungen der Gelenkbeweglichkeit (vgl. Tab. 3) ist zu unterscheiden zwischen beeinflußbaren und nichtbeeinflußbaren Faktoren. Durch Training kann im Sinne einer positiven Veränderung Einfluß genommen werden auf (vgl. Seite 89)

- den Zustand der bindegewebigen Formelemente und den Zustand der auf das Gelenk einwirkenden Muskulatur,
- den Gelenkstoffwechsel,
- die neuro-physiologischen Steuerungs- und psycho-physischen Hemmungs- bzw. Aktivierungsprozesse.

Ein nicht beeinflußbarer Faktor ist die Gelenkform. Abnutzungserscheinungen oder gar Aufbrauchschäden u. a., verursacht durch Sport, sind negative (pathologische) Formveränderungen der knöchernen Bauteile eines Gelenks und als unliebsame, ausnahmslos ungewollte Begleiterscheinungen des Sports einzustufen. Dieses zu vermeiden ist die Aufgabe von funktionsgymnastischen Übungen.

Beeinflußbarkeit der elastomechanischen Eigenschaften

Sehnen, Bänder und Muskeln verfügen über qualitativ unterschiedliche (eigenständige) elastische Eigenschaften. Aufgrund ihrer molekularen Struktur sind Muskeln elastisch, kontraktil und plastisch, während Sehnen und Bänder nicht über eine eigenständige Kontraktilität verfügen.
Außerdem sind die elastischen Eigenschaften qualitativ recht unterschiedlich ausgeprägt. Während ein Muskel hoch dehnfähig und somit plastisch ist und um 150 bis 200 Prozent seiner Ausgangslänge gedehnt werden kann, beträgt der Dehnungsbereich einer Sehne beispielsweise nur 5 Prozent

Tab. 5: Unterschiedliche elastomechanische Eigenschaften von Muskeln, Sehnen und Bändern

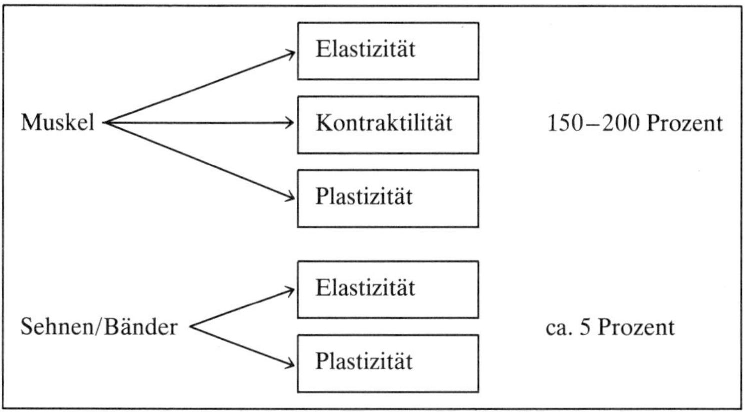

(Längenzuwachs), wobei von KRAHL/V. HANSTEIN (1982) eine «echte Elastizität» nur innerhalb eines Dehnungsbereichs von 3 bis 4 Prozent angenommen wird. Trotz dieses qualitativ anderen, aber keineswegs minderwertigen elastischen Verhaltens der bindegewebigen Anteile eines Gelenks hält sich in der Sportpraxis nach wie vor die Auffassung, daß zur Verbesserung der Gelenkbeweglichkeit neben den Muskeln auch das «Bindegewebe ... durch Bewegungen in großem Umfang gedehnt werden muß» (KOS/TEPLY 1980, 15). Dies scheint uns eine starke Überschätzung der tatsächlichen Dehnfähigkeit von Sehnen und Bändern zu sein und kann wahrscheinlich ursächlich in Zusammenhang gebracht werden mit den vielen Verletzungen im Sport gerade dieser bindegewebigen Gelenkanteile.

Eine größere funktionelle Gelenkbeweglichkeit wird in erster Linie durch eine *qualitative* Verbesserung der elastischen Eigenschaften der gelenkumfassenden Muskeln erreicht und nicht so sehr durch eine Steigerung der Dehnfähigkeit bindegewebiger Anteile.

Hieraus ist zu folgern, daß die positiven Einflußmöglichkeiten durch Training auf die elastomechanischen Eigenschaften der Muskulatur bedeutend größer sind als bei Sehnen und Bändern.
Negative Einwirkungen in Form von Überdehnungen (auch Sehnenentzündungen) gehören zum Problemfeld des Sports und sind sicherlich zum großen Teil auf falsche Einschätzungen der Leistungsfähigkeit von Sehnen und Bändern und daraus resultierende überzogene Trainingsbelastungen sowie auf unfunktionelle Trainingsübungen (wie beispielsweise in der Wirkung unspezifische gymnastische Übungen) zurückzuführen.
Darüber hinaus zeigen Muskel- und Bindegewebe weitere bemerkenswerte elastische Eigenschaften, die bei der Organisation und Ausführung funktionsgymnastischer Beweglichkeitsübungen Beachtung finden müssen: Sowohl Muskeln als auch Sehnen behalten nach Dehnung (vgl. auch Kap. «Entspannung und Entspan-

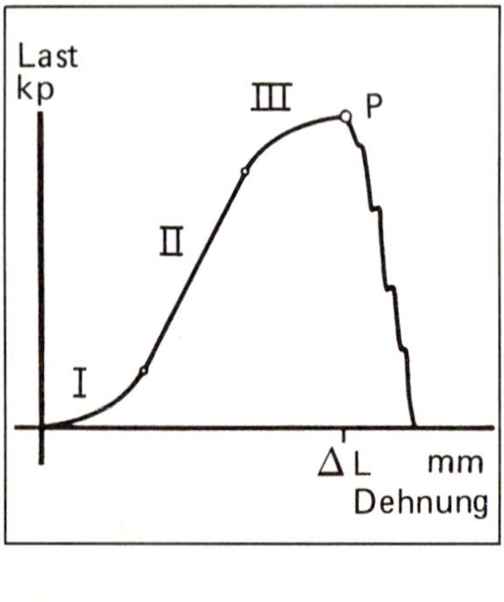

Abb. 16: Typisches Last-Dehnungs-Diagramm der Sehne mit flachem Anfangsteil (I), gerade und steil verlaufendem Mittelteil (II) und wieder abgeflacht verlaufendem Endteil (III) bis zum Bruch (P)
(*Quelle:* BECKER/KRAHL 1978, 23)

nungstraining») einen sogenannten *Dehnungsrückstand*, d. h., sie kehren nicht vollständig in ihre Ausgangslage zurück, wenn der Dehnungsreiz aufhört. Das heißt aber auch, daß bei mehrfacher Dehnung ohne entsprechende Regenerationsphase die Elastizität des Gewebes immer mehr nachläßt. KRAHL/V. HANSTEIN (1982) konnten in Versuchen mit Sehnenpräparaten (Patellarsehne) nach nur sechsmaliger vierprozentiger Dehnung (bei 50 kp Zuglast) bereits einen Abfall der Dehnfähigkeit um 50 Prozent beobachten, was bedeutet, daß sich die Dämpfungseigenschaften gleich um die Hälfte reduzierten. Wenn man berücksichtigt, daß schon unter alltäglichen Bedingungen auf die Patellarsehne Belastungen von 300 bis 600 kp einwirken, im Sport unter dynamischen Bedingungen aber Zugkräfte in einer Größenordnung von 2000 kp und womöglich kurzfristig sogar noch mehr toleriert werden, dann erscheinen so manche, angeblich unverständliche Sehnenverletzungen im Sport in einem anderen Licht.

Diese als *viskoplastisch* bezeichnete Eigenschaft des Dehnungsrückstands ist auf die Molekularstruktur der gewebsbildenden Eiweiße zurückzuführen, die die Fähigkeit des «Kriechens» (das ist die plastische Weiterverformung unter ruhender Belastung) und der «Relaxation» (das ist die durch innere Reibung verzögerte Annahme des neuen Gleichgewichtszustandes bei Einwirkung oder Aufhebung äußerer Kräfte) besitzen (KRAHL/V. HANSTEIN 1982). Die traditionell verankerte Verfahrensweise im Sport, gleiche Übungen mehrfach zu wiederholen, hat hierin ihre Begründung.

Anders als der Muskel, der sich gegen einen plötzlichen ruckartigen Dehnungsreiz (vgl. Kap. «Muskelreflexe», Seite 41) mit reflektorischer Kontraktion wehrt, verhalten sich die Sehnen aufgrund ihrer Molekularstruktur nicht reflektorisch. Bei höheren Dehnungsgeschwindigkeiten ist ihre Dehnfähigkeit gegenüber niedrigerer Geschwindigkeit deutlich vermindert. KRAHL/V. HANSTEIN (1982) geben eine Dehnfähigkeitsminderung von 20 bis 50 Prozent an.

Auch diese Ergebnisse stellen die im Sport üblichen dynamischen Übungen, zum Beispiel schwingende Bewegungen wie Armkreisen, Rumpfkreisen etc. bei allmählich sich steigernder Amplitude, bisweilen bis an die Grenzen der aktuellen Gelenkbeweglichkeit, hinsichtlich ihres Wertes für die Beweglichkeitsschulung deutlich in Frage.

Charakter funktioneller Beweglichkeitsübungen

Gemäß der beschriebenen eigenständigen elastischen Eigenschaften von Muskeln einerseits und Sehnen, Bändern und Gelenkkapseln andererseits weisen Beweglichkeitsübungen einen spezifischen Charakter auf, wenn sie den Anspruch der Funktionalität erheben.

Funktionelle Beweglichkeitsübungen haben zum alleinigen Ziel die Optimierung der Gelenkbeweglichkeit, indem sie die Elastizität der auf das Gelenk wirkenden Muskeln und der bindegewebigen Gelenkbausteine erhöhen.
Eine Elastizitätsverbesserung wird erreicht einerseits durch eine Steigerung der Dehnfähigkeit, Kontraktilität und Plastizität der Muskeln sowie der Dehnfähigkeit und Plastizität von Sehnen, Bändern und Kapseln, andererseits durch eine Ökonomisierung neuro-muskulärer Steuerungs- bzw. psycho-physischer Hemmungsprozesse sowie durch eine Verbesserung des Gelenkstoffwechsels. Die Übungen, die hierzu verwandt werden, sind spezielle Dehnungsübungen, Entspannungs- und Lockerungsübungen sowie Kräftigungsübungen.

Das in der Trainingslehre und in der Sportpraxis eingeschränkte Verständnis der Beweglichkeit wird hier um die neuronalen bzw. psycho-physischen Komponenten der Gelenkmobilität entscheidend erweitert. Gegenstand einer Beweglichkeitsschulung können demgemäß nicht nur Muskeln, Sehnen, Bänder oder andere Teilsysteme sein, sondern sie richtet sich immer an «... eine handelnde und erlebende Person; denn nicht Muskeln und der Kreislauf treiben Sport, sondern Menschen» (EBERSPÄCHER 1982, 202f).

Dehnungsübungen

Dehnungsübungen als Mittel der Beweglichkeitssteigerung und Elastizitätsverbesserung des aktiven und passiven Bewegungsapparates haben im Sport eine lange Tradition. Noch älter dürfte ihre Bedeutung als gesundheitserhaltende und -bildende Übungen sein; thailändische Tempelbilder, datiert auf ca. 2000 v. Chr., weisen Personen aus, die Rumpf- und Extremitätenmuskulatur in einer extremen Dehnungsposition halten. Auch die Wirkungsweise des Joga baut auf Dehnungsübungen, das Einnehmen bestimmter Körperhaltungen, auf.
Im Sport werden verschiedene Dehnungstechniken angewandt. Meist han-

delt es sich um sehr komplexe, unspezifische gymnastische Übungen, deren Wirkungsweise als *indifferent* zu betrachten ist. Häufig werden sie als «*allgemein* beweglichmachende Übungen» bezeichnet, eine in der Trainingswissenschaft historisch gewachsene und offenbar beliebte Klassifizierung von Trainingswirkungen (vgl. auch allgemeine Ausdauer – spezielle Ausdauer u. dgl.), die weder logischen noch sachlichen Systematisierungsgrundsätzen folgt und die Gesetzmäßigkeiten psycho-physischer Anpassung nicht berücksichtigt:

Auf einen Trainingsreiz reagiert der Organismus immer mit *spezifischen* Anpassungserscheinungen, niemals mit allgemeinen.

So auch bei Dehnungsübungen. Grundsätzlich werden folgende *Forderungen an Dehnungsübungen* gestellt:

- Sie sollen einen hohen Wirkungsgrad haben, der den sportartspezifischen Anforderungen angepaßt ist;
- sie sollen möglichst einfach auszuführen sein;
- sie sollen wenig Zeit vom Gesamttrainingsprozeß in Anspruch nehmen;
- sie sollen in ihrer regelmäßigen Anwendung zur Entspannung der Körpermuskulatur als eine bedeutsame Voraussetzung für eine weiterreichende vegetative und geistige Entspannung beitragen.

Dehnungstechniken

Nicht zuletzt von dem in den USA entstandenen «Stretching» sind eine Reihe von Denkanstößen hinsichtlich der Wertigkeit klassischer gymnastischer Dehnungsübungen ausgegangen (Holt 1971; Beaulieu 1981; Anderson 1982; Sölveborn 1983). Aus der Fülle der Ausführungsvarianten von Dehnungsübungen lassen sich einige grundlegende Techniken herauslösen:

Dynamisch-aktives Dehnen (ballistic exercises):
Diese Technik dürfte wohl zu den gebräuchlichsten Verfahrensweisen innerhalb sportbezogener Gymnastik gehören. Beispiel: Im Grätschstand wird durch Gewichtsverlagerung auf ein Bein die Adduktorengruppe des unbelasteten Beins (Beinanzieher) durch gleichzeitiges Federn und Wippen ruckhaft in eine Dehnungslage gezwungen. Als Dehnungslage bezeichnen wir jenen Punkt der Bewegungsamplitude, bei dem ein leichter ziehender Dehnungsschmerz spürbar wird.

Statisch-passives Dehnen (static exercises):
Statische Übungen (auch «hold» oder «slow stretch exercises») werden auch als «gehaltenes Dehnen» bezeichnet. Die zu dehnende Muskulatur

wird behutsam an die Dehnungslage herangeführt und diese Position dann über einen bestimmten Zeitraum gehalten.
Das Dehnen der Adduktorengruppe würde dann in unserem Beispiel wie folgt ausgeführt werden: Langsames Verlagern des Körpergewichts auf ein Bein bei gleichzeitiger Beugung des Standbeinknies. Nach Erreichen der Dehnungslage wird diese 10 bis 30 Sekunden lang gehalten. Danach kann durch weitere Beugung im Standbein eine neue Dehnungsposition eingenommen werden, die wiederum die gleiche Zeit gehalten wird.

Anspannen – Entspannen – Dehnen (contract – relax – stretch exercises): Diese Dehnungstechnik wird von therapeutischen Gymnastik-Übungen abgeleitet (PNF-Technik, vgl. Kap. «Entspannung und Entspannungstraining»). Sie wurde erstmalig von Holt (1971) als Beweglichkeitstraining im Sport eingesetzt und in jüngster Zeit von Sölveborn (1983) im europäischen Sprachraum als eigenständige Stretching-Methode bekannt gemacht.
Wiederum auf das Beispiel bezogen würde der Übende durch Druck in Richtung Boden (als würde man die gegrätschten Beine schließen wollen) die Adduktoren isometrisch maximal 10 bis 20 Sekunden anspannen, um danach in eine Entspannungsphase von 2 bis 3 Sekunden zu wechseln, der eine sanfte, über die ursprüngliche Dehnungslage hinausgehende Dehnung folgt (durch Gewichtsverlagerung auf das Standbein bei gleichzeitiger Beugung des Kniegelenks), die genauso lange gehalten werden soll, wie die isometrische Kontraktion (vgl. auch Beaulieu 1980; Sölveborn 1983).
Diese etwas kompliziert anmutende Dehnungstechnik nutzt die im Kapitel «Nerven und Muskelfunktion» beschriebenen Dehnungsreflexe und die besonderen viskoelastischen bzw. viskoplastischen Eigenschaften der Muskulatur aus. Nach einer maximalen isometrischen Kontraktion tritt kurzzeitig eine Entspannung (Relaxationsphase) ein, in der die Muskulatur besonders dehnfähig, d. h. der muskulärreflektorische Widerstand der Muskeln gegen Dehnung vermindert ist («Sherrington-Prinzip»).
Bei der Anwendung dieser Technik ist es häufig notwendig, die Ausführungsweise der Übung umzustrukturieren, da es nicht immer einfach ist, in bestimmten Gelenkpositionen die Muskulatur maximal isometrisch anzuspannen. Häufig muß die Hilfe eines Partners in Anspruch genommen werden, damit die spezifische Wirkung dieser Methode erreicht wird. Der Partner gibt hier bei der isometrischen Kontraktion einerseits Widerstand, andererseits unterstützt er die Dehnung, indem er einen passiven Dehnungsreiz ausübt.

Alle Dehnungstechniken können sowohl als aktiv-selbstgesteuerte oder passiv-fremdgesteuerte Dehnung ausgeführt werden. Die passiv-fremdgesteuerte Ausführungsweise wird allgemein als die wirkungsvollere hinsichtlich der Beweglichkeitssteigerung angesehen (z. B. bei Kos/Teply 1980).

Ob diese Auffassung allerdings für alle Bereiche des Sports Gültigkeit hat, kann keineswegs als gesichert angenommen werden.
Untersuchungen von DE VRIES (1962), CARR, HOLT, LOGAN und RIDDLE, zit. nach BEAULIEU (1980), weisen ferner nach, daß sich keinerlei signifikante Unterschiede zwischen den einzelnen Dehnungstechniken hinsichtlich der Steigerung der Beweglichkeit im Sinne einer Vergrößerung der Bewegungsamplitude ergaben. Alle Untersuchungen bezogen sich allerdings ausschließlich auf die Größe der Bewegungsamplitude als einzigen meßbaren Parameter zur Beurteilung der Qualität der Gelenkbeweglichkeit. Im Kapitel «Beweglichkeit und Beweglichkeitstraining», Seite 84, wurde bereits diese sich ausschließlich auf die mechanischen Widerstände gegen Dehnung beziehende Betrachtungsweise in Frage gestellt.
Die in den USA entstandenen Dehnungstechniken des *Stretching* (HOLT, ANDERSON, BEAULIEU u. a.) sowie die vor allem in Schweden von EKSTRAND, GRAHN/NORDENBORG und SÖLVEBORN betriebenen Studien mit Sportlern versuchen dagegen nachzuweisen, daß Stretching-Methoden als gehaltenes Dehnen (nach ANDERSON) oder als «Contract-Relax-Dehnen» (nach HOLT u. SÖLVEBORN) eine qualitativ bessere Wirkung auf die Gelenkbeweglichkeit haben, weil diese die biologischen Grundlagen besser berücksichtigen und somit ein sanftes, schonendes Verfahren darstellen, weswegen wohl auch alle Autoren die prophylaktischen Aspekte dieser Methoden nachhaltig unterstreichen. Schwedische Untersuchungen an Fußball- und Eishockey-Nationalspielern vor allem von EKSTRAND (zit. nach SÖLVEBORN 1983) heben die Verminderung der Verletzungshäufigkeit an Muskeln und Muskelansätzen als besondere Wirkungsweise des langsamen und gehaltenen Dehnens (Stretching) hervor.

Ausgehend von den biologischen Grundlagen der Gelenkbeweglichkeit und Erfahrungen der Physiotherapie nutzend, folgen funktionsgymnastische Dehnübungen dem Prinzip des sanften gehaltenen Dehnens, wobei aktiv-selbstgesteuerte und passiv-fremdgesteuerte Übungen gleichermaßen verwendet werden.

Stretching als Sportform

Im Zuge einer immer weiter um sich greifenden Vermarktung und privater Kommerzialisierung des Sports sowie infolge eines neuen Fitnessbewußtseins haben sich neben den klassischen Sportarten in jüngster Zeit eigenständige Sportformen herausgebildet, die ihren Ursprung meistens in den USA haben. Ein gänzlich anderes Sportverständnis und die Tatsache, daß es den Verein als Träger des Sports dort eigentlich nicht gibt, ist der Nährboden für immer neue Fitnessbewegungen in Amerika. Während sich Jog-

ging, Body-Building und Aerobic zwischenzeitlich im Sportgeschehen – wenn auch von privaten Anbietern stark kommerzialisiert – bei uns etabliert haben bzw. hatten, kämpft Stretching als ein besonders ‹sanftes Verfahren› der Konditionierung noch um seine Anerkennung. Besonders die Methode des amerikanischen «Stretching-Apostels» Bob ANDERSON wird mit kräftigen Werbeslogans wie «Stretching macht schöner, geschmeidiger, schlanker und sinnlicher» (Werbetext auf einer Plattenhülle) – letzteres eine ärgerliche Verbrämung der wahren Wirkungen dieser Gymnastik – als neue Zauberformel für psycho-physisches Wohlbefinden angepriesen.
Der Sportkundige wird sehr schnell bemerken, daß Beweglichkeit, Geschmeidigkeit und Entspannungsfähigkeit nur einen kleinen Teil der körperlichen Fitness ausmachen, und Stretching isoliert betrieben zu einseitigen funktionellen Veränderungen führt. Dem Sportunkundigen dagegen muß empfohlen werden, Stretching nur als eine, zweifelsohne segensreiche, *Ergänzung* zum sportlichen Konditionierungsprozeß zu sehen und nicht sein ganzes ‹Fitness-Heil› in der so verlockend angebotenen und verführerisch bequemen Stretching-Gymnastik als alleiniges Training zu suchen.

Kraft und Krafttraining

Gymnastische Kräftigungsübungen dienen im Sport vielfältigen Zielen. In den Lehrplänen zum Schulsport sind sie als beliebte Konditionsübungen ebenso festgehalten wie im Fitnesssport der Vereine. Kompensatorischer Sport, Sporttherapie und Krankengymnastik bedienen sich ihrer, um Haltungs- und Bewegungsschwächen bzw. funktionelle Defizite des aktiven und passiven Bewegungsapparates nach Verletzungen auszugleichen. In vielen Sportarten, in denen ein hohes Kraftniveau nicht leistungsbestimmend ist bzw. andere Erscheinungsformen der Kraft wie Schnellkraft und Kraftausdauer etc. dominieren, stellen sie häufig die alleinigen Trainingsübungen zur Entwicklung sportartspezifischer Kraft dar.
In den Anfängen der Konstruktion von Kraftgeräten dienten sie den Herstellern als Anleitung zum Bau von Maschinen, an denen sich gymnastische Grundübungen wie Kniebeugen, Rumpfaufrichten, Liegestütze etc. umsetzen ließen. Funktionell-anatomische Aspekte der Kraftentwicklung, wie sie heute in den ausgeklügelten Krafttrainingsmaschinen berücksichtigt werden, fanden damals noch wenig Beachtung.

Arten der Kraft

Über die Erscheinungsformen der Kraft und der Muskelarbeit wurde bereits im Kapitel «Der aktive Bewegungsapparat» eine Übersicht gegeben. Aufgrund ihrer ‹inneren› Struktur dienen gymnastische Kraftübungen im Sport der Erhaltung und Verbesserung folgender Kraftfähigkeiten:
- Kraftausdauer,
- Schnellkraft,
- Haltekraft.

Die Maximalkraft als eine weitere entscheidende Kraftfähigkeit kann durch funktionsgymnastische Übungen wegen der geringen Widerstände nicht zufriedenstellend trainiert werden.
Es werden vornehmlich Übungen angewandt, bei denen das eigene Körpergewicht oder der Widerstand des Partners überwunden werden muß. Solche Übungen können zum Beispiel sein: Sprung- und Hüpfübungen, Beuge- und Streckübungen der Extremitäten, Rumpfhebeübungen u. a. Dabei ist die Trainingswirkung vorrangig abhängig von der *Funktionalität* der Übung und der *methodischen Gestaltung* des Krafttrainings.

Funktionalität von Kraftübungen

Eine sehr große Zahl von gymnastischen Kräftigungsübungen ist in allen Bereichen des Sports gebräuchlich. Unter der Mannigfaltigkeit der zur Anwendung kommenden Übungen leidet allzu leicht die Funktionalität und damit auch die *Effizienz* der Übungen.
Gemäß ihrer Aufgabenstellung können prinzipiell zwei Muskelgruppen unterschieden werden:
- die Aktionsmuskeln (z. B. die gesamte Extremitätenmuskulatur),
- die Fixationsmuskeln (z. B. die Rumpfmuskulatur, vgl. Abb. 17).

Die einen sind mehr für Bewegungshandlungen, die anderen mehr für Haltearbeit eingerichtet. Ihre biochemische Struktur ist deswegen auch unterschiedlich.

Trotz dieser klaren Aufgabenstellung werden in der Sportpraxis immer wieder zur Kräftigung der Rumpfmuskulatur schnellkräftige (explosiv-dynamische) Übungen eingesetzt wie zum Beispiel die beliebte Klappmesserübung (vgl. Abb. 18) oder schnellkräftiges Rumpfheben aus der Rückenlage als Bauchmuskelkräftigung. Bauch- und Rückenmuskel kräftigende Übungen sollten entsprechend dem Muskeltyp mit mäßigem Tempo ausgeführt werden. Eine falsche dynamische Struktur der Übung stellt immer ein erhöhtes Belastungsrisiko dar (im Fall der Rumpfmuskulatur für die Wirbelsäule).

Zugunsten von Vielseitigkeit, Komplexität, Attraktivität und motivationaler Aspekte des Übens werden oft physiologische und vor allem funktionell-anatomische Bedingungen mißachtet. Anhand einiger Beispiele sollen diese Zusammenhänge verdeutlicht werden.

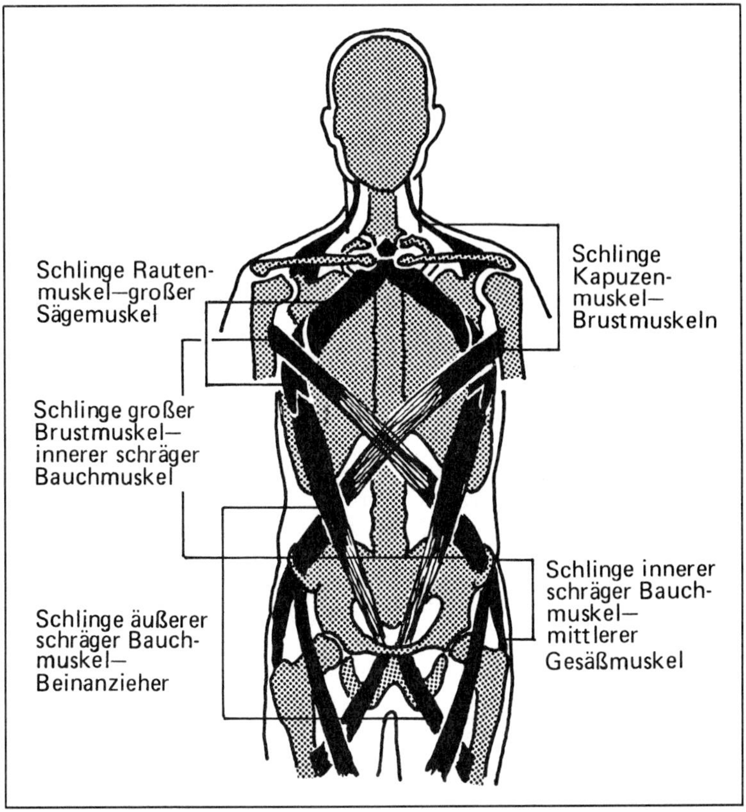

Abb. 17: Die Verspannung des Rumpfes durch Muskelschlingen

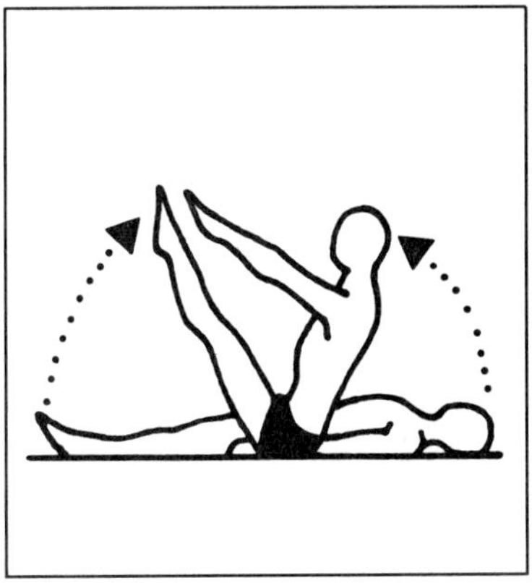

Abb. 18: Klappmesser-Übung als Beispiel einer unfunktionellen Bauchmuskelkräftigung

Beispiel 1
Falsche Interpretation
der wettkampf-spezifischen Muskelbeanspruchung

Beim Weitsprung wird zur Optimierung der Landeweite in der trainingsmethodischen Literatur eine Kräftigung der Bauchmuskeln mit Schnellkraftübungen empfohlen, aus der irrigen Annahme, der gerade Bauchmuskel würde ursächlich die Beine zur Landung «vor-hoch-holen». Hier haben Bauch- und Rückenmuskulatur aber primär die Aufgabe, das Becken zu verspannen, damit der Lendendarmbeinmuskel als eigentlicher Oberschenkelheber die Beine zur Landung schnellkräftig vorbringen kann. Bei richtiger Interpretation der funktionell-anatomischen Bedingungen müßten folgerichtig für den Weitsprung Schnellkraftübungen für die Lendendarmbeinmuskeln (m. iliopsoas u. a.), aber Kraftübungen mit mäßigem Ausführungstempo für die Rumpfmuskulatur angewandt werden.

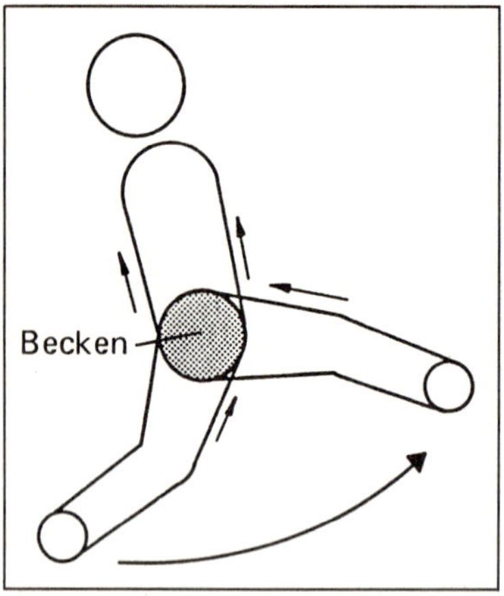

Abb. 19: Muskelaktionsmuster bei der Landung zum Weitsprung
Bauch und Rückenmuskulatur verspannen das Becken (punctum fixum), damit die Hüftbeugemuskulatur (m. iliopsoas) die Beine vor-hoch bringen kann (punctum mobile). Die Rumpfmuskulatur hat hier lediglich haltende, fixierende Unterstützungsfunktion (vgl. auch Abb. 11, Seite 38).

Beispiel 2
Verminderung der Übungswirkung durch fehlerhafte Interpretation der funktionell-anatomischen Bedingungen

Das Rumpfheben aus der Rückenlage (vgl. Abb. 20) wird in vielen Sportbereichen leider immer noch als Standardübung zur Kräftigung des geraden Bauchmuskels angewandt. Führt man die Übung wie in Abbildung 20 mit gestreckten Beinen aus, leisten die selbst bei Untrainierten schon sehr kräftigen Hüftbeuger (m. iliopsoas) fast allein die Arbeit. Kendall/Kendall haben bereits 1949 auf die falsche Interpretation der Wirkungsweise

Abb. 20: Unfunktionelle Bauchmuskelkräftigung «Sit-ups» mit gestreckten Beinen kräftigt primär die Hüftbeugemuskeln (m. iliopsoas).
(*Quelle: Fußballtrainer* 0/1984)

hingewiesen (vgl. Abb. 21). Dennoch wird die Kräftigung der Bauchmuskeln fälschlicherweise auch heute noch in vielen Sportarten nach diesem Muster betrieben (vgl. Abb. 20).
Auch die populären «Sit-ups» (Rumpfheben mit angewinkelten Beinen, (vgl. Abb. 22) müssen als wenig effizient für die Bauchmuskelkräftigung angesehen werden; denn während die Hüftbeuger bei der Ausführung mit gestreckten Beinen das Aufrichten über einen Weg von 0 bis 80 Grad leisten (vgl. Abb. 21), sind sie nach Peterson-Kendall u. a. bei den «Sit-ups» mit angehockten Beinen an dem Rumpfheben bis 75 Grad beteiligt (vgl. Abb. 22).
Die Annahme, die Mitarbeit der Lendendarmbeinmuskeln durch das Beugen des Oberschenkels im Hüftgelenk (Ausgangsposition ca. 50 Grad, vgl. Abb. 22) ausschließen zu können, beruht auf «... falschen Tatsachen und muß als irreführende Interpretation der funktionellen Bedingungen dieser Übungen bezeichnet werden» (Peterson-Kendall und Kendall-McCreary 1983, 206). Gleichgültig ob «Sit-ups» mit gebeugten oder gestreckten Beinen ausgeführt werden, sie bleiben immer Übungen zur Kräftigung vornehmlich der Hüftbeugemuskulatur (Lendendarmbeinmuskeln). Die geraden Bauchmuskeln sind lediglich beim «Einrollen» (bis Phase C) beteiligt.

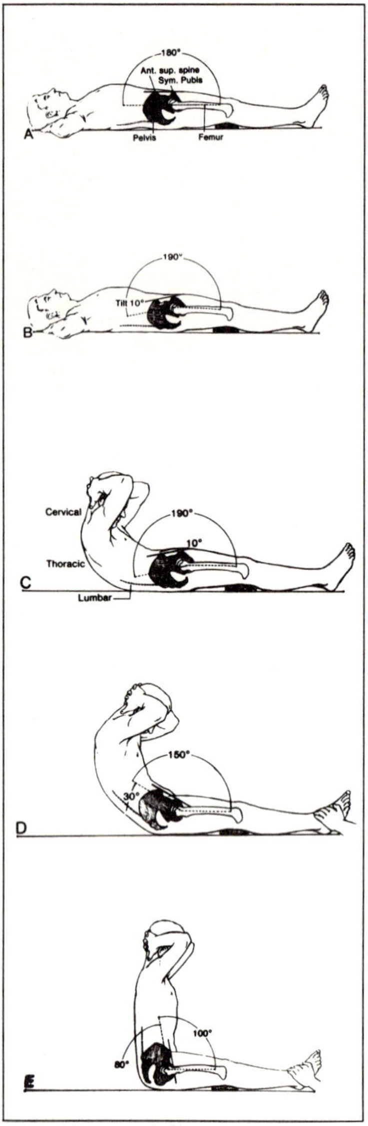

Abb. 21: Rumpfaufrichten mit gestreckten Beinen
(*Quelle:* PETERSON-KENDALL/KENDALL-MCCREARY 1983, 202–204)

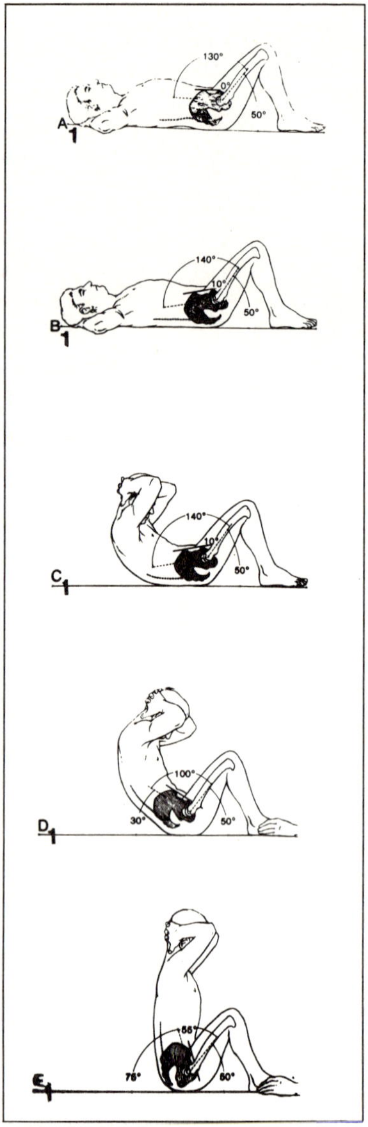

Abb. 22: Rumpfaufrichten mit angewinkelten Beinen
(*Quelle:* PETERSON-KENDALL/KENDALL-MCCREARY 1983, 202–204)

Erläuterungen zu Abb. 21 und 22:

$A - A_1$ Ausgangsstellung:
Das Hüftgelenk befindet sich in Mittelstellung (0 Grad). Die Länge der Hüftbeugemuskulatur entspricht der Mittelstellung des Hüftgelenks (Phase A). Die Beugung des Hüftgelenks (Anstellwinkel der Beine ca. 50 Grad) verkürzt die Hüftbeuger um ca. 40 Prozent (Phase A_1).

$B - B_1$ Beginn des Rumpfaufrichtens – Einrollen der Wirbelsäule:
Beim Beginn des Rumpfhebens wird zunächst das Becken um 10 Grad aufgerichtet, die Hüftbeuger (hauptsächlich der m. iliacus) auf die größte Länge gebracht. In diesem Längenzustand kontrahieren sie und stabilisieren das Becken, wodurch eine weitere Neigung verhindert wird. In Phase B_1 sind die Hüftbeuger durch die Beckenneigung um 10 Grad geringfügig länger als in Phase A_1.

$C - C_1$ Ende der Einrollphase – Beginn der Hüftbeugephase:
Mit der Beugung von Hals-, Brust- und Lendenwirbelsäule verkürzt sich der gerade Bauchmuskel bis zu seinem Maximum, die Hüftbeuger kontrahieren während dieser Aktion, um eine weitere Neigung des Beckens zu verhindern.

Ist das Einrollen beendet (größte Biegung der Wirbelsäule), kann der Rumpf nur noch durch Beugung im Hüftgelenk weiter aufgerichtet werden. Da die Bauchmuskulatur aber nicht über das Hüftgelenk zieht, hat sie folglich auf die Beugung des Hüftgelenks keine Auswirkung. Aus der Rückenlage kann die Hüftbeugung nur durch die Kontraktion der Hüftbeuger (m. iliopsoas) bewerkstelligt werden. Die Phasen $C - C_1$ und $D - D_1$ sind von den Gelenkwinkeln her identisch und stellen exakt den Übergang von der Einrollphase zur Hüftbeugephase dar.

$D - D_1$ Die Abbildungen zeigen eine Zwischenposition in der Hüftbeugung (Rumpfneigungswinkel ca. 30 Grad). Die Bauchmuskulatur hält die Wirbelsäule weiterhin gebeugt.

$E - E_1$ Ende der Aufrichtephase:
Die Sitzposition ist erreicht, die Brustwirbelsäule wieder gestreckt, die Bauchmuskeln nahezu entspannt. In der Phase E haben die Hüftbeuger das Becken über eine Amplitude von –10 bis 80 Grad, in E_1 bis 75 Grad bewegt. Voraussetzung hierfür ist allerdings eine normal elastische und dehnfähige Gesäßmuskulatur.

Fazit: Die gerade Bauchmuskulatur wird nur in der Einrollphase gekräftigt, gleichgültig ob die Beine gestreckt oder gebeugt gehalten werden. Den Rest der Bewegungsamplitude, von der Hüftbeugephase bis zum aufrechten Sitz – das ist bei weitem der größte Teil der Bewegung – leistet die Hüftbeugemuskulatur (m. iliopsoas).

Aus diesen Überlegungen ergeben sich für die Sportpraxis verhängnisvolle Konsequenzen. Werden zum Beispiel im Fußball mit «Sit-ups» (vermeintlich) die Bauchmuskeln gekräftigt, so sind aufgrund der beschriebenen funktionellen Bedingungen tatsächlich aber die Hüftbeuger die ‹Leidtragenden›. Die ohnehin im Fußballsport sehr stark beanspruchten Lendendarmbeinmuskeln werden somit unverhältnismäßig hoch belastet. Auf Dauer können sich die Hüftbeuger verkürzen und das Becken kippen. Die Folge ist eine disharmonische Entwicklung der gesamten Hüftmuskulatur mit einer Veränderung der Becken- und Wirbelsäulenstatik (Funktionskreise II und III), womit sich letztendlich ein verletzungsträchtiger Teufelskreis schließt (vgl. auch Kap. «Funktionskreise»). Die vielen Hüftprobleme und Muskelverletzungen im Funktionskreis III bei Fußballspielern mögen hier ihre Begründung haben.

Beispiel 3
Verminderung der Funktionalität
durch Vermehrung der «Nebenwirkungen»
Besonders verhängnisvoll sind sogenannte «Bauchmuskelübungen», wenn sie, wie in Abb. 23 demonstriert, mit freibeweglichem Oberkörper aus einer Überstreckung der Lendenwirbelsäule (Hyperlordose) ausgeführt werden. Solche und ähnliche Ausführungsweisen ‹garantieren› eine enorme Beanspruchung der Bandscheiben. Gustavsen (1984) gibt Druckbelastungen auf die Bandscheibe zwischen dem zweiten und dritten Lendenwirbel von ca. 210 kp an. Aufgrund der Hebelwirkung vervielfachen sich solche Beanspruchungen, wenn nur geringe Zusatzlasten (Hantelscheibe, Sandsack u. ä.), wie im Leistungs-, aber auch Fitnesssport so häufig praktiziert, eingesetzt werden. Abgesehen davon, daß wie bei den «Sit-ups» wiederum die Lendendarmbeinmuskeln (m. iliopsoas) die Hauptarbeit zu leisten haben, führt diese Ausführung langfristig betrieben zu vielerlei unliebsamen Nebenwirkungen:

- die Strukturelemente der Wirbelsäule (in den meisten Sportarten ohnehin schon stark beansprucht) sind zusätzlich unnötig hoch (druck-)belastet;
- die ‹tiefe› Rückenmuskulatur im Lendenbereich verspannt und verkürzt sich bei besonders intensiver und längerer Anwendung.

Um ungünstige Nebenwirkungen auszuschalten und den geraden Bauchmuskel isolierter zu beanspruchen, muß die Ausführung der Übung umstrukturiert werden:

- die Mitarbeit des Lendendarmbeinmuskels beim Rumpfaufrichten aus der Rückenlage wird verhindert, wenn der Oberschenkel im Hüftgelenk 90 Grad gebeugt wird;
- die Druckbelastung der Lendenwirbelsäule ist vermindert, wenn sich das

Abb. 23: Rumpfaufrichten aus der Überstreckung ist keine funktionelle Bauchmuskelkräftigung. Die nachteiligen Wirkungen überwiegen: Hyperlordosierung der Lendenwirbelsäule mit starker Druckbelastung der Bandscheiben, bei der Rückbeuge Kontraktion der Hüftbeuger, so daß das Becken gekippt und die Überstrekkung der Lendenwirbelsäule verstärkt wird bei gleichzeitiger Ausdehnung der Bauchmuskeln. (*Quelle: Fußballtrainer* 0/1984)

«Aufrichten» auf ein «Aufrollen» der Gliederkette Wirbelsäule, ohne daß der obere Beckenrand vom Boden abgehoben wird, beschränkt (vgl. Übung 10, Seite 136).

Diese Übung wird als «crunchers» (amerik.) bezeichnet. Für ‹reine› funktionelle Kräftigung des geraden Bauchmuskels ist diese Übung für viele Sportbereiche völlig ausreichend. Eine vermehrte Kräftigung wird darüber hinaus erreicht, wenn die Übungsausführung ‹umgedreht› wird, d.h. die Beine angehoben werden (vgl. Übung 11, Seite 137).

Im Streben nach noch besseren sportlichen Leistungen denken sich Trainer immer neue, ‹schikanösere› Übungen aus, über deren Funktionalität selten nachgedacht wird. Die ausgewählten Beispiele zeigten dies anschaulich.

Nicht Vielfältigkeit, Originalität und sichtbarer Anstrengungsgrad sind Kennzeichen der Effizienz von gymnastischen Übungen, sondern allein deren Funktionalität.

Training der Kraft

Welcher Gesamt-Trainingseffekt sich letztlich einstellt, ist aber nicht nur von der Funktionalität der Übung abhängig, sondern auch von der methodischen Gestaltung des Krafttrainings.

Grundlagentraining

Aufgrund ihrer Struktur, geringe Widerstände durch eigenes Körpergewicht oder Partnerwiderstand zu überwinden, sind funktionsgymnastische Kraftübungen besonders dazu geeignet, grundlegende Kraftfähigkeiten im *Schulsport, Fitness- und Wettkampfsport* sowie in der *Rehabilitation* zu entwickeln.
In jenen Sportarten, in denen die Muskelkraft in ihren vielfältigen Manifestationsformen eine leistungsbestimmende Rolle spielt, gehören sie zu den Standard-Trainingsmitteln des *Grundlagen- und Aufbautrainings* mit Heranwachsenden. Besonders die speziellen Belastungsmöglichkeiten des jugendlichen Organismus verlangen angepaßte funktionelle Kraftübungen, um einerseits den zunächst sehr stark emotional getragenen Interessen am Sport zu entsprechen, andererseits aber Verletzungs- und Schädigungsmöglichkeiten des noch nicht ausgereiften passiven Bewegungsapparats vermeiden zu können.

Krafttraining und Kraftausdauer

Im Grundlagen- und Aufbautraining mit Wettkampf- und Breitensportlern nimmt die Entwicklung der Kraftausdauer innerhalb der Funktionsgymnastik einen breiten Raum ein. Nach BAUERSFELD/SCHRÖTER (1979) sind folgende Gründe dafür verantwortlich:
- Die allseitige Kraftausdauerentwicklung der Rumpf-, Arm- und Beinmuskulatur bewirkt eine relativ hohe Kraftleistungsfähigkeit bei gleichzeitig gutem Ausdauervermögen und besonders guter lokaler Ermüdungswiderstandsfähigkeit der Muskulatur;
- das Kraftausdauertraining führt zu einer funktionellen Verbesserung des Herz-Kreislauf- und Atemsystems;
- der verhältnismäßig geringe materiell-technische Aufwand und die Möglichkeit der variablen Anwendung der Übungen gewährleisten bei entsprechender methodischer und organisatorischer Gestaltung ein effektives Kraftausdauertraining.

Die *methodischen Merkmale* der Kraftausdauerentwicklung mit funktionsgymnastischen Übungen sind:

- geringe Belastungsstärke (eigenes Körpergewicht),
- große Belastungsdichte (keine Entspannungsphasen zwischen einzelnen Wiederholungen, kurze Erholungspausen zwischen den Serien),
- lange Belastungsdauer (5 und mehr Serien/Sätze),
- großer Belastungsumfang (15–30 Wiederholungen bzw. 20–40 Sekunden in einer Belastungsphase).

Die Trainingsform entspricht dem extensiven Intervalltraining. Die Wirkung der Übungen kann lokal begrenzt (Beispiel: einbeinige Kniebeuge) oder ganzheitlich (Beispiel: Hampelmann) sein. Als Organisationsform kommen sowohl *Circuit*- als auch *Satztraining* in Frage. Die Übungen sollten immer einfach auszuführen und dem Übenden vertraut sein, weil relativ hohe Bewegungsgeschwindigkeiten erreicht werden. Bei wenig bekannten Übungen leidet die Bewegungsgenauigkeit, was zwangsläufig ein erhöhtes Verletzungsrisiko bedeutet.

Krafttraining und Schnellkraft

Die Schnellkraft ist eine grundlegende motorische Fähigkeit für die optimale Ausführung unterschiedlicher Bewegungshandlungen im Sport. Der Freizeit-Tennisspieler benötigt sie ebenso zur Bewältigung mancher Spielsituationen wie der Profi-Fußballer. Die Ziele des Schnellkrafttrainings mit Hilfe funktionsgymnastischer Übungen sind:

- die Verbesserung der Kontraktionsgeschwindigkeit der Muskulatur,
- die Ökonomisierung neuro-muskulärer Steuerungsprozesse.

Aufgrund dieser Bedingungen beinhaltet ein Schnellkrafttraining sowohl Kraftübungen als auch Beweglichkeitsübungen; denn eine schnelle Kraftentfaltung ist nur möglich bei optimal entwickelter Elastizität der Muskulatur und der Nervenprozesse.

Die *methodischen Merkmale* einer Schnellkraftentwicklung sind:

- hohe Belastungsstärke (kurzzeitig hohe Muskelspannung durch spezifischen Einsatz des eigenen Körpergewichts),
- geringer Belastungsumfang (6–8 Wiederholungen pro Belastungsphase),
- geringe Belastungsdichte (kurze Entspannungsphasen zwischen den einzelnen Wiederholungen; vollständige Erholungspausen zwischen den Serien, 1–3 Minuten oder auch länger),
- kurze Belastungsdauer (3–5 Serien; 30–40 Gesamtwiederholungen).

Als Trainingsübungen werden verwendet *explosiv-dynamische* Übungen wie

- beid- und einbeiniges Hüpfen, Federn, Springen;
- schnelle Gelenkstreck- oder Beugeübungen von Armen und Beinen gegen den Widerstand eines Partners.

Die Übungsprogramme folgen dem Prinzip der *Wiederholungsmethode*, die durch vollständige (aktive) Erholungspausen gekennzeichnet ist, in denen die beanspruchte Muskulatur vornehmlich gedehnt wird.

Krafttraining und Haltekraft (statische Kraft)

Im Sport dominieren eindeutig die dynamischen Kraftfähigkeiten, weswegen leider die funktionelle Bedeutung der Haltekraft (isometrische Muskelspannung) zur Sicherung bzw. Stabilisierung bestimmter Gelenksysteme unterschätzt wird. Dies trifft im besonderen Maße für die Rumpfmuskulatur zu (vgl. Kap. «Funktionskreise»). Auch im Muskelaufbautraining in der Rehabilitation spielt die Haltekraft eine Rolle.
Die Zusammenhänge zwischen isometrischer Muskelanspannung und Dehnungsübungen wurden bereits erklärt (vgl. Kap. «Entspannung und Entspannungstraining»). Muskelentspannungstechniken greifen ebenfalls auf Halteübungen zurück. Dementsprechend werden isometrische Beanspruchungsformen in das Rumpfkrafttraining eingestreut. Sie können ‹rein› isometrisch oder in Verbindung bzw. im Wechsel mit dynamischen Kraftübungen angewandt werden. Sie sind charakterisiert durch eine maximale Anspannung der Muskulatur über 6 bis 8 Sekunden bei definierten Gelenkwinkeln. Funktionelle Gelenkwinkel sind maximale Extension (Streckung), Mittelstellung, maximale Flexion (Beugung). Auf die *Gefahr der Preßatmung* in Verbindung mit den Halteübungen (besonders beim Rumpfkrafttraining) muß eindringlich hingewiesen werden. Bei Halteübungen muß ruhig und bewußt weitergeatmet werden. Aufgrund der hohen Spannungszustände verlangen statische Kraftübungen eine besonders intensive Auflockerung und Entspannung der beanspruchten Muskulatur.

Krafttraining und Beweglichkeit

Die Ausbildung körperlicher Fähigkeiten darf im Sport niemals isoliert gesehen werden. So gehen auch Kraft und Beweglichkeit eine enge funktionale Beziehung zueinander ein:

> Kraft und Beweglichkeit können sich negativ oder positiv wechselseitig beeinflussen. Ein hohes Kraftniveau im Sport nutzt dem Athleten herzlich wenig, wenn er nicht gleichzeitig über eine gute Beweglichkeit verfügt. Umgekehrt dagegen ist eine optimale funktionelle Gelenkbeweglichkeit ohne einen guten Konditionszustand der Muskulatur nicht zu erreichen. Diese Wechselbeziehung bezeichnet man als «physiologisches Gleichgewicht».

Intensives, bisweilen auch einseitiges und unfunktionelles Krafttraining führt sehr schnell zur Muskelverkürzung; denn aufgrund seiner visko-elastischen und plastischen Eigenschaften kehrt ein Muskel bei starker Kontraktion (mehr als 30 Prozent Verkürzung gegenüber Ruhelänge) wie bei Dehnung nicht vollständig in seinen Ausgangszustand zurück. Er behält einen *Kontraktionsrückstand.* Vermehren sich solche Zustände oder werden der Muskulatur nicht ausreichend Regenerationszeiten eingeräumt bzw. die körpereigenen Wiederherstellungsprozesse durch Dehnungsübungen, Sportmassage u. a. nicht unterstützt, führt das zu *Muskel(dauer)-verkürzungen* (Kontrakturen bis zu 15 Prozent), die in ihren pathologischen Erscheinungsformen (Myogelosen, Muskelhartspann, Tendomyosen) dem Sporttreibenden erhebliche Schwierigkeiten bereiten können; denn ein verkürzter Muskel ist nicht fähig, maximale Kräfte (vor allem Schnellkraft) optimal zu entfalten. Außerdem ist die Verletzungsanfälligkeit von Muskeln und Sehnen erhöht (Risse, Zerrungen).
Aus diesen Zusammenhängen sind sowohl für das Kraft- als auch für das Beweglichkeitstraining *methodische Konsequenzen* zu ziehen (nach HARTMANN/TÜNNEMANN 1984). Muskelverkürzungen können vermieden werden, wenn in Krafttrainingsphasen

- entsprechende *Regenerationszeiten* eingehalten werden. Die nachstehenden Angaben dürfen nur als grobe Anhaltspunkte verstanden werden; denn die körpereigene Regenerationsfähigkeit ist von vielen Faktoren abhängig.
  Ein Beispiel: Die Regenerationsgeschwindigkeit eines Athleten, der die Goldmedaille gewonnen hat, ist bedeutend größer gegenüber der des Viertplazierten bei angenommen gleicher Anstrengung, weil die Freude über den Erfolg (psychische Verfassung) des einen die Wiederherstellungsprozesse beschleunigt, die Enttäuschung des anderen diese aber eher hemmt.
- die körpereigene Regeneration durch *aktive Maßnahmen* wie Dehnungsübungen in den Erholungsphasen bzw. funktionelles «Cool-down» am Ende der gesamten Trainingseinheit unterstützt wird.

	Regenerationszeit zwischen den Sätzen	Regenerationszeit zwischen den Trainingseinheiten
Untrainierte	2–5 Minuten	12–18 Stunden
Trainierte Sportler	1–3 Minuten	4– 8 Stunden

- das Übungsprogramm sowohl *Beanspruchungen der Agonisten als auch Antagonisten* enthält.
  In der Regel sind im Sport die Strecker (Extensoren) stärker belastet als die Beuger (Flexoren). In der Trainingspraxis wird deshalb die Streckmuskulatur ungleich mehr und intensiver gekräftigt als die Beugemuskulatur, was zu einem unausgewogenen Kräfteverhältnis von Agonisten und Antagonisten führt. «Die Verschiebung des Kräftegleichgewichts zwischen Muskelgruppen mit entgegengesetzter Funktion führt zu Fehlstellungen der Gelenke, die wiederum eine Überbelastung und damit eine erhöhte Krankheits- und Verletzungsanfälligkeit der Gelenkknorpel und Muskeln (insbesondere ihrer Sehnen) nach sich ziehen» (HARTMANN/TÜNNEMANN 1984, 37–38).

Die Ursache für die häufigen Verletzungen der Kniebeuger (ischiocrurale Muskelgruppe) in den leichtathletischen Läufen und Sprüngen sowie in den Ballsportarten wird von vielen Autoren (HOSTER 1982, SOMMER 1983 u. a.) gerade auf dieses Kräftemißverhältnis zwischen Agonisten und Antagonisten zurückgeführt.

Allerdings ist die von dieser Erkenntnis abgeleitete Forderung, Agonist und Antagonist sollten so trainiert werden, daß sie sich im *absoluten Kräftegleichgewicht* befinden, ein rein theoretischer Anspruch, der den *physiologischen* Bedingungen in keiner Weise entspricht. Mit computergesteuerten Muskelfunktionsdiagnosen am CYBEX-Gerät konnte ein *physiologisches Kräftegleichgewicht* der Oberschenkelmuskulatur zwischen Streckern und Beugern von 100 zu 67 Prozent (bei 60 Grad Winkelgeschwindigkeit pro Sek.) statistisch signifikant nachgewiesen werden.
Das funktionelle Kräftegleichgewicht zwischen Agonisten und Antagonisten kann demgemäß nur erreicht werden, wenn die häufig in der Trainingspraxis festzustellende *Unterbelastung* der Antagonisten dem beschriebenen *physiologischen Verhältnis* angepaßt wird. Wirksame Dehnungsübungen für beide Muskelgruppen unterstützen dabei die harmonische Herausbildung der Muskelkraft.

Krafttraining und Koordination

Ein funktionelles (physiologisches) Kräftegleichgewicht zwischen Agonisten und Antagonisten ist einerseits die beste Grundlage für die Bewältigung der kompliziertesten Bewegungshandlungen im Sport, andererseits aber auch die beste Versicherung gegen Verletzungen des aktiven und passiven Bewegungsapparates.
Das störungsfreie Zusammenspiel zwischen den Agonisten, die die Bewe-

gung realisieren, und den Antagonisten, welche der Bewegung entgegenstehen, bestimmt die Qualität der intermuskulären Koordination ganz entscheidend mit.
In den Schnellkraftdisziplinen des Sports können diese Zusammenhänge häufig beobachtet werden. Da wird die Maximalkraft als Grundlage für die schnellkräftige Leistung durch allerlei Kraftübungen von Trainingsjahr zu Trainingsjahr gesteigert. Dennoch stagniert eines Tages die sportliche Leistung trotz aller Trainingsanstrengungen. Ursache hierfür ist nicht selten die Diskrepanz zwischen den gesteigerten Kraftübungen und den Beweglichkeitsübungen (Elastizität, Dehnfähigkeit), die selten in Intensität und Umfang dem vermehrten Krafttraining angepaßt werden. Während das Kraftniveau des Sportlers angehoben wurde, wuchs die Qualität der intermuskulären Koordination nicht im gleichen Maß. Die Folge ist eine *Leistungsstagnation*, die nicht selten von Verletzungen begleitet wird, und dies um so mehr, wenn aus solchen Sachverhalten die falschen Schlüsse gezogen werden: statt das Beweglichkeitstraining zu intensivieren, wird meistens das Krafttraining gesteigert.

Krafttraining und Dehnfähigkeit

Nicht nur die harmonische Ausbildung von Agonisten und Antagonisten ist für die Erhaltung der Beweglichkeit von großer Bedeutung, sondern auch die Art und Weise der *Ausführung einer Kräftigungsübung.*
Im folgenden eine, wie wir meinen, irreführende und verhängnisvolle Auffassung:

HARTMANN / TÜNNEMANN vertreten die Ansicht, daß

«... die Dehnfähigkeit der Muskulatur ... besonders dann erweitert wird, wenn die Bewegungsamplituden überschritten werden, die der Sportler allein durch die Kraftentfaltung seiner Muskeln erreichen kann (aktive Beweglichkeit). Das ist jedoch nur möglich, wenn äußere Kräfte an der Bewegung beteiligt sind, die den Sportler in die reizwirksame *Dehnungshaltung* zwingen (passive Beweglichkeitsübungen). ... Unter diesen Umständen wird der Wert der dynamischen Arbeitsweise nachgebenden Charakters für die Muskeldehnung offensichtlich ... Bei der Durchführung dynamischer Übungen werden für die arbeitenden Muskeln (Agonisten) während der überwindenden Arbeit (Heben der Last) Kraftreize und während der nachgebenden Arbeit (Senken der Last) neben den Kraft- vor allem Dehnungsreize gesetzt. Die Dehnungsreize werden allerdings nur in dem Maße wirksam, in dem es gelingt, die mögliche Bewegungsamplitude auszuschöpfen. Dynamische Arbeit nachgebenden Charakters, die den Sportler mit Hilfe äußerer Kräfte in extreme Dehnungslagen zwingt, stellt also eine unbedingte Notwendigkeit für die Erhöhung des Niveaus der Beweglichkeit durch Krafttraining dar» (1984, 38–39).

Beide Autoren führen als Beispiel das Beugestützen im Barren mit Zusatzlast an (vgl. Abb. 24): «So kontrahieren sich beim Beugestützen während

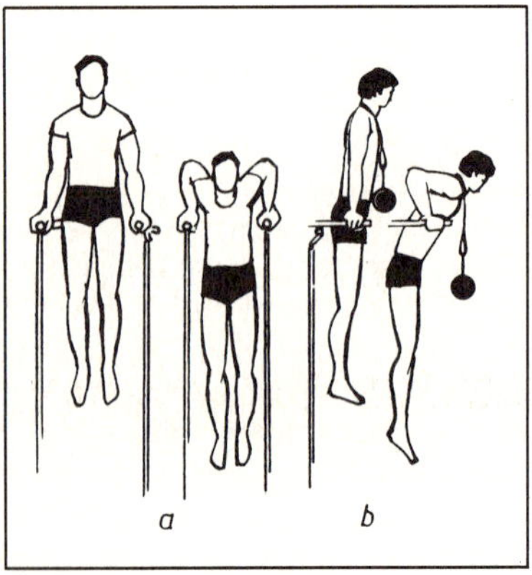

Abb. 24: Beugestützen im Barren (*Quelle:* HARTMANN/TÜNNEMANN 1984, 113)

der Streckbewegung der Trizeps, der große Brustmuskel, der Kapuzenmuskel, der breite Rückenmuskel und viele andere; während der Beugephase werden die gleichen Muskeln gedehnt. ... Senkt der Sportler seinen Körper so weit wie möglich zwischen die Barrenholme, so erhält die Kraftübung Beugestütz gleichzeitig den Charakter einer passiven Dehnungsübung» (HARTMANN/TÜNNEMANN 1984, 39). Diese Auffassung teilen wir nicht; denn auch in der Beugephase (exzentrische Muskelbeanspruchung) sind die Muskeln kontrahiert. Ein kontrahierter Muskel kann aber nicht gedehnt werden.

Werden dennoch so extreme Dehnungslagen eingenommen, wirken die Dehnungsreize nicht auf die kontrahierte (isometrisch beanspruchte) Muskulatur, sondern auf die bindegewebigen Anteile des Gelenks (in diesem Fall das Oberarmgelenk), nämlich auf die Kapseln und die Bänder. Solche Beanspruchungsformen stellen aber für die Stabilität von Gelenken ein großes Risiko dar, sie können als praktikable Lösung zur Erhaltung der Dehnfähigkeit bei Kraftübungen nicht empfohlen werden.

Die Dehnfähigkeit der Muskeln bleibt besser erhalten, wenn bei der Ausführung der Kraftübung
- der volle Bewegungsumfang sowohl in der konzentrischen als auch exzentrischen Phase ausgeschöpft wird und
- isolierte funktionelle Dehnungsübungen mit dem Krafttraining verbunden werden, dies um so mehr, je intensiver die Kräftigung betrieben wird.

Dehnungen der beanspruchten Muskulatur müssen ferner besonders intensiv durchgeführt werden, wenn aus Gründen der Wettkampftechnik die volle Bewegungsamplitude eines Gelenks nicht ausgenutzt wird.
Bestimmte funktionsgymnastische Übungen lassen sich aus *Vordehnungshaltungen* ausführen. Diese sind für den Erhalt der Dehnfähigkeit recht wirkungsvoll. Wo immer sie anwendbar sind, kann zweckmäßigerweise auf solche Ausführungsweisen zurückgegriffen werden (vgl. auch Übungsteil).

Erika Groos

Ausdauergymnastik mit Musik

In den letzten Jahren war verstärkt ein zunehmendes Gesundheits- und Fitnessbedürfnis zu beobachten, welches dazu führte, daß sich neben den ‹klassischen› Sportarten insbesondere die Ausdauersportarten innerhalb des Breiten- und Gesundheitssports mit Erfolg entwickeln konnten.
Durch sportliche Aktivitäten wie Radfahren, Schwimmen, Trimming 130, Jogging, Aerobic usw. hat das Ausdauertraining eine ungeahnte Renaissance erfahren. Hervorzuheben sind besonders die Jogging- und Aerobic-Bewegungen, die sich lawinenartig ausgeweitet haben. Allerdings führte dieses plötzlich auftretende Interesse an körperlicher Aktivität teilweise zu Übertreibungen und extremen Erscheinungsformen, da nicht berücksichtigt wurde, daß ein langes, nicht die allmähliche Belastungssteigerung berücksichtigendes Ausdauertraining zu erheblichen Schäden führen kann.
Insbesondere Aerobic oder Aerobic-Gymnastik war für viele eine Zeitlang quasi eine Zauberformel, Anreiz und Aufforderung zugleich, sich intensiv zu bewegen.
Bedauerlich ist aber, daß gerade bei einer so abwechslungsreichen und interessanten Sportart, wie sie Aerobic-Gymnastik darstellt, trainingsmethodische Grundsätze oft vernachlässigt oder überhaupt nicht berücksichtigt wurden; denn Aerobic – richtig gemacht – ist im Grunde genommen nichts anderes als «Ausdauergymnastik mit Musik». Das Reizvolle ist die Verbindung von Bewegung und moderner Musik (Beat-, Pop-, Rockmusik), die Jugendliche und Erwachsene gleichermaßen zu körperlichen Aktivitäten zu motivieren und zu begeistern vermag. Aerobic – richtig gemacht – ist eine wertvolle Bereicherung für den gymnastischen Übungsbereich, der sich die Entwicklung und Verbesserung der komplexen Ausdauerleistungsfähigkeit zum Ziel setzt.
Regelmäßig durchgeführtes Ausdauertraining verbessert die Herz-Kreislauf-Tätigkeit und den Muskelstoffwechsel, Risikofaktoren wie Fehlernäh-

rung, Stress, Rauchsucht, Bewegungsmangel u. a. werden herabgesetzt, und nach Kindermann (1983) werden auch funktionelle Alterungsprozesse, Psyche und Lebensstil positiv beeinflußt. Eine wichtige Rolle spielt Ausdauertraining in der Prävention und Rehabilitation.
Zur Entwicklung und Verbesserung der Ausdauerleistungsfähigkeit stehen sportliche Aktivitäten wie Radfahren, Schwimmen, Jogging u. a. im Vordergrund. Die Möglichkeit der Ausdauerentwicklung durch gymnastische Übungen wurde bisher kaum wahrgenommen. Erst durch die Aerobic-Welle bekam die Gymnastik eine neue Selbständigkeit und rückte aus einer Außenseiterrolle in den Mittelpunkt des Interesses; denn mit ihrem variantenreichen Übungsgut eignet sie sich besonders gut für eine vielseitige und funktionelle Ausdauerentwicklung im Fitness- und Gesundheitssport.
Besonders motivierenden Charakter hat eine Ausdauergymnastik mit Musik, weil sie die Freude an der Bewegung steigert und die ohnehin schon abwechslungsreichen Bewegungsformen um eine attraktive Komponente bereichert.
Ein gut aufgebautes Gymnastikprogramm mit dem Schwerpunkt der Ausdauerentwicklung ist ein hervorragendes Ganzkörpertraining, da neben der Ausdauer auch die anderen körperlichen Fähigkeiten wie Kraft, Schnelligkeit, Koordination und Beweglichkeit positiv beeinflußt werden.

Psychologische und physiologische Bedeutung von Musik und Rhythmus

Die Verwendung von Musik in der Ausdauergymnastik kann dazu beitragen, Bewegungsfluß, Bewegungselastizität, Bewegungsrhythmus und die Bewegungsabläufe selbst zu verbessern. Das Erleben der Beziehung zwischen Musik und Bewegung beeinflußt die menschliche Psyche und führt zu einer positiven Grundstimmung. Interesse, Freude und Begeisterung an der Bewegung werden gesteigert, die Bereitschaft zur Leistungsfähigkeit erhöht.
Faszinierend ist vor allem der Rhythmus, der das eigentliche strukturelle und ‹motorische› Element der Musik ist. Am Beispiel der Marschmusik, «die uns in die Beine fährt» (Röthig 1970, 65), ist dies gut zu verdeutlichen. Es sind vor allem die einfache Struktur und die betonte Akzentuierung dieser Musik, die das rhythmische Empfinden ansprechen. Die dynamisch-rhythmischen Akzente der Musik wirken somit aktivierend und besitzen Aufforderungscharakter zum Sichbewegen.

Das Verwenden von Musik in der Gymnastik kann durch das Ansprechen des rhythmischen Empfindens gezielt zur Verbesserung und Ausprägung des Rhythmusgefühls beitragen. Dadurch wird wiederum der Wechsel zwischen *Spannung* und *Entspannung* in der Bewegung positiv beeinflußt, was zu einer qualitativen Verbesserung der Bewegung führen kann.
Musik – richtig eingesetzt – kann beruhigen, aktivieren, antreiben, aufregen; sie kann aber auch Hemmungen oder Verspannungen lösen bzw. reduzieren und manchmal von konditionellen Defiziten ablenken.

Auswahl der Musik

Um einen positiven und auch leistungsfördernden Einfluß der Musik auf die Bewegung zu erreichen, ist es wichtig, eine optimale Musikauswahl zu treffen. Von wesentlicher Bedeutung ist, daß Musik nicht nur als Hintergrund- oder Geräuschkulisse eingesetzt wird, sondern bestimmendes Element in der Gymnastik sein soll, um zu motivieren und die Bewegungsabläufe zu unterstützen und zu intensivieren.
Bei der Auswahl der Musik ist darauf zu achten, daß *Bewegungsrhythmus* und *Musikrhythmus* miteinander in Übereinstimmung gebracht werden können. Nach CORDES/UIBE/ZEIBIG (1980) ist Bewegungsrhythmus ein dynamisches Merkmal der Bewegung, wobei insbesondere der ständig fließende Wechsel zwischen Spannung und Entspannung als wesentliche Tendenz aller menschlichen Bewegungen zum Ausdruck kommt. Der musikalische Rhythmus hingegen ist ein ordnendes Element der Musik, durch den Akzentsetzungen in den Bewegungsabläufen und -verbindungen möglich werden.
Für die Ausdauergymnastik sind Musikstücke empfehlenswert, die einen klaren *Grundrhythmus* und einen deutlich erkennbaren *Taktschlag* besitzen, d.h. die Rhythmusgruppe, zum Beispiel das Schlagzeug, sollte gut herausgehört werden können.
Der Grundrhythmus ist eine wesentliche Voraussetzung zur Entwicklung und Schulung des rhythmischen Empfindens. Besonders bei rhythmisch ungeschulten Teilnehmern sollten zu Übungsbeginn Musikstücke mit einfachen Rhythmen verwendet werden.
Neben dem Grundrhythmus müssen ebenso *Charakter* und *Tempo* der Musikstücke berücksichtigt werden. Für die Aufwärmphase ist zum Beispiel eine fröhliche, leichte und aufmunternde Musik geeignet. Entspannungs- und Lockerungsübungen sollten eher zu beruhigender, getragener oder auch schwingender Musik durchgeführt werden. Für den körperbildenden Teil, mit den Schwerpunkten der Beweglichmachung, Kräftigung und Dehnung, kann akzentuierte, stark betonte oder auch zügige Musik gewählt werden.

Tempo und Takt

Das Tempo der Musik ist als weiterer Faktor für die Übungsauswahl sowie für die gesamte Gestaltung des Programms bedeutend. Die dynamische Struktur der Übungen muß, je nach Trainingswirkung, mit dem gewählten Musiktempo gut harmonisieren.
Um das Tempo einer Musik zu ermitteln, gibt es verschiedene Vorgehensweisen. Nach Biermann (1984) kann zum einen ausprobiert werden, ob im Tempo (Metrum) einer Musik bestimmte Bewegungsformen (Gehen, Laufen, Hüpfen u. a.) zügig, langsam oder auch schnell ausgeführt werden können. Eine andere Möglichkeit ist das Zählen der Takte pro Minute. Die ermittelte, in Zahlen ausgedrückte Geschwindigkeit ist Anhaltspunkt dafür, ob das Musiktempo bestimmte Bewegungsarten zuläßt oder nicht. Wer eine Musik für ein Ausdauerprogramm zusammenstellt, sollte also genau wissen, welches Tempo für die einzelnen Bewegungsarten, wie zum Beispiel Gehen, Springen, Federn, Schwingen, Hüpfen u. a., geeignet ist.
Takt ist die Aufteilung eines Musikstücks in gleiche Zeitabschnitte. Er ist als ordnendes Element in der Musik unentbehrlich. Wir unterscheiden zum Beispiel gerade (2/4, 4/4), ungerade (3/4), einfache und zusammengesetzte Taktarten. Hauptkennzeichen des Taktes sind eine oder mehrere Betonungen der Zählzeiten. «Die Zählzeit ist in der Musik eine sehr gute Ordnungsmöglichkeit für die Beziehungen der Tondauerwerte untereinander. Es wird ‹gezählt›, um einen Rhythmus sicher wiedergeben zu können» (Cordes/Uibe/Zeibig 1980, 57). Ein 2/4-Takt kann zwei Zählzeiten haben, wenn er aus zwei Viertelnoten besteht, oder vier Zählzeiten, wenn er aus vier Achtelnoten besteht. Das Tempo der Musik wird durch die Zählzeit jedoch nicht bestimmt.
Entscheidend für das Zählen des Taktes ist, daß man die Betonungen heraushört. Die erste Zählzeit (oder auch der erste Schlag) eines Taktes ist immer stärker betont als die nachfolgenden Zählzeiten. Die stärkste Betonung hat somit die Zählzeit «eins». Der nächste, neue Taktteil ist wieder durch eine Betonung gekennzeichnet und hat wieder die Zählzeit «eins». So werden eine Minute lang die Betonungen gezählt, und man erhält die Takte pro Minute.
Den Unerfahrenen und Neulingen auf diesem Gebiet ist noch einmal besonders zu empfehlen, einfache Musikstücke mit einem deutlich erkennbaren Grundrhythmus auszuwählen. Reine Instrumentalstücke sind hilfreich, da Gesang und Text vom Zählen ablenken können.

Schließlich sollte die Musik entsprechend der *Zielgruppe* ausgewählt werden und den Gruppenmitgliedern gefallen. Rock- und Beatmusik spricht sicherlich Jugendliche und Erwachsene gut an. Bei einer Seniorensportgruppe wären vielleicht andere Musikstücke angemessener.

Die Verwendung von Musik im Rahmen eines gymnastischen Ausdauertrainings erfordert, wenn es den Anspruch der Funktionalität erheben will, vom Übungsleiter sehr viel Fingerspitzengefühl bei der Auswahl des Musikstils sowie gutes Empfinden für Rhythmus und Bewegung, um räumlich-zeitliche und dynamische Strukturelemente der Bewegung sicher mit der Musik in Einklang bringen zu können. Suchen, Anhören und Ausprobieren ist zwar oft ein mühsames, aber letztendlich das zweckmäßigste Verfahren.

Zusammenfassung:
Der Vorteil der musikalischen Begleitung liegt
- im Wechsel der Spannungs- und Entspannungsphasen. Im gymnastischen Übungsprogramm wird die Muskulatur wechselweise angespannt und gelöst; auf leichte Übungen folgen schwierigere, die Belastung kann dosiert gesteigert werden.

Durch die musikalische Unterstützung kann
- ein harmonischer und ökonomischer Bewegungsablauf erreicht werden,
- das Koordinations- und Kombinationsvermögen sowie der Bewegungsrhythmus verbessert werden.
- Musik hat eine Steuerungsfunktion, die zum Üben anregt, von der Anstrengung ablenkt und aufkommende Ermüdungserscheinungen hinauszögern kann. Dabei ist aber auf jeden Fall zu beachten, daß durch die stimulierende und motivierende Wirkung der Musik die Belastungsgrenzen nicht überschritten werden.

Aufbau eines Übungsprogramms

Ein gymnastisches Übungsprogramm läßt sich in fünf Phasen unterteilen:
- Aufwärmphase,
- erste Belastungsphase,
- Regenerationsphase,
- zweite Belastungsphase,
- aktive Entspannungsphase («Cool-down»).

Die *Aufwärmphase* ist durch eine langsam ansteigende Belastung charakterisiert. Ziel des Aufwärmens ist die Aktivierung des Kreislaufs, der Atmung und des Stoffwechsels, um optimale Voraussetzungen für die bevorstehende Belastung zu schaffen. Durch diese Phase wird der Gefahr von Verletzungen am Stütz- und Bewegungsapparat entgegengewirkt und nicht zuletzt eine psychische Einstimmung auf die *erste Belastungsphase* erreicht.

Hier kann im Sinn einer progressiven Belastungssteigerung mit den Grundformen Laufen, Springen, Hüpfen, Schwingen, Federn u. a. begonnen werden. Besonders vorteilhaft ist zu Übungsbeginn die Kombination von Grundformen und Koordinationsaufgaben, «da zu diesem Zeitpunkt das neuro-muskuläre Zusammenspiel bereits eingeleitet, aber durch Ermüdung noch nicht beeinträchtigt ist» (Biermann 1984, 12). Das bedeutet, daß für eine Koordinationsschulung die Lernvoraussetzungen günstig sind und folglich ein besserer Lernerfolg zu erwarten ist. Zur möglichst vielseitigen und allumfassenden Durchbildung des Körpers werden Ganzkörperübungen gewählt, die im Gegensatz zu den Koordinationsaufgaben geringe konzentrative Anforderungen stellen.

Der ersten Belastungsphase folgt eine *Regenerationsphase* mit Lockerungs- und Entspannungsübungen, die der aktiven Erholung und der Vermeidung von Muskelverspannungen und -verkrampfungen dienen. In der Zielgruppe Anfänger/Ungeübte ist die Messung der Pulsfrequenz in der Erholungsphase ein wichtiger Bestandteil zur Kontrolle des Beanspruchungsgrades.

Die *zweite Belastungsphase* beinhaltet Übungen zur Beweglichmachung der Gelenke, Dehnungs- und Kräftigungsübungen, wobei vor allem auf eine wechselnde Beanspruchung der einzelnen Muskelgruppen geachtet werden sollte. Auch in diesem Übungsabschnitt sollten lockernde und entspannende Elemente eingefügt werden, um Verspannungen der Muskulatur zu vermeiden.

Bei den Kräftigungsübungen ist zu berücksichtigen, daß nach jeder Kräftigung ein gewisser Kontraktionsrückstand in der Muskulatur verbleibt. Um Überbelastungen und Verkrampfungen vorzubeugen, sollte somit nach jeder Kräftigungsübung die betreffende Muskelgruppe zum Ausgleich wieder gedehnt werden (vgl. auch Kap. «Beweglichkeit und Beweglichkeitstraining»).

Auch für ein gymnastisches Ausdauertraining hat es sich als günstig erwiesen, die Funktionskreise zu berücksichtigen und die Übungsfolge und -auswahl dementsprechend zusammenzustellen (vgl. Kap. «Funktionskreise»).

In der abschließenden *aktiven Entspannungsphase*, dem «Cool-down», finden sich Übungen mit leichter Belastung, bei denen alle beanspruchten Muskelgruppen noch einmal intensiv gelockert werden. Den Abschluß der Trainingseinheit bilden die Entspannungsübungen (Teil- oder Ganzkörperentspannung), wodurch die körpereigene Regeneration aktiviert werden soll.

Belastungsintensität in der Ausdauergymnastik

Für ein Ausdauertraining in der Gymnastik empfehlen wir, die von LAGERSTRØEM/VÖLKER (1983) angegebenen Trainingspulsfrequenzen als Orientierungswerte zu übernehmen. Bei der Zusammenstellung eines Übungsprogramms für die Zielgruppe Anfänger/Ungeübte können diese Angaben eine wertvolle Hilfe für den Übungsleiter sein (vgl. Tabelle 6).
Inwieweit Pulsfrequenzen als alleinige bzw. objektive Kriterien zur Steuerung der Belastungsintensität in der Ausdauergymnastik übernommen werden können, werden wir im folgenden erläutern.
ISRAEL (1984) gibt zum Beispiel als Anpassungsschwelle ein einmaliges Training pro Woche von einer Stunde Dauer an. Wer seltener trainiert, fängt gewissermaßen stets wieder von vorn an. Dieser Standpunkt verkörpert die Forderung nach Regelmäßigkeit und Kontinuität. Die Optimaldosis kann bei dreimal wöchentlich eine bis eineinhalb Stunden Komplextraining mit Ausdauerbetonung angenommen werden.

Ruhe-pulsfrequenz pro Min.	Alter unter 30	30–39	40–49	50–59	60–70	über 70
unter 50	140	140	135	130	125	120
50– 59	140	140	135	130	125	120
60– 69	145	145	140	135	130	125
70– 79	145	145	140	135	130	125
80– 89	150	145	140	135	130	125
90–100	150	150	145	140	135	130
über 100	155	150	145	145	140	130
	Die Werte gelten für die Zielgruppe Anfänger/Ungeübte. Bei Ausdauertrainierten sollte die Frequenz um 10 Schläge pro Minute höher liegen.					

Tab. 6: Trainingspulsfrequenzen (Orientierungswerte aus LAGERSTRØEM/VÖLKER 1983)

Alter (Jahre)	Herzfrequenz/Min.
30–39	140–145
40–49	140–145
50–59	135–140
60–69	130–135

Tab. 7: Werte aus LIESEN/HOLLMANN 1918

In diesem Zusammenhang drängt sich eine weitere Frage auf, nämlich ob relativ wenige und lange oder zahlreiche und kurze Trainingseinheiten angebracht sind. Das vielfach empfohlene tägliche Training von 10 bis 15 Minuten Dauer ist ohne Zweifel nützlich, es hat jedoch Nachteile gegenüber der länger dauernden Beanspruchung: So fehlt weitgehend der Qualitätsfaktor Belastungsdauer bei diesem zeitlichen Richtwert und die Erfüllung der Intensitätsforderungen stößt auf Probleme.
Jede Trainingseinheit sollte mit einer aktiven Erwärmung beginnen. Wird ein solches Vorgehen bei einem 10-Minuten-Programm realisiert, bleibt die Intensität unter dem Richtwert; wird dagegen sofort intensiv begonnen, so besteht insbesondere bei älteren Sporttreibenden Verletzungsgefahr (z. B. bei Dehnungsübungen) oder die Verträglichkeit des Trainings bleibt unter den Möglichkeiten (nach ISRAEL 1984).
VÖLKER (1984) hat in einer Untersuchung über «Probleme der Belastungsintensität beim Freizeitsport» festgestellt, daß die in der Literatur für den Gesundheitssport empfohlenen Richtwerte hinsichtlich *Trainingshäufigkeit* und -umfang von den meisten Sportlern berücksichtigt werden. Die *Intensität* der Belastung übersteigt jedoch bei weitem den für ein Gesundheitstraining günstigen Bereich. Der Grund liegt darin, daß sich die Freizeitsportler ‹nach Gefühl› belasten und Puls- sowie Atemfrequenz kaum beachten. Für VÖLKER ergibt sich daher eindeutig die Notwendigkeit, die Intensität des Trainings verstärkt über die objektiven Belastungsgrößen *Puls- und Atemfrequenz* zu steuern. Bezogen auf ein gymnastisches Ausdauertraining können diese Aussagen nur begrenzt von Bedeutung sein. Denn Ausdauergymnastik stellt eine intervallartige Form der körperlichen Belastung dar, bei der die Größe der beanspruchten Muskelmasse, aber auch die dynamische Arbeitsweise stark variieren kann. Daraus ist zu folgern, daß sich die Pulsfrequenz in der Ausdauergymnastik nur bedingt zur Steuerung der Belastungsintensität eignet.
Im gymnastischen Ausdauertraining sollten daher neben den objektiven Kriterien wie Puls- und Atemfrequenz stets auch andere, äußerlich gut erkennbare Kriterien wie *Atemrhythmus, Schweißausbruch* oder *Gesichtsfarbe* zur Beurteilung der Belastungsstärke herangezogen werden. Das Erkennen dieser Merkmale erfordert vom Übungsleiter ein gewisses Maß an physiologischen Vorkenntnissen und trainingspraktischer Erfahrung.

Zusammenfassung:
- Für Belastungsintensität, -umfang und Pulsfrequenz können nur empfehlende Richtwerte angegeben werden.
- Es ist Aufgabe des Übungsleiters, die Belastung den konditionellen Voraussetzungen der jeweiligen Zielgruppe anzupassen und während des Trainings Zustandsänderungen der psycho-physischen Leistungsfähigkeit der Übenden zu kontrollieren.

Rahmen für ein gymnastisches Übungsprogramm

Die Grundkonzeption dieses Programms ist für die Zielgruppe Anfänger/Ungeübte gedacht, und daher sollte besonders sorgfältig nach den sportmedizinischen Grundsätzen der allmählichen Belastungssteigerung vorgegangen werden.
Die Erholungspausen innerhalb der einzelnen Übungsabschnitte – wir empfehlen für den Einstieg jeweils 20 bis 45 Sekunden – sollten unbedingt eingehalten und je nach Leistungsvermögen durch Lockerungs- oder Entspannungsübungen gestaltet werden. Da selbst in einer Gruppe von Ungeübten unterschiedliche konditionelle Voraussetzungen anzutreffen sind, verzichten wir auf eine genaue Angabe der Übungshäufigkeit oder Wiederholungen. Wir geben lediglich den (möglichen) *zeitlichen Rahmen*, innerhalb dessen die einzelnen Trainingseinheiten – dem Leistungsstand der Gruppe angemessen – durchgeführt werden können.
Bei ansteigender Leistungs- und Belastungsfähigkeit kann die Übungsintensität durch die Art der Aufgabenstellung beeinflußt und gesteuert werden.

Übungsprogramm

Zeit	Inhalte
5 Minuten	Aufwärmphase
10 Minuten	Erste Belastungsphase – Laufübungen, verbunden mit Koordinationsschulung, – Ganzkörperübungen.
3–5 Minuten	Regenerationsphase – Puls messen, – Entspannungs- und Lockerungsübungen.
20 Minuten	Zweite Belastungsphase – Beweglichmachung, – Dehnung, – Kräftigung.
5 Minuten	Aktive Entspannung («Cool-down») – Lockerungsübungen, – Entspannungsübungen.

Folgende Möglichkeiten sind zur Erhöhung der Trainingsintensität geeignet:

- höhere organische Beanspruchung,
- höhere muskuläre Beanspruchung,
- schnelleres Tempo der Musik,
- Verkürzen der Erholungspausen.

Musikvorschläge (Discographie)

Grace Jones: Living my Life, Cry Now	Islands Records 204753320
Grace Jones:Nightclubbing	Ariola 203481-320
Molly Molloy: Rock-Dance, Adage	Gamba Educational Records GE 006
Sade: Stronger than pride	EPC 460 497
Ronny's Pop Show	CBS 466 027
Aretha Franklin: Through the storm	Arista 209 842
Fleetwood Mac: Rumours	WB 56344
Fleetwood Mac: Mirage	WBK 56952
J. J. Cale: Special Edition	Mercury 818633-1
Queen: I want to break free	064-2400141
Tanita Tikaram: Ancient heart	UK WX 210 243877 1
Eurythmics: Touch Dance	RCA PG 70354
David Bennett Cohen: At the piano	Line Records 6.26056
The Weather Girls: Success	CBS 25719
The Michael Zagger Band: Let's all chant	**Private Stock Records PS 7013**
Andreas Vollenweider: Caverna Magica	CBS 25265
Sam Cooke: The Man and his Music	RCA PL 87127
James Brown: How do you stop	IMT 127.314
Pepsie & Shirlie: Heartache	Polydor 885470
Erasure: The Innocents	Mute Int. 146.836
Rick Astley: Whenever you need somebody	RCA 71529
Shakatak:Manic & Cool	Pold 5222
Kroko's Gipfelstürmer	AT 626812
Taylor Dayne: Tell it to my heart	Arista 208898
George Michael: Faith	EPC 4600001
Michael Jackson: Bad	EPC 4502901
Terence Trent D'Arby: «Introducing the hardline according to»	CBS 4509111

Übungen und ihre Anwendungen

Die Zusammenstellung der Übungsbeispiele folgt dem Funktionskreisprinzip. Auswahl und Wirkung der Übungen orientieren sich an den Bedürfnissen des Sports, durch Training die muskulären, kardio-zirkulatorischen (Herz – Kreislauf), metabolischen (Stoffwechsel) und psycho-vegetativen Leistungsvoraussetzungen zu erhalten und zu verbessern.
Innerhalb der Funktionskreise sind die Übungen in *Mobilisations-* bzw. *Stabilisationsübungen*, d. h. in Beweglichkeits- und Dehnungsübungen bzw. Kräftigungsübungen eingeteilt. Ihre funktionelle Wirkung beziehen die Übungen aus ganz bestimmten *Körperpositionen* und *Bewegungsführungen*, in denen Gelenkstellungen und Bewegungsrichtung für die Funktionalität eine besondere Bedeutung haben. Die räumliche Struktur der Bewegung wird in den Bildbeschreibungen durch die Kennzeichnung «Ausgangs- und Endposition», «Bewegung», «Bemerkung» und «Wirkung» dargelegt.
Die *Bewegungsrichtung* wird durch Pfeile markiert, die sich allerdings meistens nur auf die Bewegung einer Extremität bzw. auch nur auf eine Richtungsangabe beschränken, um den Gesamteindruck der Bildinformation nicht zu zerstören. Es versteht sich von selbst, daß alle Übungen auch in Gegenrichtung (wird eine Rumpfseitbeuge nach links dargestellt, ist die gleiche Bewegung selbstverständlich auch nach rechts auszuführen) bzw. auch mit der anderen Extremität entweder im dauernden Wechsel (re-li-re-li etc.) oder im Wechsel mehrmals links, dann mehrmals rechts etc. auszuführen sind. Auf derartige Angaben wurde aus Übersichtsgründen in den Bildunterschriften verzichtet.
(→) Diese Pfeile weisen auf besondere *Beanspruchungszonen* innerhalb der Bewegungsführung oder auf *funktionelle Hilfsmittel* hin. Ein Kreuz (×) kennzeichnet einen *Stabilisierungspunkt*, der in der Regel durch einen Partner aufgebaut wird.

Da zum Beispiel schon durch geringfügige Veränderungen der Gelenkwinkel bzw. der Bewegungsausführung auch Änderungen in der Wirkung auftreten können, sollte bei der Anwendung der Übungen auf eine präzise Umsetzung von Text- und Bildinformation geachtet werden. Welche besondere Bedeutung die exakte Bewegungsausführung für die funktionelle Wirkung hat, soll ein Beispiel zeigen:
Übung 23, Seite 145, dient vornehmlich der Kräftigung der tiefen Rückenmuskulatur (m. erector spinae) und der Gesäßmuskeln. Der funktionelle Bereich der Übung hinsichtlich des formulierten Trainingsziels würde verlassen, wenn der Übende die Beine in der Endposition über die Waagerechte hinaus anheben würde, weil die Gesäßmuskeln lediglich in der Lage sind, das Hüftgelenk bis ca. 10 bis 15 Grad zu strecken (vgl. auch Daniels/Worthingham 1982). Werden die Beine über 15 Grad im Hüftgelenk gestreckt, ‹springen› die Rückenstrecker an und leisten die Hauptarbeit, und aus der vermeintlichen Gesäßmuskelübung wird *vornehmlich* eine Kräftigungsübung der Rückenstrecker mit einer nicht funktionellen Beanspruchung im Bereich des lumbo-sakralen Übergangs. Über einen längeren Trainingszeitraum betrieben, kann sich solch falsch verstandener ‹Übungseifer› in einer muskulären Dysbalance der Lendenwirbelsäulen-Hüft-Region mit veränderter Beckenstatik und einer ganzen Reihe von Beschwerdebildern äußern, und das alles nur, weil man regelmäßig, in der heimlichen Hoffnung, sich etwas Gutes zu tun, die «Beine ein paar Grad zuviel» angehoben hat.
Alle Übungen müssen jeweils über die volle *Bewegungsamplitude* ausgeführt bzw. das aktuelle, individuelle Bewegungsausmaß voll ausgeschöpft werden. Nur dann ist eine optimale Ansteuerung der Trainingswirkung möglich.
Das *Ausführungstempo* der Übungen muß den funktionellen Gesetzmäßigkeiten entsprechen. Kräftigungsübungen für die Fixationsmuskulatur (z. B. des Rumpfes) werden lediglich mit mäßigem Tempo, in den Endpositionen verharrend (isometrische Muskelkontraktion), durchgeführt. Schnellkräftigende Ausführungen sind *unfunktionell*, weil die biochemische Faserstruktur der Haltemuskeln diese Trainingsreize nur bedingt umsetzt (vgl. auch Kap. «Funktionalität von Kraftübungen»).
Die Übungen, die die Aktionsmuskulatur (z. B. Extremitätenmuskeln) betreffen, können auch schnellkräftig durchgeführt werden, vorausgesetzt, die geforderte Bewegungsrichtung, das funktionelle Bewegungsausmaß und die funktionellen Gelenkstellungen beteiligter Gelenksysteme können aufrechterhalten werden. Wenn dies aufgrund des Trainingszustands nicht möglich ist, sollte auf eine schnellkräftige Ausführung verzichtet und lediglich ein zügiges, mäßig schnelles Bewegungstempo zugunsten der Aufrechterhaltung der Funktionalität angestrebt werden.
Die meisten Übungen sind so strukturiert, daß auf die Anwendung von

Hilfsmitteln weitgehendst verzichtet werden konnte, um den gymnastischen Anspruch wahren zu können. Wenn dennoch einige wenige Übungen mit *Geräten* (Kasten, Matten, Medizinball etc.) durchgeführt werden, dann dient das der Optimierung und Spezifizierung der Trainingswirkung. Der Einsatz gleichwertiger Hilfsmittel bzw. von Geräten und Maschinen (Hanteln, Kraftmaschinen etc.) ist möglich, wenn ein entsprechendes Trainingsniveau des Übenden gegeben ist. Der ‹gymnastische Rahmen› würde allerdings dadurch gesprengt.
Die *Mobilisationsübungen* verlangen ebenfalls eine präzise Ausführung, die sich aus ganz spezifischen Ausgangsstellungen (Gelenkstellungen) entwickelt. Werden diese mißachtet, kann der gewünschte Effekt unter Umständen nicht erreicht werden. Die im Kapitel «Beweglichkeit und Beweglichkeitstraining» dargestellten methodischen Grundsätze müssen daher unbedingt beachtet werden (vgl. Seite 92).

Zusammenstellung eines Übungsprogramms

Auswahl der Übungen

Die Auswahl der Übungen im Rahmen eines Konditionsprogramms richtet sich nach den *spezifischen Anforderungen*, die in einer Sportart an den Sportler gestellt werden. Ein Programm für Fußballspieler wird daher stärker die Funktionskreise III und II berücksichtigen, während sich ein Programm für Tennis- oder Handballspieler mehr an den Funktionskreisen IV, II und I orientieren wird. Trotz einer sportartbedingten Schwerpunktbildung darf aber niemals vergessen werden, daß alle Funktionskreise miteinander verbunden sind, so daß selbstverständlich auch jene Muskeln und Gelenksysteme trainiert werden müssen, die nicht unmittelbar für die Sportart leistungsbestimmend sind. Gegnerkontakt und Gegnerbeeinflussung in den Ballsportarten zum Beispiel können den passiven und aktiven Bewegungsapparat in Extremstellungen zwingen, die, treffen sie den Sportler unvorbereitet und unkonditioniert, zu Verletzungen führen können.
Neben den sportartspezifischen Anforderungen sind die *individuellen Voraussetzungen* der Sportler, für die ein Programm zusammengestellt werden muß, besonders wichtig. Die Individualisierung der Übungen ist besonders schwierig, wenn es sich um ein Gruppentraining handelt. Selbst wenn man davon ausgeht, daß bei den Mannschaftssportarten gemeinsame sportliche Ziele im Konditionstraining verfolgt werden, so können die individuellen

Leistungsvoraussetzungen eines jeden einzelnen Mannschaftsmitglieds hinsichtlich Kraft, Beweglichkeit und Elastizität sehr unterschiedlich sein. In der Trainingspraxis wird man daher zunächst mit einem allgemeinen sportartorientierten Programm, an dem alle Gruppenmitglieder teilnehmen, beginnen, dem ein zweiter, die individuellen Defizite in den konditionellen Fähigkeiten berücksichtigender Abschnitt folgt. Organisatorisch ist solch eine Verfahrensweise zweifelsohne nur dann zu bewerkstelligen, wenn die Athleten den hohen Nutzeffekt der individualisierten Übungsauswahl begreifen und zum selbständigen Handeln bereit sind.
Liegen ganz besondere Bedingungen vor (wie z. B. individuelle Haltungsschwächen, konditionelle Defizite durch Krankheit und Verletzung, aber auch Dysbalancen im funktionellen Zustand einzelner Organsysteme, verursacht durch falsches, einseitiges oder anderweitig überzogenes Training), müssen diese bei der Zusammenstellung der Übungen verstärkt berücksichtigt werden. Es empfiehlt sich auf jeden Fall, in der rehabilitativen Nachsorge von Sportverletzungen (Aufbautrainingsphase) die Auswahl der Übungen mit einem erfahrenen Sportphysiotherapeuten abzusprechen, um Fehlbelastungen zu vermeiden.

Übungsintensität und Übungsdauer

Funktionsgymnastische Übungen können täglich oder in Sonderfällen mehrmals täglich durchgeführt werden. Trainer und Übungsleiter haben zu entscheiden, welche Reizsetzungen in welcher Phase der Konditionierung empfehlenswert erscheinen. Traditionell verankert sind gymnastische Übungen in der Aufwärm- und Entmüdungsphase, vor und nach Training und Wettkampf. Gymnastische Übungen vor der eigentlichen Vorbereitungsphase sind dagegen wenig gebräuchlich. Beaulieu (1980) empfiehlt, 1 bis 3 Stunden vor der zu erwartenden muskulären Beanspruchung ein Stretching-Programm durchzuführen. Seinen Beobachtungen zufolge sind die positiven Nachwirkungen des Stretching erst dann optimal spürbar.
Die angestrebten *Trainingsziele* und die individuellen *Voraussetzungen* bestimmen, wie häufig funktionsgymnastische Übungen durchgeführt werden. Als Beweglichkeitstraining muß man von einer Intensität von mindestens 15 bis 20 Minuten viermal wöchentlich ausgehen, wenn eine sportartspezifische Anpassung im Trainingsprozeß erreicht werden soll. In Wettkampfsportarten, die ein hohes Maß an funktioneller Beweglichkeit verlangen, wird man an einem täglichen trainingsbegleitenden Gymnastikprogramm mit unterschiedlichen Inhalten als Beweglichkeits-, Kraft-, Ausgleichs- und Entspannungstraining nicht vorbeikommen.
Je stärker die trainings- und wettkampfmäßige Beanspruchung ist, desto häufiger sollte man funktionsgymnastische Übungen als ‹Muskel- und Ge-

lenkpflege› sowie zur Entstressung durchführen. Diese Regel erfährt jedoch eine Einschränkung: Je funktioneller ein Training durchgeführt wird, desto weniger negativ belastend und stressend wirkt es auf die Organsysteme und die Psyche und um so weniger notwendig ist die intensive Durchführung von spezieller Gymnastik. Ein Aspekt, der im Hochleistungssport immer wieder mit Füßen getreten wird, wenn man die zahlreichen verletzungsbedingten Ausfälle in manchen Sportarten betrachtet.
Ein optimal eingestellter Muskel benötigt nur wenig ‹Pflege›; um aber eine optimale Einstellung zu erreichen, sind bisweilen dauernde Anstrengungen über einen langen Zeitraum notwendig.

Motivationale Aspekte

Da die Funktionalität der Übungen wenig Abwechslung erlaubt, des weiteren ihre positive Wirkung erst allmählich spürbar wird, ist es gut möglich, daß alle diese Anstrengungen die motivationale Einstellung des Athleten gefährden können. Möglicherweise laufen sie den bisher betriebenen Übungen in ihrer spezifischen Ausführung auch gänzlich entgegen, und, zugegeben, wer trennt sich schon gern von Althergebrachtem, von den schwungvollen Dehnungsübungen, mögen sie auch noch so unspezifisch und unfunktionell gewesen sein.
Deshalb wird anfangs vom Übungsleiter und Trainer einiges pädagogisches Geschick notwendig sein, um Sportler auf die Übungen einzustellen. Die im Leistungssport heftig geführten Diskussionen über den Sinn und Unsinn traditioneller gymnastischer Konzepte zeigt deutlich, daß eine veränderte Einstellung zu den klassischen Trainingsmitteln eingetreten ist. – Im Wettkampfsport sollte endlich begriffen werden, daß die Ausbildung der konditionellen Fähigkeiten Kraft, Ausdauer, Schnelligkeit und Beweglichkeit nur dann dem Athleten auch wirklich zugute kommt und die sportliche Leistung steigern hilft, wenn sie von Anfang an *funktionell* aufgebaut wurde. Die hier vorgestellten Übungen sind daher ein bedeutender Bestandteil funktionellen Konditionstrainings.

Zusammenfassung:

- Ein funktionelles Gymnastikprogramm sollte vor allem jene Funktionskreise erfassen, die in der Sportart besonders beansprucht werden.
- Ein individualisiertes Programm hat die besten Trainingswirkungen.
- Viermal wöchentliches Training über 15 bis 20 Minuten ist eine Mindestforderung, wenn spezifische Anpassungen erreicht werden sollen.
- Auch vor dem eigentlichen Aufwärmen können bereits funktionsgymnastische Übungen mit positivem Effekt angewandt werden.
- Von Trainern und Übungsleitern werden persönliches Engagement und Grundkenntnisse der funktionellen Anatomie verlangt, wenn Funktionsgymnastik im Konditionstraining erfolgreich sein soll.

Übungen

Funktionskreis I

Mobilisation und Dehnung

Übung 1
Ausgangsposition: leichter Seitgrätschstand
Endposition: leichter Seitgrätschstand, aber Kinn eingezogen
Bewegung: Kinn einziehen.
Bemerkung: Körpergewicht nicht nach hinten verlagern.
▷ *Wirkung:* Mobilisation der Halswirbelsäule

Übung 2
Ausgangsposition: leichter Seitgrätschstand
Endposition: siehe Foto
Bewegung: Linke Hand zieht den Kopf in maximale Seitneigung; der rechte Arm wird zum Boden gestreckt.
▷ *Wirkung:* Dehnung der seitlichen Hals-/Nackenmuskulatur

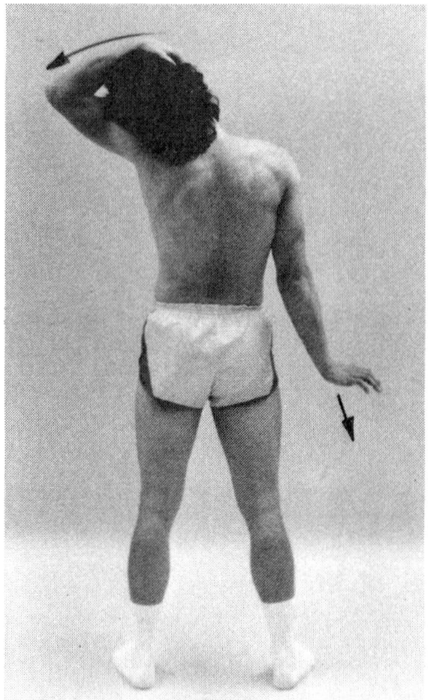

Übung 3
Ausgangsposition: leichter Seitgrätschstand
Endposition: siehe Foto
Bewegung: Rechten Oberarm mit linker Hand bis zum Ohr ziehen, rechten Ellbogen maximal beugen.
▷ *Wirkung:* Dehnung Ellbogenstrecker und obere Schulterblattstabilisatoren

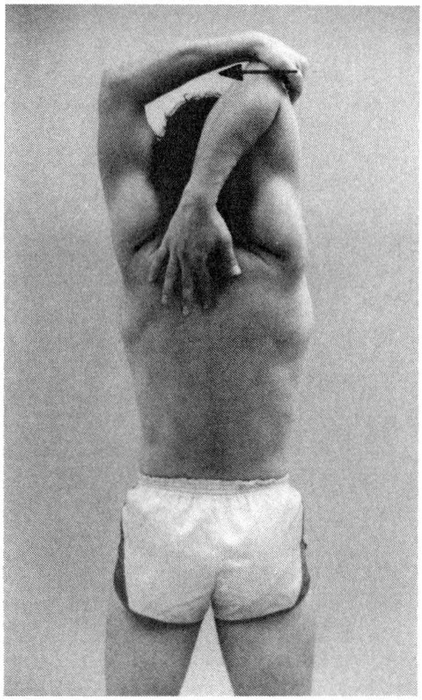

Stabilisation (Kräftigung)

Übung 4
Ausgangs- und Endposition: entsprechen sich (siehe Foto)
Bewegung: keine; isometrische Anspannung der Nackenmuskulatur gegen den Widerstand der Hände
Bemerkung: Blickrichtung nur horizontal, Kopf nicht nach hinten oder vorn neigen.
▷ *Wirkung:* Kräftigung der tiefen Nackenmuskulatur

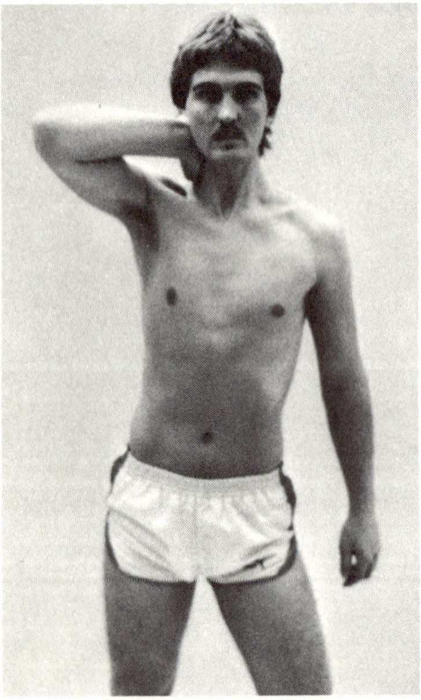

Übung 5
Ausgangs- und Endposition: entsprechen sich (siehe Foto)
Bewegung: keine; isometrische Anspannung der seitlichen Halsmuskulatur gegen die Hand
Bemerkung: Kopf nicht zur Seite neigen, Hand am Hals Nähe Kiefernbogen ansetzen.
▷ *Wirkung:* Kräftigung der seitlichen Halsmuskulatur

Funktionskreis II

Mobilisation und Dehnung

Übung 1
Ausgangs- und Endposition: entsprechen sich bis auf die Haltung der Ellbogen (siehe Foto Mitte)
Bewegung: Aufrichten der Brustwirbelsäule bei gleichzeitigem Nach-oben-hinten-Führen der Ellbogen
Bemerkung: Medizinball zwischen den Schulterblättern im Scheitelpunkt der Brustwirbelsäulenkrümmung
▷ *Wirkung:* Dehnung der Zwischenrippenmuskulatur, Mobilisation der Brustwirbelsäule

Übung 2
Ausgangsposition: Seitgrätschstand bei *gerader* Beckenachse
Endposition: siehe Foto
Bewegung: Rumpfseitbeugen, linke Hand zieht am Ellbogen und verstärkt das Seitbeugen.
Bemerkung: keine Rotation um die Körperlängsachse
▷ *Wirkung:* Dehnung der seitlichen Rumpfmuskulatur, der oberen Schulterblattstabilisatoren und der schulterblattüberspannenden Muskeln (z. B. m. teres major u. minor u. a.), Mobilisation der Lendenwirbelsäule und (geringfügig) der Brustwirbelsäule in Seitneigung

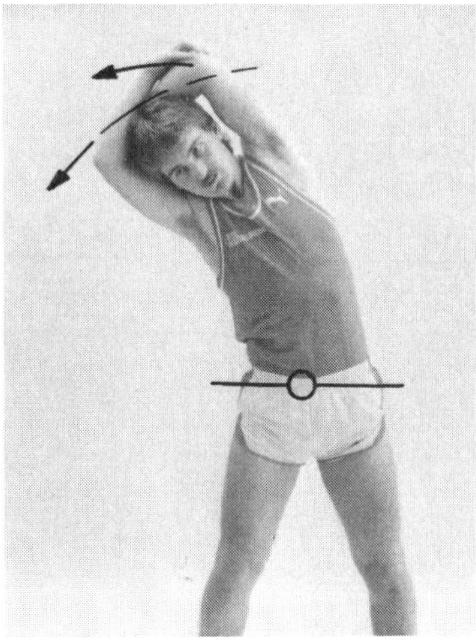

Übung 3
Ausgangsposition: Strecksitz
Endposition: Jogasitz (Drehsitz = Ardhamatsyendrâsana); Bein übergeschlagen, rechter Arm stützt gegen das Knie.
Bewegung: Rumpf- und Kopfdrehen (Wirbelsäule verwinden)
Bemerkung: Wirbelsäule und Becken aufrichten

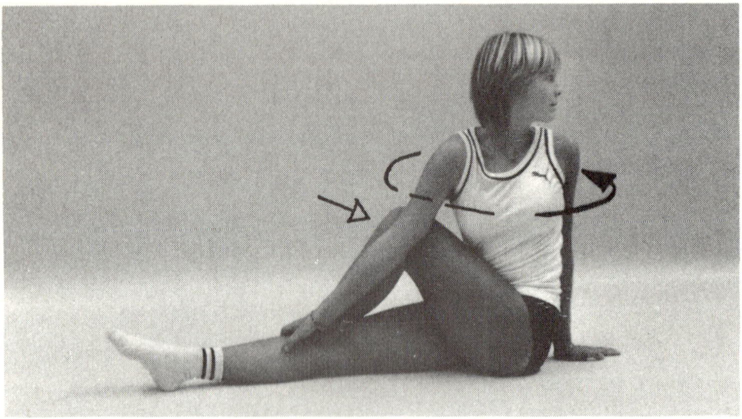

▷ *Wirkung:* Dehnung der tiefen Rückenmuskulatur, Mobilisation der Wirbelsäule (thorako-lumbaler Übergang in Rotation)

Übung 4
Ausgangsposition: leichter Seitgrätschstand
Endposition: siehe Foto
Bewegung: Rotation im thorako-lumbalen Übergang
Bemerkung: Fixation der Halswirbelsäule mit beiden Händen, Lendenwirbelsäule aufrichten.
▷ *Wirkung:* Mobilisation der Brust- und Lendenwirbelsäulen-Region

Übung 5
Ausgangs- und Endposition: siehe Foto
Bewegung: Sinkenlassen des Gesäßes
Bemerkung: Auf richtige Körperlage achten.
▷ *Wirkung:* Dehnung der tiefen Rückenmuskulatur (unterer Teil), Mobilisation der Lendenwirbelsäule

Stabilisation (Kräftigung)

Übung 6
Ausgangsposition: «Katzenbuckel», Kniestand beidbeinig (Knie mindestens schulterbreit geöffnet)
Endposition: «Hohlkreuz»
Bewegung: vom «Katzenbuckel» ins «Hohlkreuz»
▷ *Wirkung:* Kräftigung der Rückenmuskulatur und Mobilisation der Wirbelsäule

Übung 7
Ausgangsposition: siehe oberes Foto
Endposition: siehe Foto Mitte
Bewegung: Arm und Bein (diagonal) bis zur Waagerechten strecken.
Bemerkung: In der Endposition gestrecktes Bein nicht nach außen rotieren und Hüfte nicht aufdrehen.
▷ *Wirkung:* Kräftigung der Rückenmuskulatur und Mobilisation der Wirbelsäule

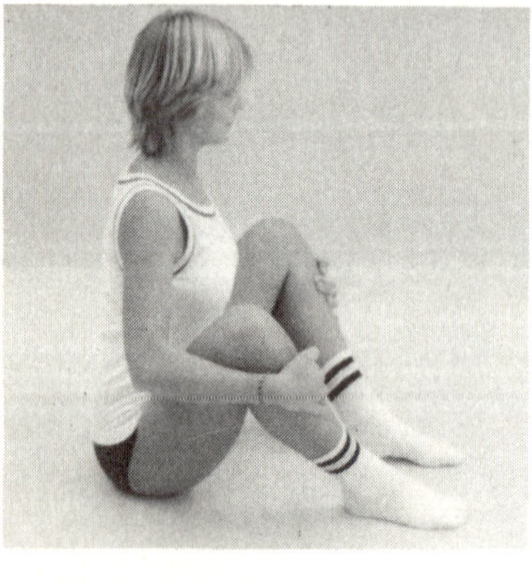

Übung 8
Ausgangsposition: Hocksitz mit geöffneten Beinen
Endposition: siehe Foto
Bewegung: Aufrichten der Wirbelsäule bis zur Endposition
Bemerkung: Besonders die Lenden- und Halswirbelsäule aufrichten (Kinn einziehen)
▷ *Wirkung:* Kräftigung der Rückenmuskulatur und Mobilisation der Wirbelsäule

Übung 9
Ausgangsposition: Kniestand beidbeinig (Knie mindestens schulterbreit geöffnet)
Endposition: Oberkörper frei schwebend halten.
Bewegung: Arme strecken, Wirbelsäule strecken.
Bemerkung: Kniestand besser auf Matte o. ä.
▷ *Wirkung:* Kräftigung der geraden Rückenmuskulatur

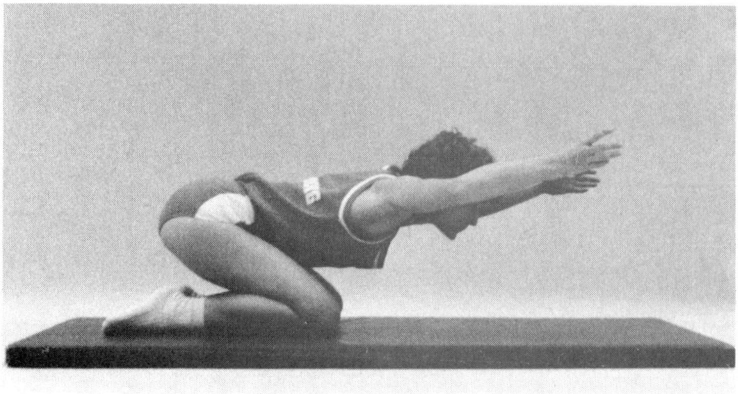

Variante
Bewegung: Rumpfdrehen
Bemerkung: Oberkörper waagerecht halten.
▷ *Wirkung:* Kräftigung der Rumpfmuskulatur mit Rotationskomponente

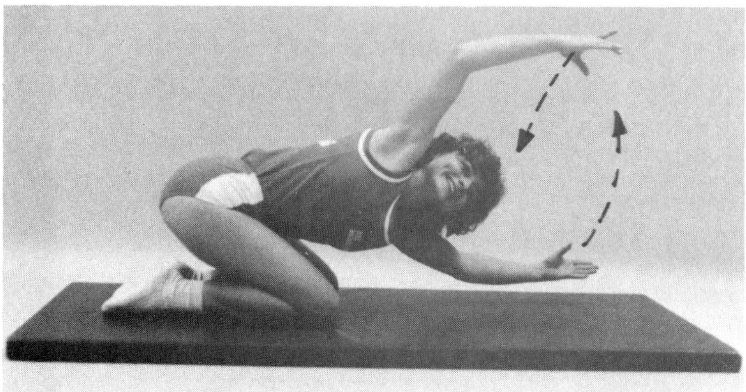

Übung 10
Ausgangsposition: siehe Foto Mitte
Bewegung: Rumpfeinrollen («crunchers»)
Bemerkung: Nur so weit einrollen, bis oberer Beckenkamm gerade noch Bodenkontakt hat, Hände gerade ‹durchschieben›.
▷ *Wirkung:* Kräftigung der geraden Bauchmuskeln (vgl. auch Kap. «Funktionalität von Kraftübungen»)

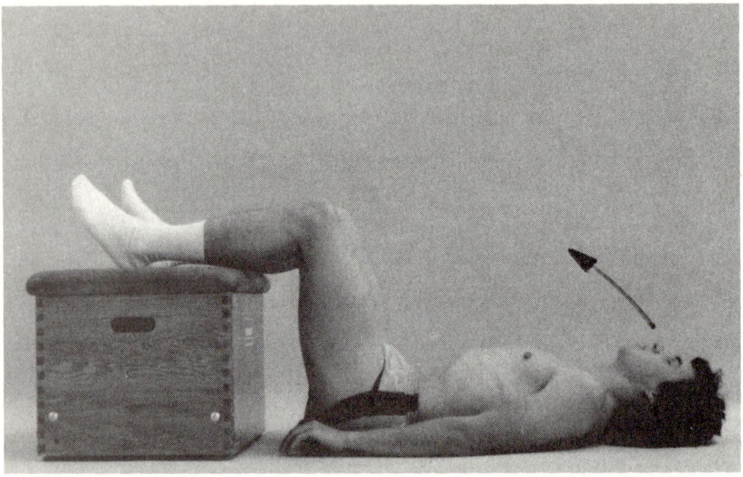

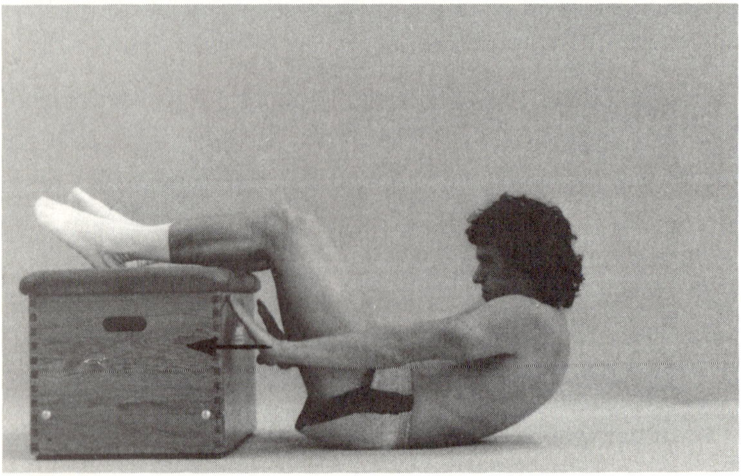

Übung 11
Ausgangsposition: siehe Foto Mitte
Endposition: siehe Foto unten
Bewegung: Becken anheben und senken.
Bemerkung: Hüft- und Kniewinkel bei ca. 90 Grad während der Bewegung fixieren.
▷ *Wirkung:* Kräftigung der geraden Bauchmuskeln, der Rückenmuskulatur und des Triceps

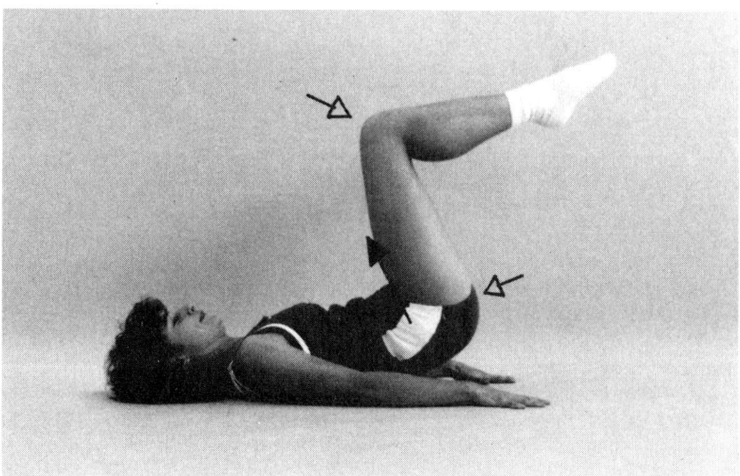

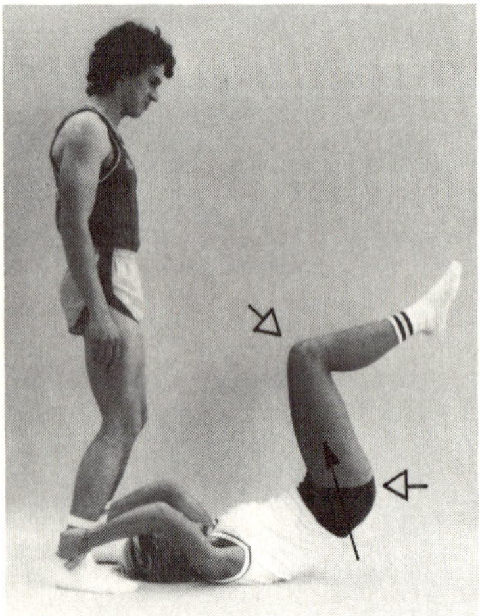

Übung 12
Ausgangsposition: vgl. Foto Seite 137 Mitte
Endposition: siehe Foto links
Bewegung: Becken anheben und senken.
▷ *Wirkung:* Kräftigung der geraden Bauchmuskeln, der Rückenmuskulatur und des Triceps

Variante
Bewegung: Becken anheben und senken, zusätzlich Knie und Hüfte langsam strecken.
Bemerkung: Beine nur so weit strecken, daß das Becken frei gehalten werden kann.
▷ *Wirkung:* intensive Form der Kräftigung der geraden Bauchmuskeln

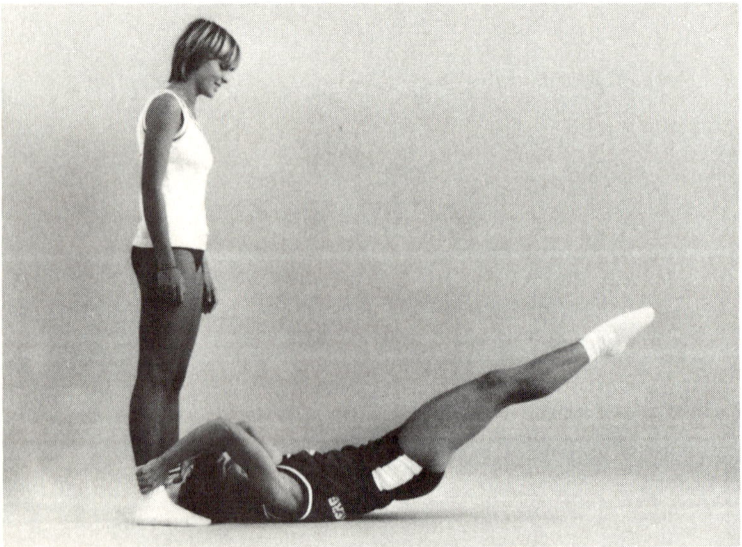

Übung 13
Ausgangsposition: Siehe Foto Mitte; der Kopf ist leicht angehoben.
Endposition: siehe Foto unten
Bewegung: Rumpfeinrollen mit Rotation
Bemerkung: Partner kann die Bewegungsrichtung durch Widerstand steuern; Einrollen nur so weit, daß der Beckenkamm noch Bodenkontakt hat.
▷ *Wirkung:* Kräftigung der schrägen Bauchmuskeln gegen den Widerstand des Partners

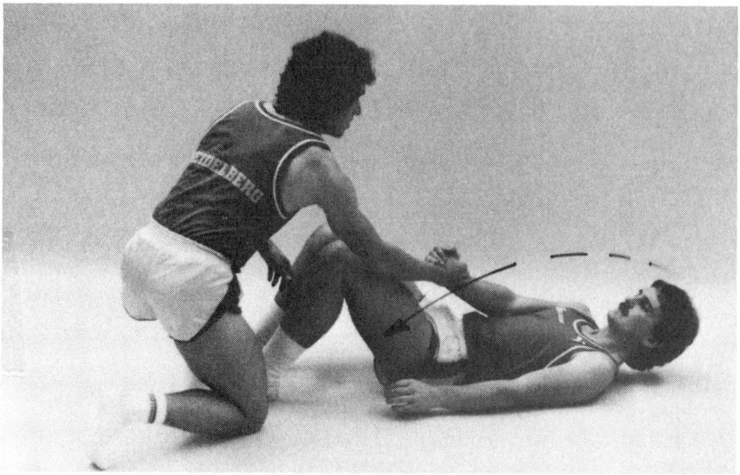

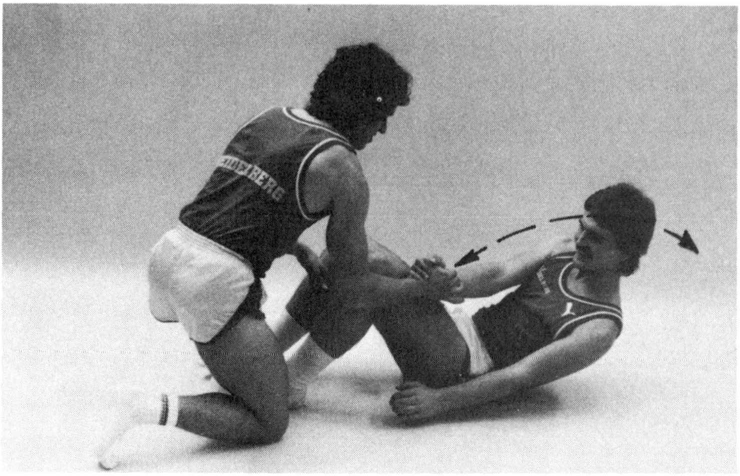

Übung 14
Ausgangsposition: Seitenlage
Endposition: siehe Foto
Bewegung: Rumpfheben ohne Rotation
Bemerkung: Besser auf Matte o. ä. ausführen.
▷ *Wirkung:* Kräftigung der Rumpf- und der schrägen Bauchmuskulatur

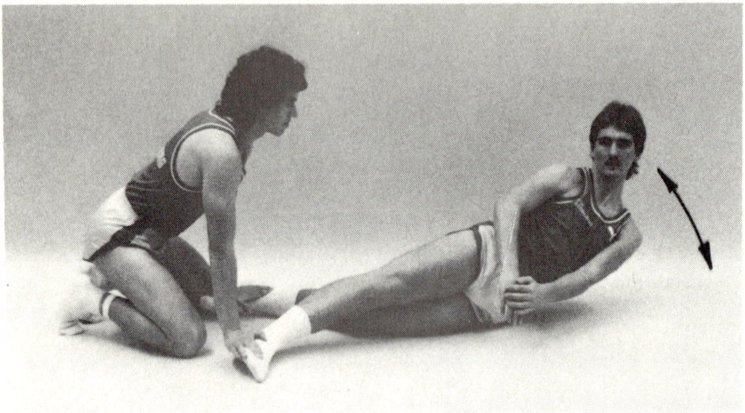

Variante
Bewegung: Rumpfheben mit Rotation des Rumpfes
▷ *Wirkung:* Kräftigung der seitlichen Rumpfmuskulatur und der schrägen Bauchmuskeln

Übung 15
Ausgangsposition: Seitenlage
Bewegung: Becken heben und Bein abspreizen.
Bemerkung: Ganzen Körper strecken.
▷ *Wirkung:* Kräftigung der Rumpfmuskulatur und der gesamten Muskelkette der Beine

Übung 16
Ausgangsposition: Rückenlage, auf Unterarme stützen, Gesäß auf dem Boden.
Endposition: siehe Foto
Bewegung: Becken heben, bis die Hüfte gestreckt ist.
Bemerkung: Körper wird nur auf den Fersen und Unterarmen gestützt; Kinn einziehen, Becken aufrichten.
▷ *Wirkung:* Kräftigung der Rumpfmuskulatur

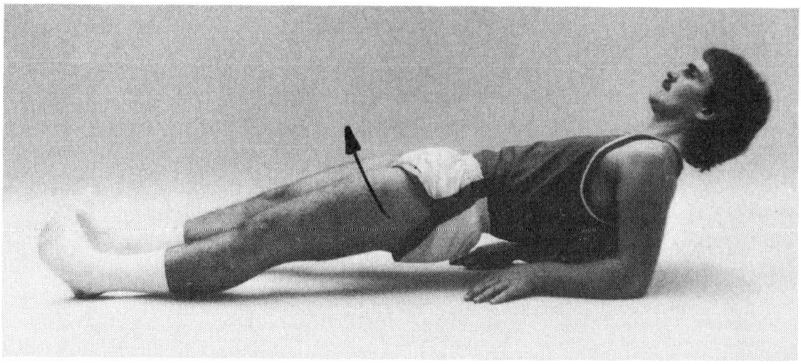

Übung 17
Ausgangsposition: Liegestütz auf den Unterarmen
Endposition: siehe Foto
Bewegung: Becken heben und senken bei gleichzeitigem Strecken von Bein und Gegenarm.
Bemerkung: Bein nicht außenrotieren und nur geringfügig über die Waagerechte anheben.
▷ *Wirkung:* Kräftigung der Rumpfmuskulatur und Hüftgelenksmuskulatur

Übung 18
Ausgangsposition: Rückenlage, ein Bein gebeugt, ein Bein gestreckt
Endposition: siehe Foto
Bewegung: Becken heben durch Druck mit der Ferse des gestreckten Beins.
Bemerkung: Körper in leichter Bogenspannung halten
▷ *Wirkung:* Kräftigung der tiefen Rückenstrecker, Gesäß- und Kniebeugemuskulatur

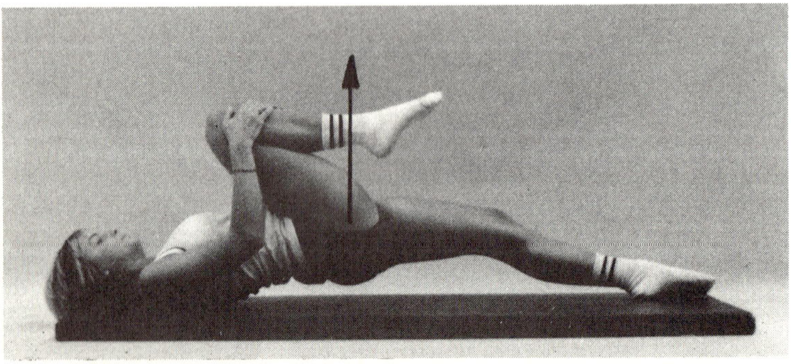

Übung 19
Ausgangsposition: Rückenlage mit angewinkelten Beinen
Endposition: siehe Foto
Bewegung: Anheben des Beckens
Bemerkung: Arme gewinkelt neben dem Körper aufsetzen.
▷ *Wirkung:* Kräftigung der Rückenmuskulatur, Gesäß- u. Kniebeugemuskulatur

Übung 20
Ausgangsposition: Rückenlage mit angewinkelten Beinen
Endposition: siehe Foto
Bewegung: Anheben des Beckens und der Schultern, Abstützen auf dem Hinterkopf und den Unterarmen
▷ *Wirkung:* Kräftigung der Schultergürtelmuskulatur, Rumpf- und Hüftmuskulatur

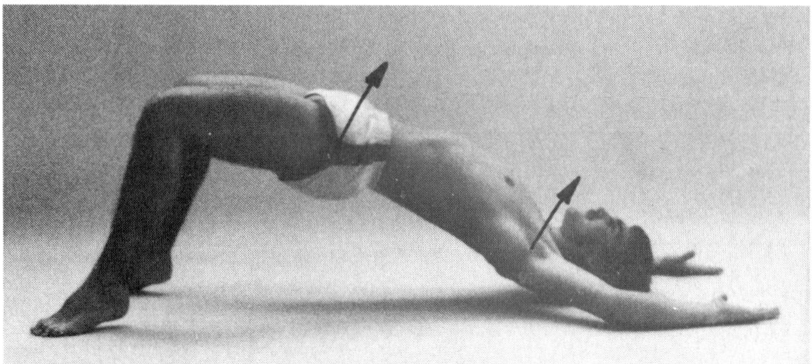

Übung 21
Ausgangsposition: Seitgrätschstand mit schulterbreit geöffneten Beinen
Bewegung: Lendenwirbelsäule strecken und Becken aufrichten, Brustwirbelsäule und Arme nach oben strecken, Kinn einziehen.
Bemerkung: Ganzen Rumpf aktiv ‹durchstrecken›.
▷ *Wirkung:* Kräftigung der Rumpfmuskulatur

Übung 22
Ausgangsposition: leichter Seitgrätschstand
Bewegung: Rumpfdrehen
Bemerkung: Lendenwirbelsäule bei Rotation gerade halten.
▷ *Wirkung:* Kräftigung der Rumpfmuskulatur

Übung 23
Ausgangsposition: Bauchlage auf Kasten, Hüftgelenk frei beweglich
Bewegung: Beine wechselseitig oder gemeinsam strecken bis zur Waagerechten.
Bemerkung: Beine nicht höher als in die Waagerechte bringen, die Bewegung kommt vornehmlich aus dem Hüftgelenk.
Wirkung: Kräftigung der tiefen Rückenstrecker und der Gesäßmuskulatur

Funktionskreis III

Mobilisation und Dehnung

Übung 1
Ausgangsposition: «Nesthaltung»
Endposition: siehe Foto
Bewegung: Beide Hände ziehen Knie Richtung Brust.
Bemerkung: Halswirbelsäule strecken, Kinn einziehen.
▷*Wirkung:* Dehnung der Gesäßmuskeln und tiefen Rückenmuskulatur, Mobilisation des Lendenwirbelsäulenbereichs

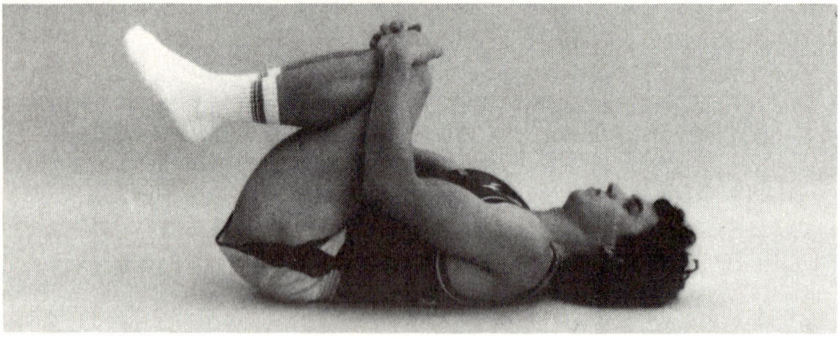

Übung 2
Ausgangsposition: Rückenlage
Endposition: siehe Foto
Bewegung: Beide Beine ca. 90 Grad im Knie- und Hüftgelenk anwinkeln und seitlich ablegen.
Bemerkung: Schultern auf dem Boden lassen.
▷*Wirkung:* Dehnung der tiefen Rückenmuskulatur (thorakolumbaler Übergang in Rotation), Mobilisation der Lendenwirbelsäule (Region FK II und FK III, funktionskreisübergreifende Übung)

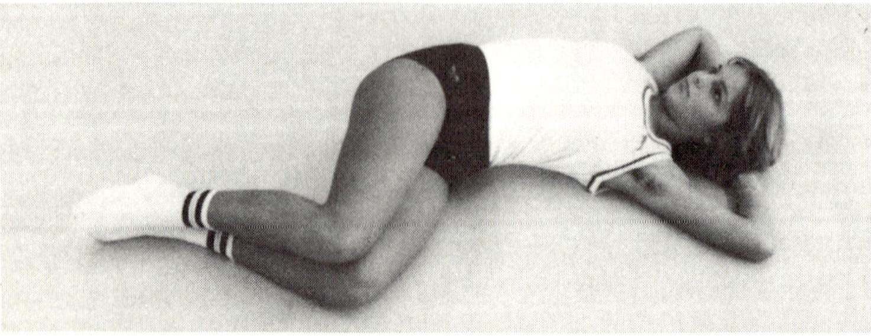

Übung 3
Ausgangsposition: Rückenlage
Endposition: siehe Foto
Bewegung: Ein Bein 90 Grad beugen und überlegen.
Bemerkung: Schultern auf dem Boden lassen; Hand drückt Knie abwärts.
▷ *Wirkung:* Dehnung der Gesäßmuskulatur und tiefen Rückenmuskeln, Mobilisation des Lendenwirbelsäulenbereichs

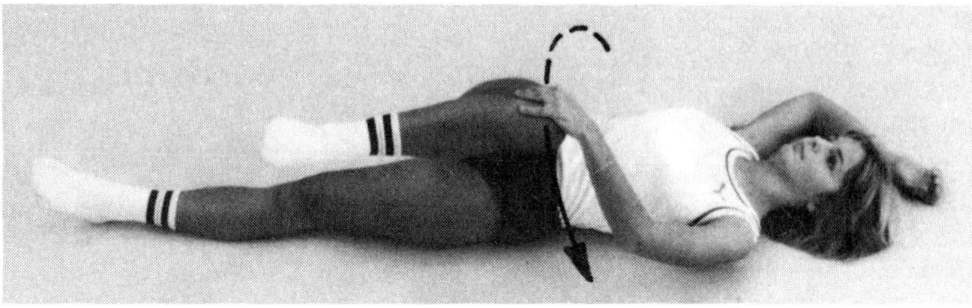

Übung 4
Ausgangsposition: Rückenlage mit gestreckten Beinen
Endposition: siehe Foto
Bewegung: Ein Bein gestreckt bis zur Senkrechten anheben, dann Knie strecken.
Bemerkung: Hände fixieren das Bein unterhalb des Knies in Endposition.
▷ *Wirkung:* Dehnung der Kniegelenkbeuger (mm. ischiocrurales)
Variante
Bewegung: zusätzlich Zehen anziehen (Dorsalflexion)
▷ *Wirkung:* Dehnung der Kniegelenkbeuger und der Wadenmuskulatur

Übung 5
Ausgangsposition: Seitgrätschstand, Beine etwas über Schulterbreite geöffnet
Endposition: siehe Foto
Bewegung: Aus dem Grätschstand Körpergewicht auf ein Bein verlagern, bis etwa halbe Kniebeuge erreicht ist.
Bemerkung: Hüfte in Normalposition bis Überstreckung
▷ *Wirkung:* Dehnung der Adduktoren

Übung 6
Ausgangsposition: siehe Foto
Endposition: gestrecktes Bein innenrotiert (Fußspitze nach vorn abgelegt)
Bewegung: Bein um die Längsachse rotieren.
Bemerkung: Fuß dabei anziehen (Dorsalflexion), Hüfte leicht gebeugt.
▷ *Wirkung:* Dehnung der gesamten Adduktorengruppe

Übung 7
Ausgangsposition: Hocksitz
Endposition: siehe Foto
Bewegung: Knie nach außen ablegen.
Bemerkung: Ellbogen unterstützen die Bewegung; Lendenwirbelsäule aufrichten.
▷ *Wirkung:* Dehnung der Adduktoren in Hüftgelenkbeugestellung von 90 Grad und mehr

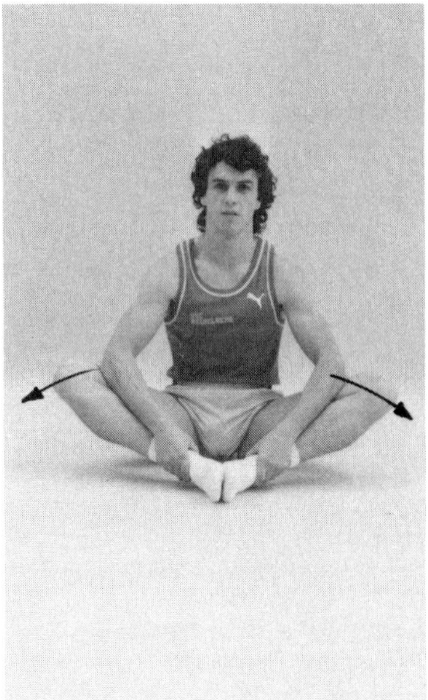

Übung 8
Ausgangsposition: aufrechter Stand mit überkreuzten Beinen
Endposition: siehe Foto
Bewegung: Körpergewicht seitlich verlagern.
Bemerkung: nach rechts, wenn linkes Bein vorgestellt ist, und umgekehrt
▷ *Wirkung:* Dehnung der Abduktoren

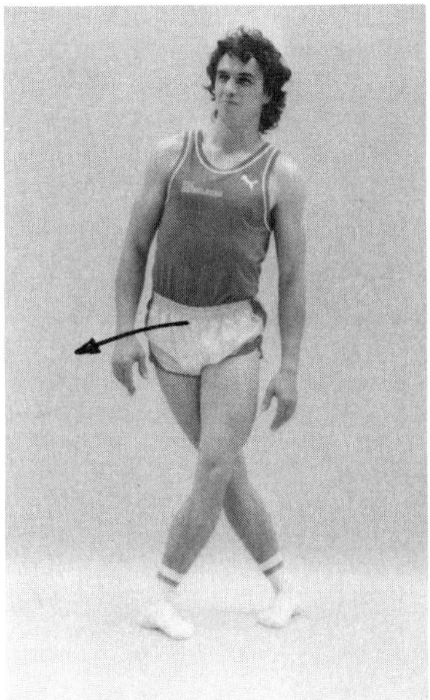

Übung 9
Ausgangsposition: Ausfallschritt
Endposition: siehe Foto
Bewegung: Körpergewicht nach vorn verlagern.
Bemerkung: Stützenden Fuß gerade aufsetzen, erst Hüftgelenk, dann Kniegelenk strecken, gestrecktes Bein dabei nicht rotieren.
▷ *Wirkung:* Dehnung der Hüftgelenkbeuger (m. iliopsoas)

Übung 10
Ausgangsposition: Seitenlage, unteres Bein im Hüftgelenk und Kniegelenk ca. 90 Grad gebeugt
Endposition: siehe Foto
Bewegung: Erst Hüfte nach vorn schieben, dadurch Hüftgelenk strecken; in gestreckter Position fixieren, dann Ferse sanft Richtung Gesäß ziehen.
▷ *Wirkung:* Dehnung der Hüftgelenkbeuger und Kniegelenkstrecker (m. quadriceps)

Übung 11
Ausgangsposition: Schrittknien
Endposition: siehe Foto
Bewegung: Hüfte nach vorn schieben und in gestreckter Position fixieren, dann Ferse Richtung Gesäß ziehen.

Bemerkung: Wegen der starken Druckbelastung der Kniescheibe (einschließlich Patellarsehne) empfiehlt es sich, den Kniestütz auf einer weichen Unterlage auszuführen (Matte o. ä.); wenn nicht vorhanden, Übung 10 ausführen.
▷ *Wirkung:* Dehnung der Hüftgelenkbeuger und Kniegelenkstrecker

Übung 12
Ausgangsposition: Schrittstellung, Hände können abstützen.
Endposition: siehe Foto
Bewegung: Becken nach vorn schieben.
Bemerkung: Gestrecktes hinteres Bein nicht nach außen rotiert aufsetzen, Fußspitze zeigt nach vorn, Ferse auf dem Boden lassen.
▷ *Wirkung:* Dehnung der Wadenmuskulatur

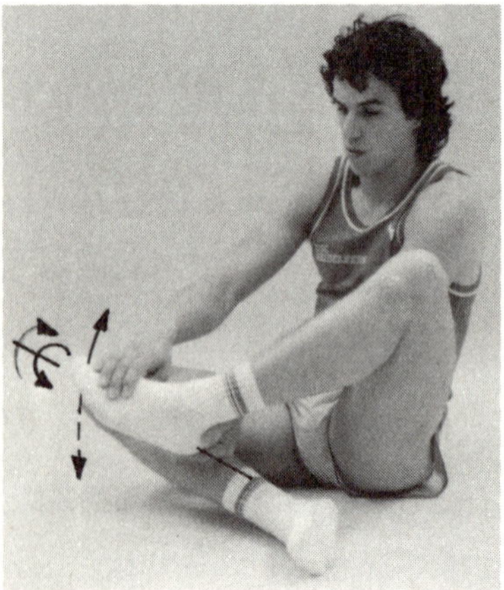

Übung 13
Ausgangsposition: Hocksitz
Endposition: siehe Foto
Bewegung: Fuß zunächst strecken (Plantarflexion), dann durch Zug der Hand einwärts und auswärts drehen.
Bemerkung: In den jeweiligen Endpositionen der Gelenkstellungen Zug ausüben.
▷ *Wirkung:* Dehnung der Fußanzieher (Dorsalflexoren), Supinatoren und Pronatoren

Stabilisation (Kräftigung)

Übung 14
Ausgangsposition: Rückenlage
Endposition: siehe Foto
Bewegung: Bein anziehen gegen Partnerwiderstand.
Bemerkung: Passives Bein stützt sich beim Partner ab (siehe Foto).
▷ *Wirkung:* Kräftigung der Hüftgelenkbeuger und (geringfügig) auch Dorsalflexoren des Fußes

Übung 15
Ausgangsposition: siehe Foto rechts
Endposition: siehe Foto unten
Bewegung: halbe Kniebeuge und Kniestrecken
Bemerkung: Ferse leicht erhöhen.
▷ *Wirkung:* in der Beugephase exzentrische, in der Streckphase konzentrische Kräftigung der gesamten Kniestrecker

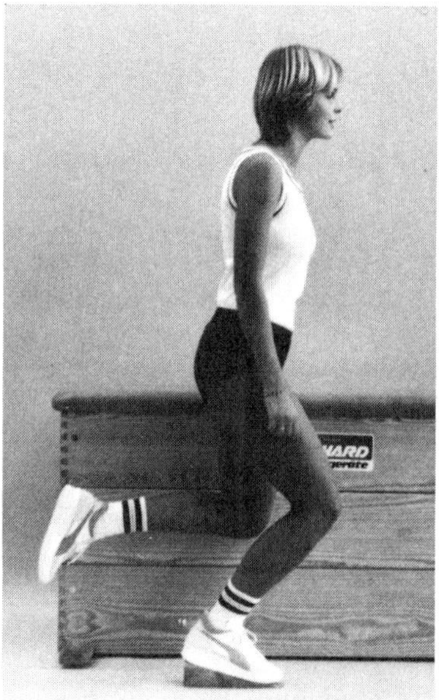

Übung 16
Ausgangsposition: Bauchlage auf Kasten, ein Bein vorgestellt (Hüftgelenk mindestens in 90-Grad-Beugung)
Endposition: Ferse bis ans Gesäß geführt (vollständige Kniebeugung)
Bewegung: Unterschenkel anziehen gegen den Widerstand des Partners.
Bemerkung: Vorgestelltes Bein fixiert Lendenwirbelsäule (vgl. auch Kap. «Unfunktionelle Übungen», Seite 193, Foto unten),
Partner gibt Widerstand über die volle Bewegungsamplitude.
▷ *Wirkung:* spezifische Kräftigung der Kniegelenkbeuger

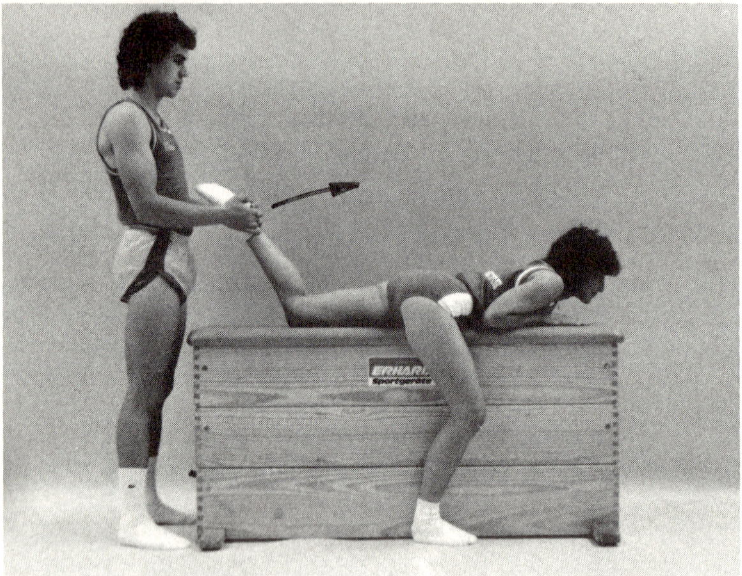

Übung 17
Ausgangsposition: siehe Foto
Endposition: engerer Grätschsitz
Bewegung: Anziehen (Partner b) bzw. Abspreizen (Partner a) eines gestreckten Beins gegen den jeweiligen Widerstand des Partners
Bemerkung: Das passive Bein dient als Widerlager (siehe Foto).
▷ *Wirkung:* Kräftigung der Abduktoren beim Abspreizen gegen Widerstand des Partners bei (a) und der Adduktoren beim Anziehen (Schließen) des Beins bei (b)

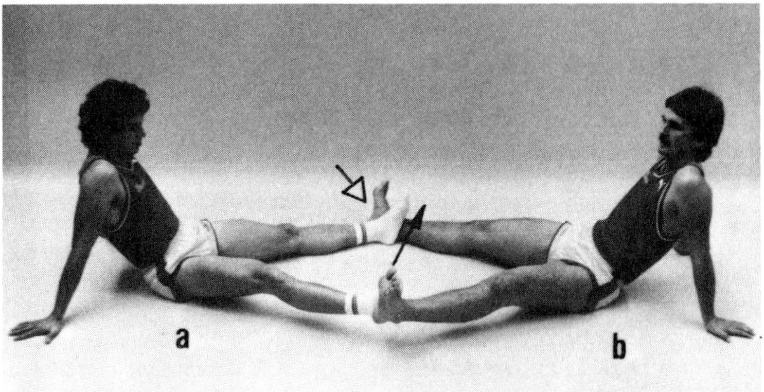

Übung 18
Ausgangsposition: Hockstand, Knie ca. 90 Grad gebeugt
Endposition: siehe Foto
Bewegung: Füße strecken (Plantarflexion).
Bemerkung: Ausführung ohne Schuhe empfehlenswert (größere Bewegungsamplitude)
▷ *Wirkung:* Kräftigung der Wadenmuskulatur, Stabilisation der Sprunggelenke

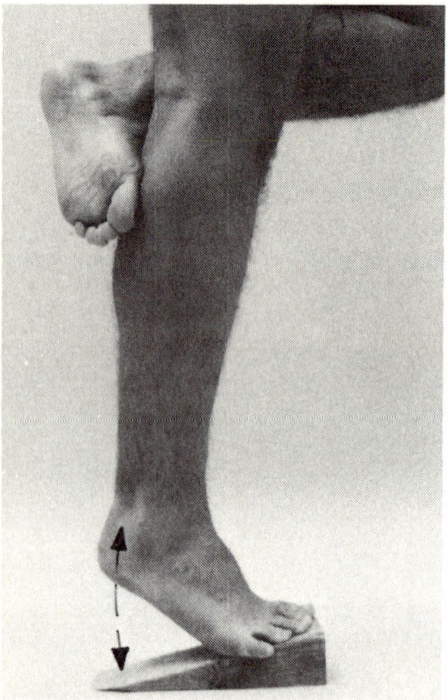

Übung 19
Ausgangsposition: einbeiniger Stand, Vorfuß auf Keil, Hantelscheibe o. ä. aufgesetzt
Endposition: siehe Foto links
Bewegung: Fuß strecken bis Hochzehenstand.
Bemerkung: Ausführung ohne Schuhe empfehlenswert
▷ *Wirkung:* Kräftigung der Wadenmuskulatur (Plantarflexoren), Stabilisation der Sprunggelenke

Übung 20
Ausgangsposition: Grundstellung auf einer Weichbodenmatte
Endposition: siehe Foto unten links
Bewegung: wechselseitiges Heben und Senken der Fersen bis in den Hochzehenstand (Treten auf der Stelle)
Bemerkung: Unbedingt ohne Schuhe ausführen.
▷ *Wirkung:* Kräftigung der Waden- und gesamten Fußmuskulatur, Stabilisation der Sprunggelenke
Variante
Endposition: Hochzehenstand (Foto unten rechts)
Bewegung: beidbeiniges Heben und Senken der Fersen (auf der Stelle hüpfen)
Bemerkung: Unbedingt ohne Schuhe ausführen, bei intensivem Hüpfen Fußspitzen nicht von der Matte lösen.
▷ *Wirkung:* Kräftigung der Waden- und Fußmuskulatur, Stabilisation der Sprunggelenke

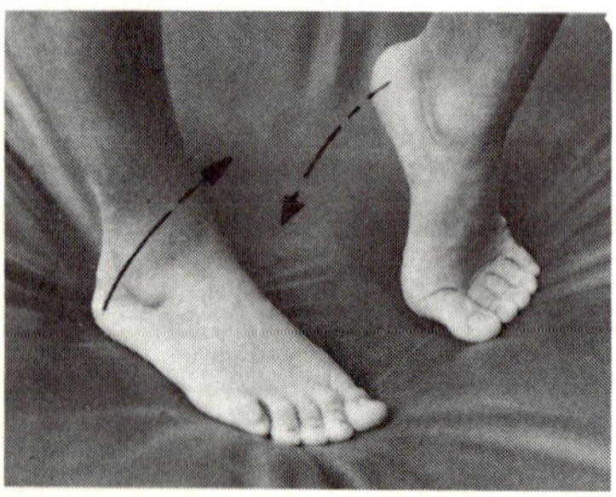

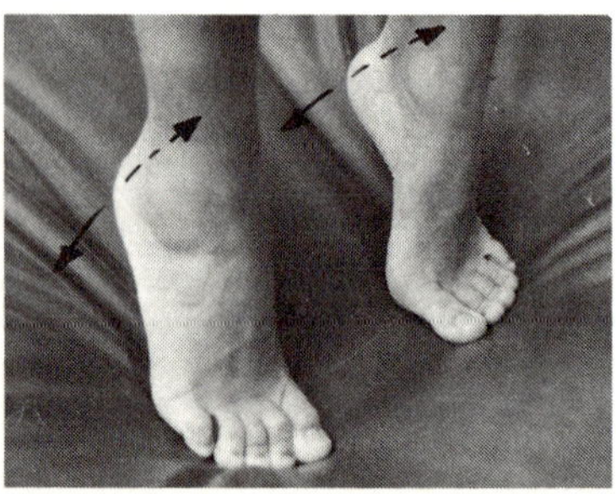

Übung 21
Ausgangsposition: Grundstellung
Endposition: siehe Foto
Bewegung: beidbeiniges ‹Ziehen› nach vorn mit den Zehen («Schnekkengang»)
Bemerkung: Barfuß ausführen auf festem Untergrund.
▷ *Wirkung:* Kräftigung der Zehenbeuger und der kleinen Fußmuskeln, Stabilisation des Fußgewölbes

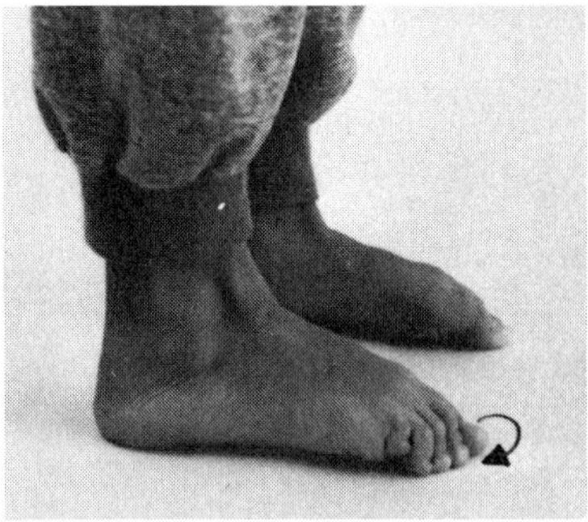

Funktionskreis IV

Mobilisation und Dehnung

Übung 1
Ausgangsposition: Schneidersitz
Endposition: siehe Foto
Bewegung: Partner zieht an den Ellbogen nach hinten-oben, dabei Aufrichtung von Wirbelsäule und Bekken.
Bemerkung: Partner stützt Wirbelsäule in der Endphase mit Unterschenkel ab (seitlich anstellen, nicht Knie zwischen die Schulterblätter drücken!).
▷ *Wirkung:* Dehnung der Brustmuskulatur und Mobilisation der Brustwirbelsäule einschließlich Schultergürtel
Varianten
Um alle Anteile der Brustmuskulatur aufzudehnen, kann die Übung in drei Varianten ausgeführt werden. Ausführung 1 wie beschrieben; Ausführung 2: Arme in Schulterhöhe nach hinten führen; Ausführung 3: Arme nach hinten-unten führen.

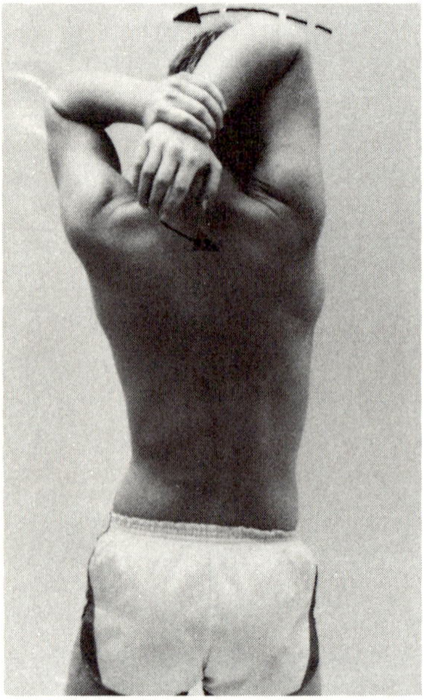

Übung 2:
Ausgangsposition: Unterarm hinter dem Kopf
Endposition: siehe Foto
Bewegung: Gebeugten Arm hinter den Kopf führen, bis der Unterarm senkrecht nach unten zeigt.
Bemerkung: Beugung im Ellbogengelenk durch Druck mit der anderen Hand verstärken.
▷ *Wirkung:* Dehnung des Unterarmstreckers (m. triceps)

Übung 3
Ausgangsposition: angewinkelter Arm vor dem Körper
Endposition: siehe Foto
Bewegung: Ellbogen des gewinkelten Arms in Richtung der gegenseitigen Schulter ziehen.
Bemerkung: gewinkelter Arm etwa in Schulterhöhe
▷ *Wirkung:* Dehnung des breitesten Rückenmuskels und des hinteren Teils des Deltamuskels

Übung 4
Ausgangsposition: Hand in Mittelstellung
Endposition: siehe Foto
Bewegung: Hand überstrecken
▷ *Wirkung:* Dehnung der Handgelenkbeuger

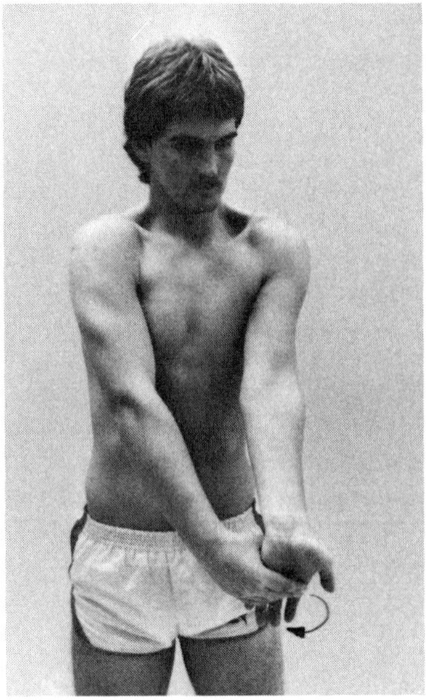

Übung 5
Ausgangsposition: Hand in Mittelstellung
Endposition: siehe Foto
Bewegung: Hand beugen.
▷ *Wirkung:* Dehnung der Handgelenkstrecker

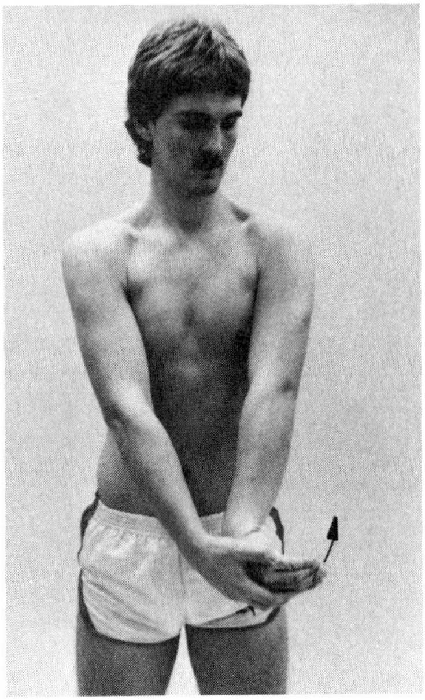

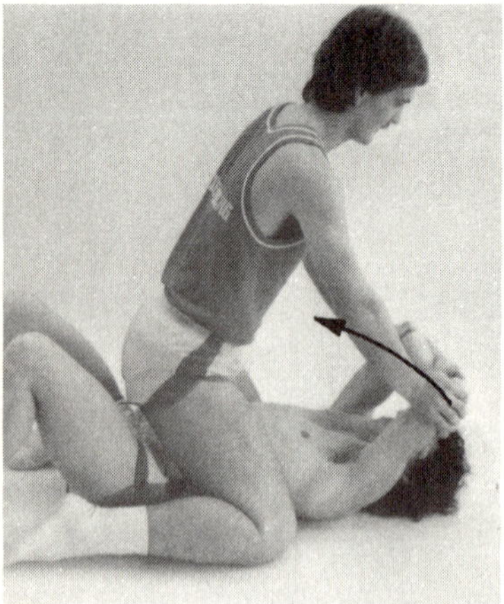

Stabilisation (Kräftigung)

Übung 6
Ausgangsposition: Rückenlage, Arme über dem Kopf verschränken und eigene Ellbogen fassen.
Endposition: Gewinkelte Arme bis in Senkrechte bringen.
Bewegung: Arme bis in Senkrechte gegen Widerstand des Partners drücken («pull-over»).
Bemerkung: Partner darf nur an den Ellbogen stützen, niemals am Unterarm (scherende Belastung des Ellbogengelenks).
▷ *Wirkung:* Kräftigung der Brustmuskulatur

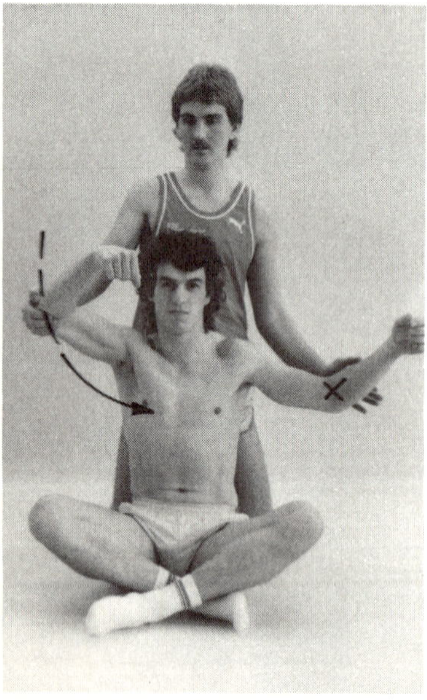

Übung 7
Ausgangsposition: Schneidersitz, gewinkelter Arm in Hochhalte
Endposition: Arm vor den Körper gezogen
Bewegung: Arm von hinten-oben nach vorn-unten abwärts gegen den Widerstand des Partners ziehen.
Bemerkung: Partner gibt Widerstand nur am Ellbogen (nicht Unterarm!) des aktiven Arms und fixiert den Gegenarm ebenfalls am Ellbogen.
▷ *Wirkung:* Kräftigung der Brustmuskulatur und des vorderen Teils des Deltamuskels beim ziehenden Arm, beim Gegenarm Kräftigung des breitesten Rückenstreckers und des hinteren Teils des Deltamuskels (isometrisch)

Übung 8
Ausgangsposition: siehe Foto rechts
Endposition: siehe Foto unten
Bewegung: Arme beugen (exzentrisch) und strecken (konzentrische Muskelbeanspruchung).
Bemerkung: Mit der Faust abstützen, Handflächen nach vorn, ganzes Körpergewicht wirken lassen.
▷ *Wirkung:* Kräftigung der Ellbogenstrecker (m. triceps) und geringfügig des hinteren Teils des Deltamuskels

Übung 9
Ausgangsposition: gewinkelter Arm hinter dem Kopf, Oberarm etwa senkrecht
Endposition: Ellbogen gestreckt
Bewegung: Ellbogen gegen Partnerwiderstand strecken.
▷ *Wirkung:* Kräftigung des Ellbogenstreckers (m. triceps)

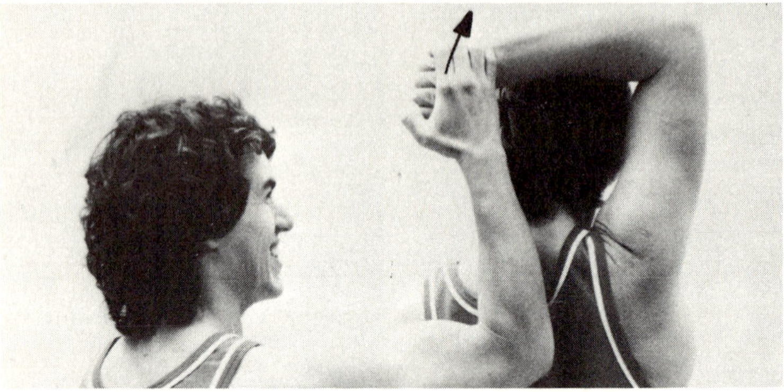

Übung 10
Ausgangsposition: gewinkelter Arm vor dem Körper
Endposition: siehe Foto
Bewegung: Arm gegen Widerstand des Partners von unten-vorn nach hinten-oben führen.
Bemerkung: stabiler aufrechter Stand
▷ *Wirkung:* Kräftigung des breitesten Rückenmuskels (m. latissimus dorsi) und des hinteren Teils des Deltamuskels, Stabilisation des Schultergürtels

Ausdauergymnastik

Aufwärmphase

Übung 1
Kopfneigen vorwärts, rückwärts,

Übung 2
Kopfdrehen nach rechts und links

Übung 3
Schultern heben, senken, kreisen; vorwärts und rückwärts; rechts, links, beide; nacheinander/gleichzeitig.

Übung 4
Strecken der Arme nach oben

Übung 5
Vordrehen der Schultern

Übung 6
Rumpfseitbeuge mit gestreckten/gebeugten Beinen

Übung 7
Knie beugen, nach vorn schieben und federn. Ganze Fußsohle bleibt auf dem Boden, lockere Arme und Schultern, Schwingung soll die gesamte Wirbelsäule erfassen.

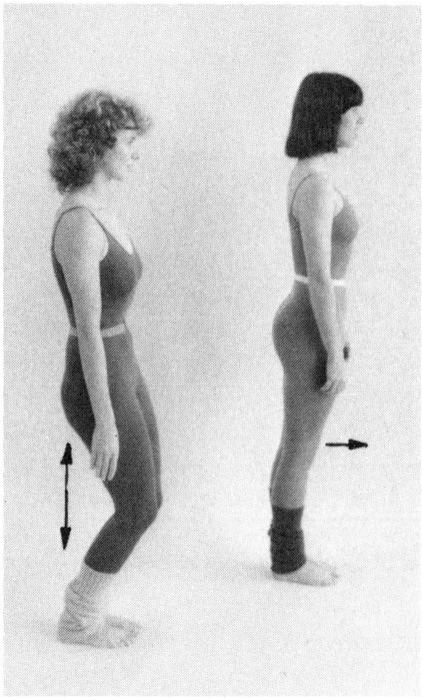

Erste Belastungsphase

Laufübungen in Verbindung mit Koordinationsschulung

Übung 8
Laufen vorwärts, rückwärts, seitwärts

Übung 9
Laufen seitwärts mit Vor- und Rückkreuzen der Beine; mit und ohne Verdrehen der Hüfte (Foto rechts)

Übung 10
Laufen am Ort:
mit Anfersen, Knieheben, mit gesteigertem Tempo

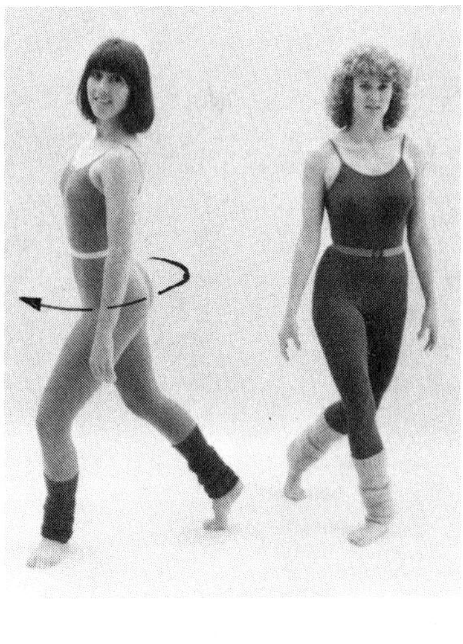

Übung 11
Laufen am Ort mit Armbewegungen (Koordinationsschulung):
Beugen und Strecken der Arme nach unten, oben, zur Seite (Foto oben)

Übung 12
Kreuzen der Arme vor und hinter dem Körper

Übung 13
Handklatschen vor und hinter dem Körper

Übung 14
Federn am Ort:
wechselseitig auf dem rechten und linken Bein, mit und ohne Nachfedern

Übung 15
Federn auf einem Bein, Seitspreizen des anderen (Foto links)

Übung 16
wie Übung 15, jedoch mit Beugen und Heranziehen eines Arms zum Körper (Foto rechts)

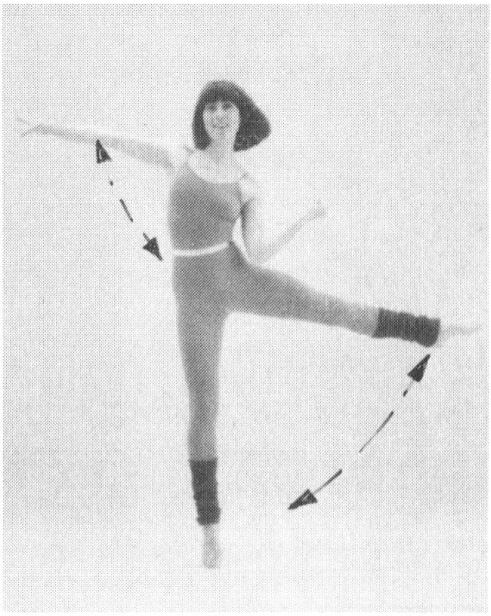

Übung 17
Springen aus der Schlußstellung in die Seitgrätschstellung und zurück

Übung 18
wie Übung 17, jedoch mit Vor- und Rückkreuzen eines Beines (Foto unten links)

Übung 19
Absprung von beiden Beinen und Hochziehen eines Knies im Wechsel vorwärts und seitwärts (Foto unten rechts)

Übung 20
wie Übung 19, jedoch mit Handklatsch unter dem Knie bei Beinbewegung vorwärts, auf dem Knie bei Beinbewegung seitwärts

Ganzkörperübungen

Übung 21

Rumpftiefbeuge mit Beugen beider Beine und Kreuzen der Arme vor dem Körper, Rumpfaufrichten und 1/1-Armkreis mit Kreuzen der Arme vor dem Körper

Übung 22
Rumpfdrehen; Arme in Seithalte oder Hände im Nacken verschränkt

Zweite Belastungsphase

Dehnung/Mobilisation/Kräftigung

Übung 23
Rumpfseitbeuge mit gebeugten oder gestreckten Beinen

Übung 24
Rumpfseitbeuge; Hände im Nacken verschränkt oder mit gestreckten Armen und gefaßten Händen über dem Kopf

Übung 25
Rumpfdrehbeuge; Hände im Nacken verschränkt oder gestreckte Arme

Übung 26
Strecken beider Beine, Anheben der Fersen, Gewicht leicht auf die Hände und Fußballen verlagern.

Übung 27
Beugen eines Beins, Ferse anheben.

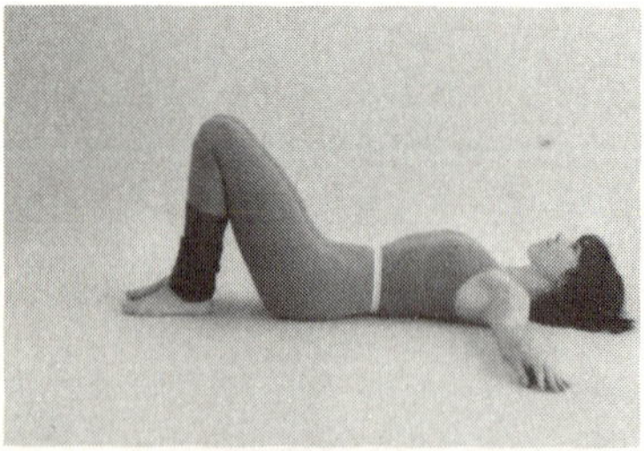

Übung 28
Anheben des Beckens, Strecken eines Beins bis zur Senkrechten, Herunterführen des gestreckten Beins, Beugen und zur Ausgangsposition zurück

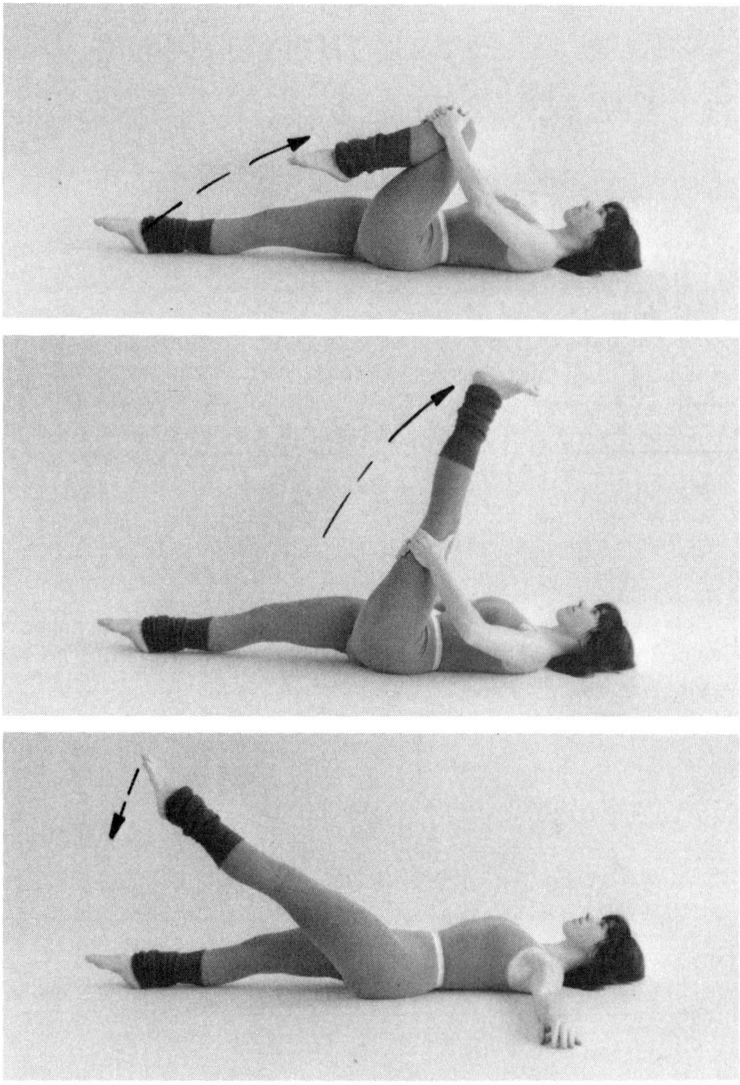

Übung 29
Aus der Rückenlage mit gestreckten Beinen ein Bein gebeugt an den Körper heranziehen, Bein mit gewinkeltem Fuß bis zur Senkrechten strecken, Herunterführen des Beins mit gestrecktem Fuß.

Übung 30
Heben eines Beins

Übung 31
Anheben eines Beins gestreckt, danach Bein beugen und über das auf dem Boden liegende Bein führen; Ellbogen bleiben auf dem Boden liegen.

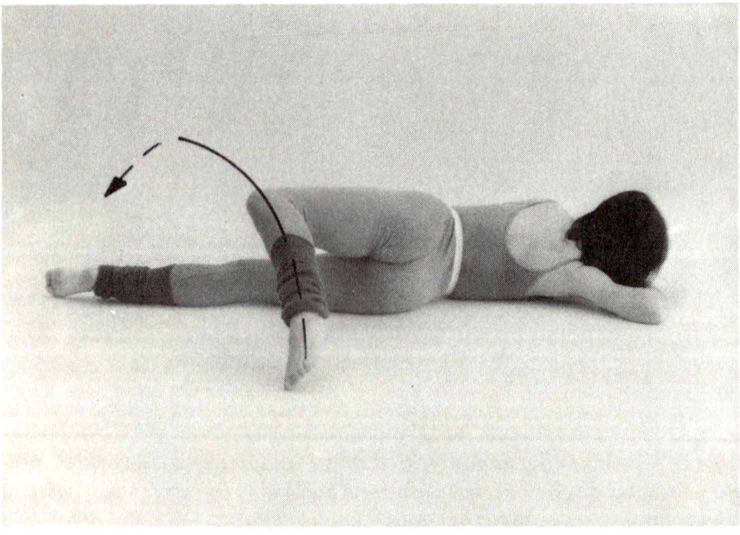

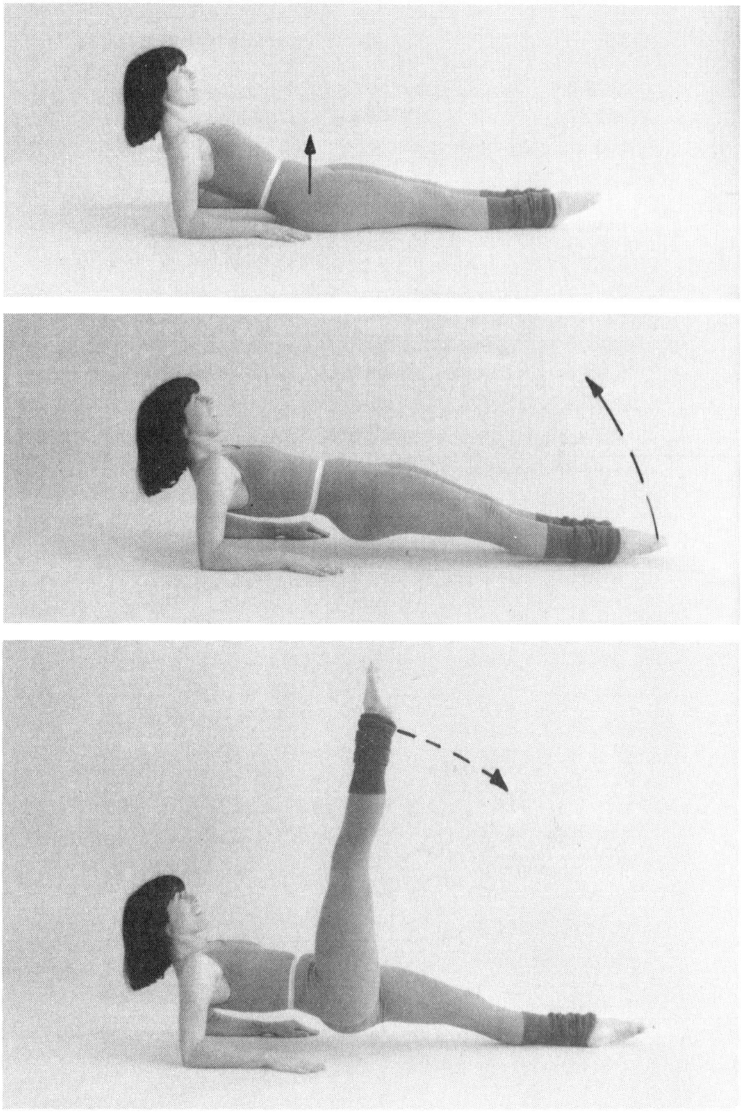

Übung 32
Anheben des Beckens, bis die Hüfte gestreckt ist, Hochführen eines Beins bis zur Senkrechten, Herunterführen des gestreckten Beins zum Boden.

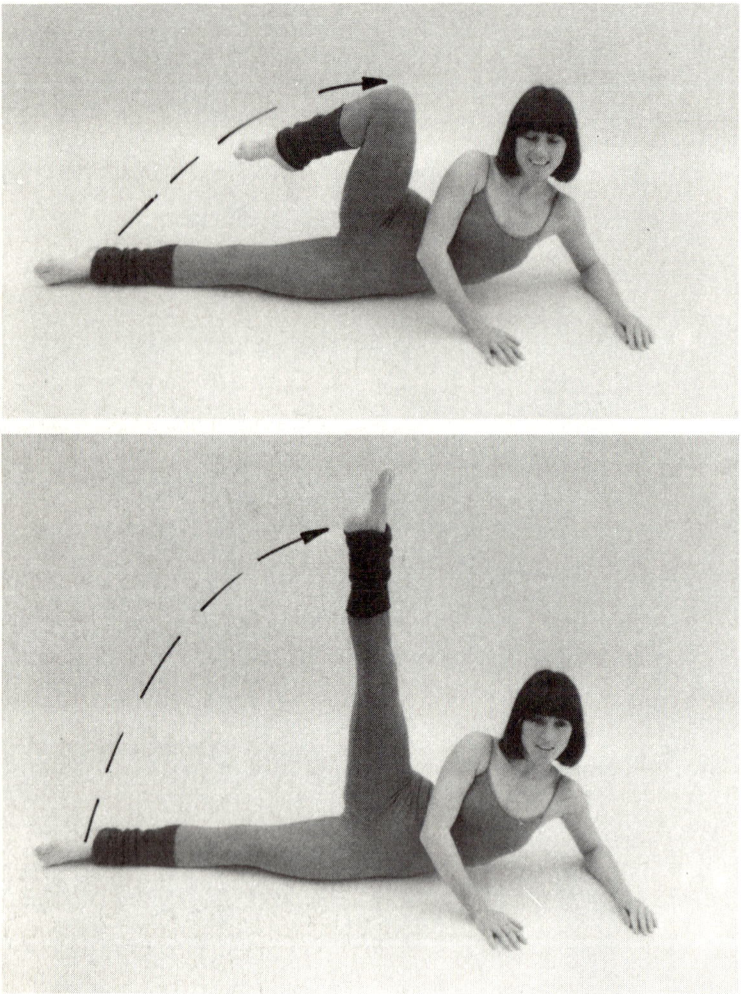

Übung 33
Beugen und Strecken eines Beins im Wechsel

Übung 34
Aus der Bankstellung Rückhochschwingen/Seithochschwingen eines Beins im Wechsel

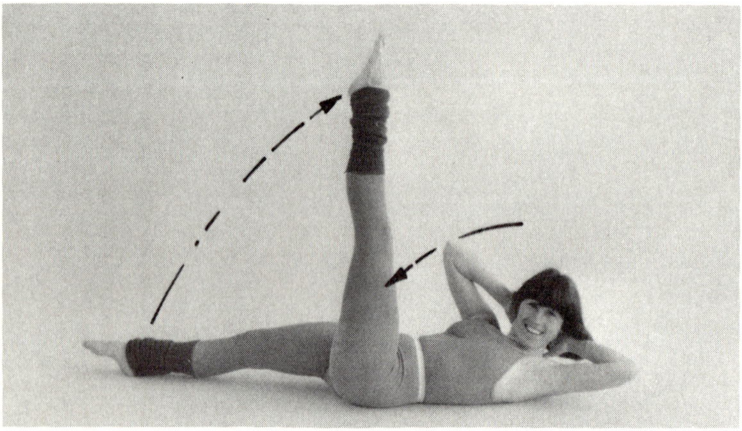

Übung 35
Hochführen eines Beins mit gleichzeitigem Anheben des Oberkörpers mit leichter Rotation, mit gebeugten und/oder gestreckten Armen

Übung 36
Beine im Wechsel grätschen und schließen. Beim Schließen jeweils die Beine gekreuzt übereinanderführen.

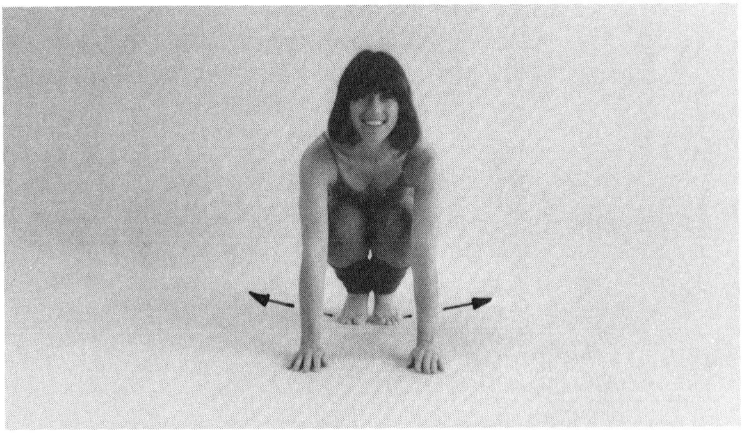

Übung 37
Aus dem Hockstand mit Aufstützen der Hände Springen in die Grätschstellung

Übung 38
Aus der Seitgrätschstellung Körpergewicht auf ein Bein verlagern.

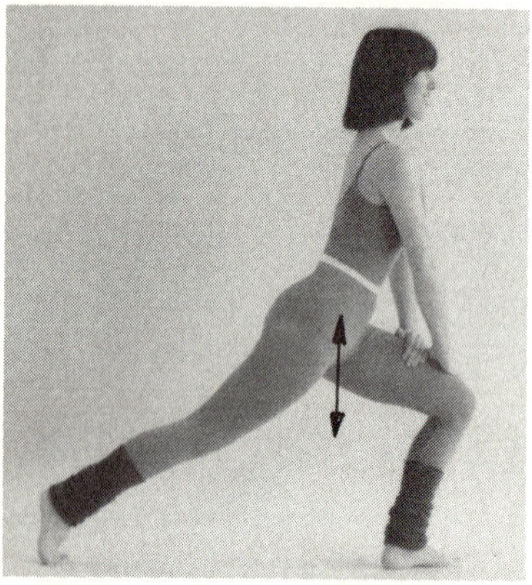

Übung 39
Aus der Seitgrätschstellung mit 1/4-Drehung Körpergewicht auf ein Bein verlagern.

Übung 40
Hüfte nach vorn schieben, Ferse in Richtung Gesäß ziehen.

Cool-down (Entspannung)

Übung 41
Lockeres Vor- und Rückschwingen eines Beins, auch mit Gegenbewegung der Arme

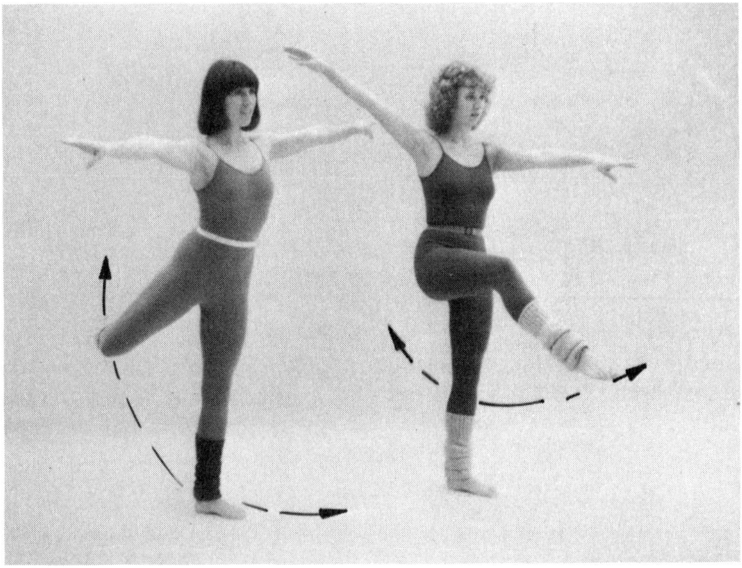

Übung 42
Aus dem Hockstand langsames Aufrichten in den Stand

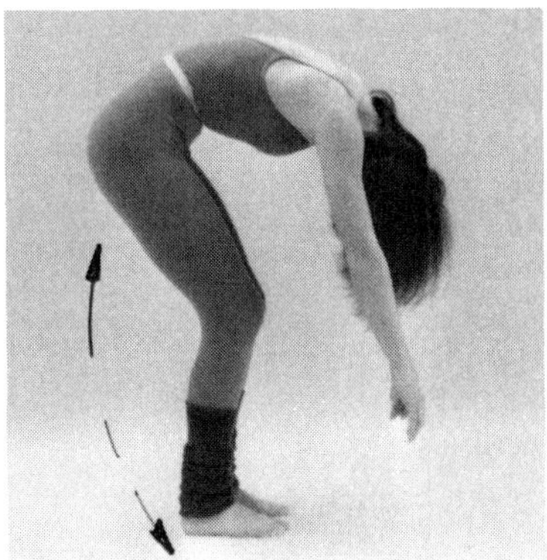

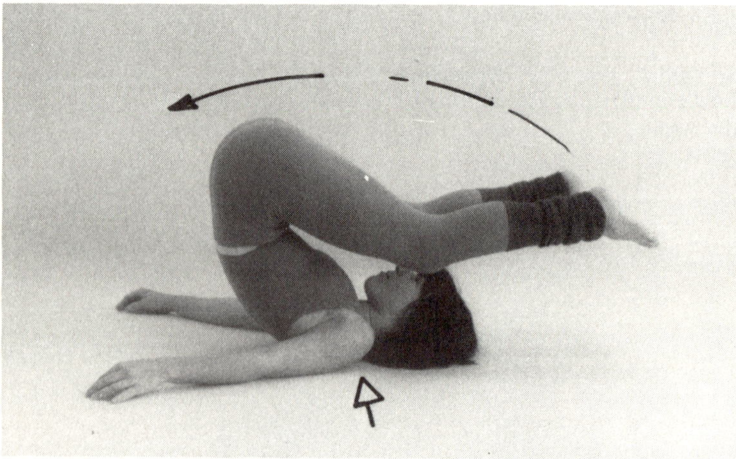

Übung 43
Aus dem Strecksitz langsam rückrollen und Beine gebeugt nach hinten führen; Fußspitzen nicht bis auf den Boden bringen, sonst unfunktionelle Belastung der Halswirbelsäule, vgl. Kap. «Unfunktionelle Übungen», Seite 189.

Übung 44
Aus dem Kniestand Senken des Oberkörpers zum Boden, Auflegen der Unterarme, Kopf auf Hände

Entspannungspositionen

Droschkenkutscherhaltung

Hochlegen der Beine

Beine leicht hochlegen (optimale Entspannungshaltung)

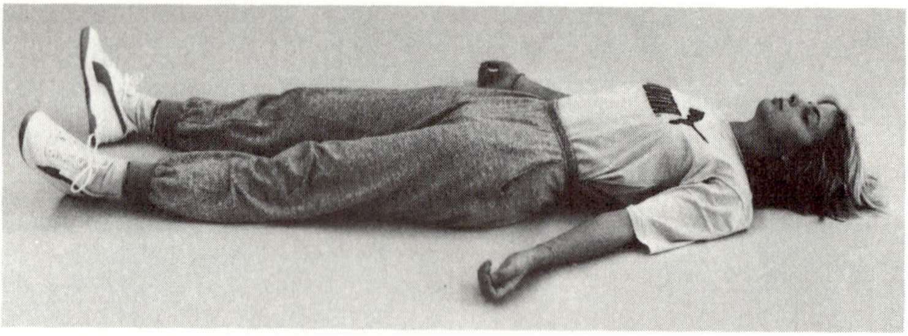

Totenstellung (Schabâsana im Yoga) (optimale Entspannungshaltung)

Hakenposition (Aushängen)
(optimale Muskelentspannungshaltung für den Lendenwirbelsäulenbereich, besonders des lumbo-sakralen Übergangs)

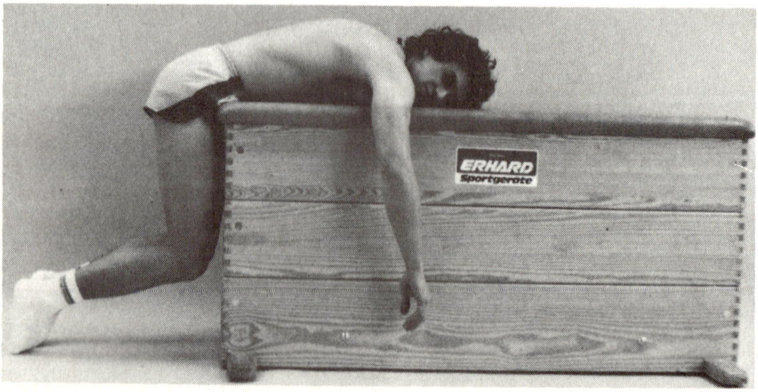

CHRS-Übungen (Contract-Hold-Relax-Stretch)

Beispiel eines Aktionsmusters zur Entspannung der Beinmuskulatur
(Anmerkung: die Pfeile symbolisieren die Aktionsrichtung in der Anspann- bzw. Dehnungsphase)
→ Anspannen
- - - - → Dehnen

Wichtig ist bei der Ausführung: *Langsam* bis zur *maximalen* isometrischen Kontraktion anspannen, 5 bis 8 Sekunden halten *ohne Nachlassen* der Maximalspannung, dann *schlagartig* die Spannung lösen, 2 bis 3 Sekunden entspannen und behutsam die zuvor angespannte Muskulatur ‹andehnen›, bis ein deutlicher, aber *nicht schmerzhafter* Dehnungsreiz spürbar wird, und diesen genauso lange aufrechterhalten, wie isometrisch angespannt wurde. Die Übungen je nach Situation mehrfach wiederholen (in der Regel 3- bis 4mal), bis eine Entspannung der Muskulatur spürbar wird.

Schienbeinmuskulatur und Zehenheber (Dorsalflexoren)
Aktion: Fuß leicht strecken (Plantarflexion), dann gegen eigenen Widerstand der Hand versuchen anzuziehen (Dorsalflexion); isometrische Kontraktion, eine Bewegung im Fußgelenk ist nicht möglich. Maximale Spannung halten, dann entspannen und den Fuß langsam in die Überstreckung ziehen, bis Dehnungsreiz der Dorsalflexoren (Schienbein und Fußrückenmuskulatur) spürbar wird. Dehnung wiederum halten.
▷ *Wirkung:* Entspannung der Schienbeinmuskulatur und der Zehenheber

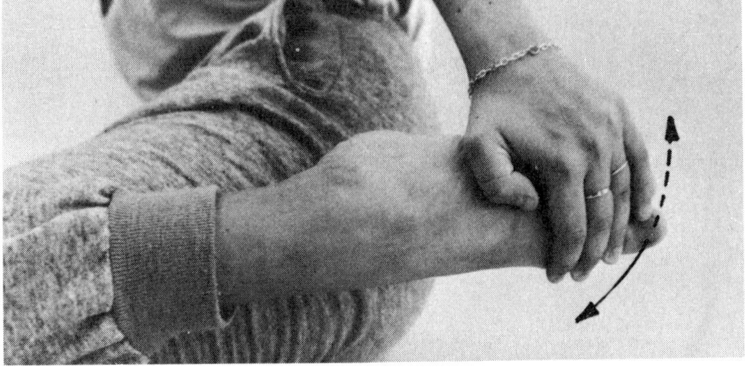

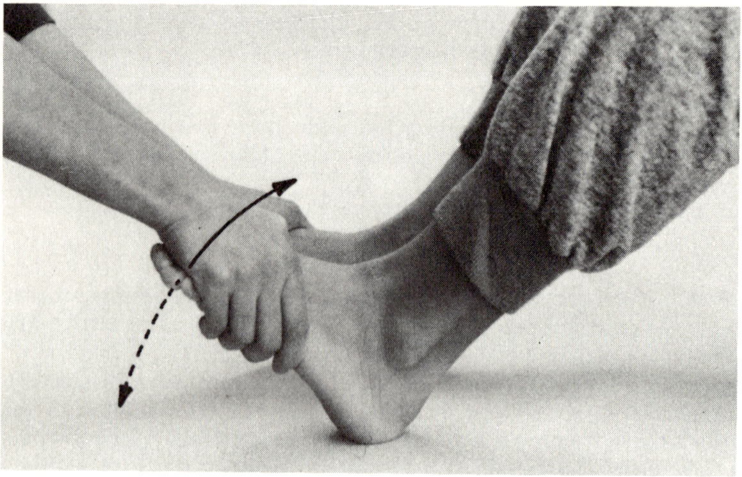

Variante
Ein Partner kann sowohl die maximale Anspannung als auch die Dehnung unterstützen.

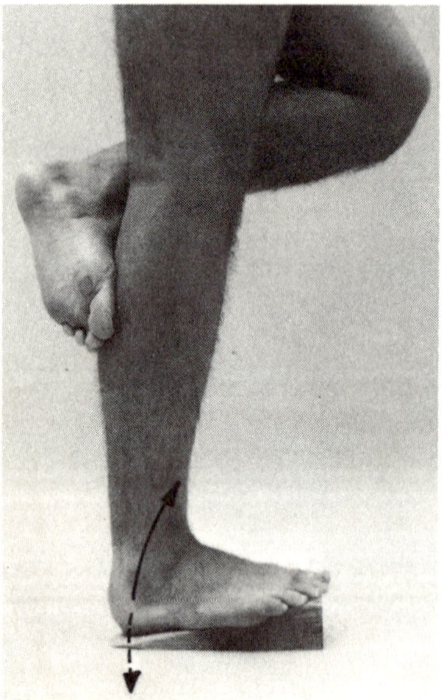

Wadenmuskulatur und Zehenbeuger
Aktion: Aus dem einbeinigen Stand in den Hochzehenstand gehen, in der Endphase verharren und Wadenmuskulatur zusätzlich noch maximal isometrisch anspannen, dann entspannen und dabei Ferse senken bis Bodenkontakt erreicht ist. Bodenkontakt halten und Knie so weit nach vorn schieben, bis Dehnungsreiz in der Wade spürbar wird, Dehnung halten (Foto links).
▹ *Wirkung:* Entspannung der Wadenmuskulatur (Plantarflexoren) und Zehenbeuger

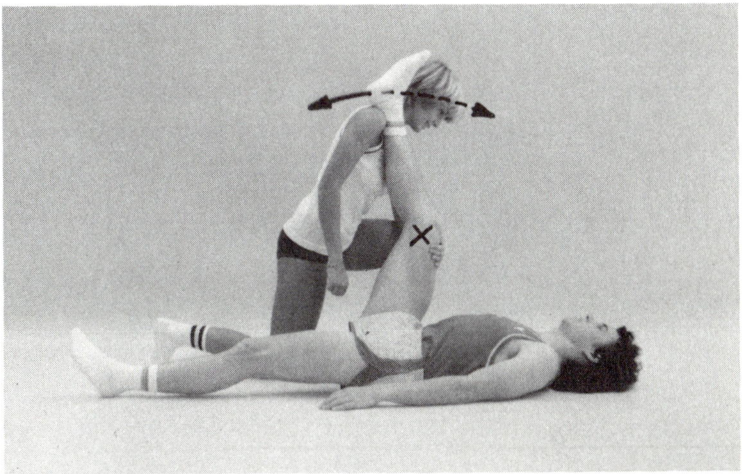

Kniegelenkbeuger (m. ischiocrurales)
Aktion: Übender drückt das Bein gegen die Schulter eines Partners und spannt die Oberschenkelrückseite an, dann entspannen. Durch leichtes Vorgehen mit der Schulter unter gleichzeitigem Druck der Hand dehnt der Partner die gesamte Oberschenkelrückseite. Dehnungsreiz halten.
Bemerkung: Diese Partnerübung ist eine besonders funktionelle Übung zur Entspannung der Kniegelenkbeuger.
▹ *Wirkung:* Entspannung der Kniegelenkbeuger

Kniegelenkstrecker (m. quadriceps)
Aktion: Gegen den Widerstand der Hand versuchen, das Kniegelenk zu strecken. Quadriceps isometrisch anspannen, dann entspannen und Unterschenkel langsam zum Gesäß ziehen, bis Dehnungsreiz spürbar wird, Dehnung halten.
▹ *Wirkung:* Entspannung des Kniegelenkstreckers

Adduktoren
Aktion: Gestrecktes Bein auf den Boden pressen und dadurch die Adduktoren anspannen, dann entspannen, Gewicht aufs andere Bein verlagern und Adduktoren dehnen.
Bemerkung: Die Fußstellung des gestreckten Beins in der Anspannphase und Dehnungsphase gleich halten. Grundsätzlich sind aber zwei Fußstellungen möglich: Anspannen und dehnen mit angehobener Fußspitze (Foto oben) oder anspannen und dehnen mit flach aufgestelltem Fuß (Fußspitze zeigt nach vorn).
▷ *Wirkung:* Je nach Fußstellung werden bestimmte Anteile der Adduktoren-Gruppe beansprucht. Um eine möglichst komplexe Entspannung der Adduktoren zu erreichen, können beide Ausführungsvarianten im Wechsel angewandt werden.

Dem Aktionsmuster der erklärten Übungen folgend können alle Muskelketten innerhalb eines Funktionskreises nachhaltig entspannt werden (vgl. auch Kap. «Entspannung und Entspannungstraining»). CHRS-Übungen lassen sich von den einzelnen funktionsgymnastischen Übungen leicht ableiten.

Unfunktionelle Übungen (Negativ-Beispiele)

Die nachfolgenden Beispiele sind eine willkürliche Zusammenstellung aus dem Standard-Übungsgut des Sports. *Von diesen Übungen werden bestimmte Trainingswirkungen erwartet, die allerdings meistens nicht eintreten,* weil die Struktur und die Ausführung unspezifisch bzw. unfunktionell sind. Die Übungen haben zahlreiche, teilweise verdeckte Nebenwirkungen. Werden sie über einen längeren Trainings- und Übungszeitraum intensiv angewandt, stellen die nicht unerheblichen Nebenwirkungen ein Risiko dar. Die Liste der *unfunktionellen* Übungen könnte beliebig fortgeschrieben werden, so daß die sarkastische Bemerkung eines bekannten Sportmediziners nachhaltig unterstrichen würde, der Mensch sei für sportliche Betätigungen nicht geeignet. Wir meinen zwar, daß man solchermaßen den Sport nicht in Frage stellen kann, doch sollte jeder Sportlehrer, Trainer und Übungsleiter immer wieder aufs neue die *Funktionalität* dieser oder jener gebräuchlichen Übung überprüfen. Dies um so gewissenhafter, je näher die Grenzen des Menschenmöglichen erreicht werden, wie im Hochleistungssport üblich.

Kopfkreisen zur Mobilisation der Halswirbelsäule
Kritik: mögliche Schädigung der Zwischenwirbelscheiben und der Wirbelkörperränder
Begründung: anatomisch bedingtes Verzahnen («Haifischzahnphänomen») der Wirbelkörper

Rollbewegung rückwärts zur Dehnung und Mobilisation (Foto unten)
Kritik: Überdehnung des hinteren Längsbandes der Wirbelsäule
Begründung: Ganze Körperlast wirkt in Fehlhaltung auf den cervico-thorakalen Übergang (Halswirbelsäule/Brustwirbelsäule).

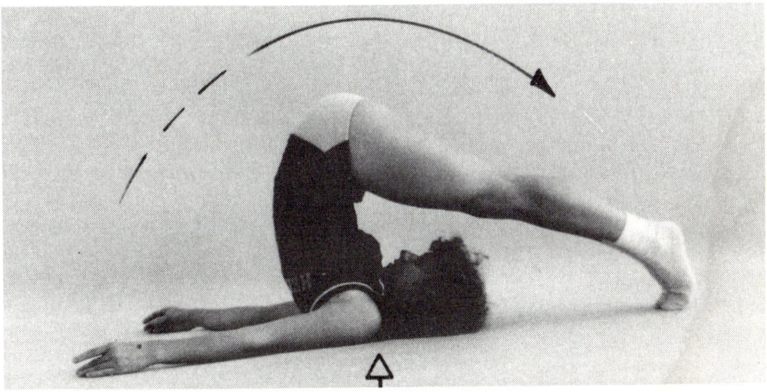

Schwunghaftes Armkreisen (Windmühle) zur Mobilisation von Oberarmgelenk und Schultergürtel
Kritik: unfunktionelle Beanspruchung des Schultergürtels und des Oberarmgelenks
Begründung: Kein Muskel erreicht seine maximale Dehnstellung; Kapselbandschädigungen durch schwunghaftes Bewegen möglich.

Liegestütz zur Kräftigung von Oberarmmuskulatur
Kritik: Bei nicht genügender Fixationsmöglichkeit (Kraft) des Schulterblatts verstärkt sich die Muskeldysbalance zwischen unteren Schulterblattstabilisatoren und Oberarmmuskulatur.
Begründung: Durch zu schwachen m. serratus anterior und/oder mittleren Trapeziusanteil gleitet das Schulterblatt vom Brustkorb ab.

Klimmzüge zur Kräftigung der Armmuskulatur
Kritik: bei ungenügend fixiertem Schulterblatt Verstärkung der Dysbalance zwischen Schulterblattfixatoren und Oberarmmuskulatur
Begründung: mm. rhomboidei und Trapezius fixieren ungenügend.

Rumpfvorbeuge im Strecksitz mit Partnerhilfe als Dehnungsübung (Foto unten)
Kritik: unspezifische Mobilisation der gesamten Wirbelsäule in Fehlhaltung mit Überdehnung des hinteren Längsbandes
Begründung: Die Hüftbeuger (mm. ischiocrurales) ‹bremsen› die Bewegung (siehe gebeugte Knie auf dem Foto) und unterstützen die gesamte Fehlbelastung der Wirbelsäule.

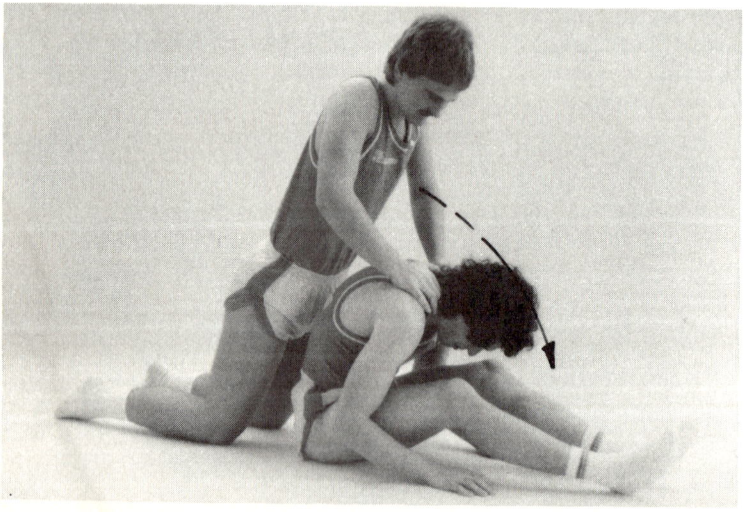

Schwungvolle Rumpfvorbeuge im Strecksitz und im Stand (Foto unten links «Holzhackerübung»; Foto unten rechts im einbeinigen Stand)
Kritik: mögliche Schädigung der Lendenwirbelsäule, Überdehnung des hinteren Längsbandes
Begründung: Die schwächste Stelle (Lendenwirbelsäule) der Dehnungskette gibt bei allen drei Übungsausführungen als erstes nach.

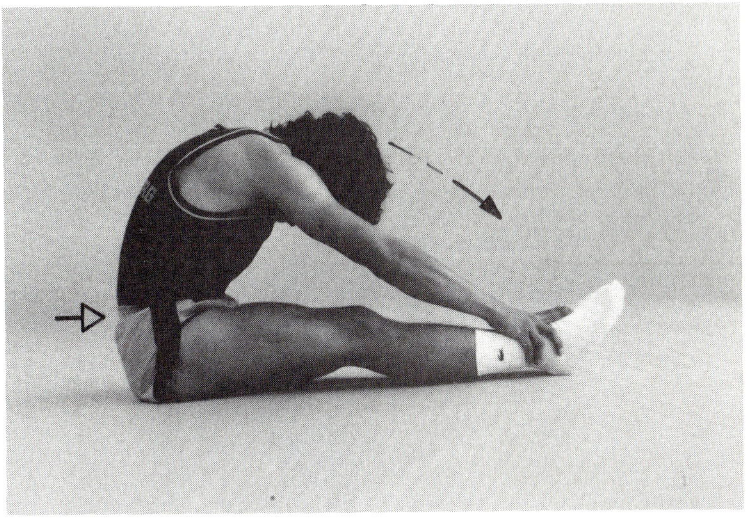

Klappmesser zur Kräftigung der Bauchmuskeln
Kritik: mögliche Schädigung der Lendenwirbelsäule, nicht fasertypische Belastung der Bauchmuskeln, primäre Kräftigung der Hüftbeuger
Begründung: durch primäre Innervation der Hüftbeuger verstärkte Lenden wirbelsäulenlordose (siehe auch Kap. «Funktionalität von Kraftübungen»)

Aushängen zur Dehnung der gesamten Rumpfvorderseite (Foto unten)
Kritik: mögliche Schädigung der Lendenwirbelsäule; absolut kein Dehnungseffekt durch Abwehrspannung von Arm-, Rumpf- und Hüftmuskulatur
Begründung: Verstärkter Iliopsoas-Zug zieht Lendenwirbelsäule in Hyperlordose.

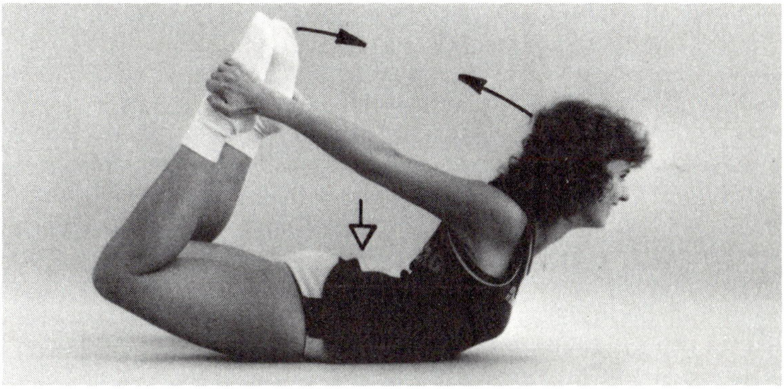

Bauchwippe zur Dehnung der gesamten Rumpfvorderseite (Foto oben)
Kritik: mögliche Schädigung der Lendenwirbelsäule (lumbo-sakraler Übergang)
Begründung: unfunktionelle Verstärkung der natürlichen Lordose, Anspannung der Quadriceps- und Hüftbeugemuskulatur

«Leg Curls» zur Kräftigung der Kniebeuger (Foto unten)
Kritik: mögliche Schädigung der Lendenwirbelsäule
Begründung: Ausweichbewegung des Beckens, siehe Foto (vgl. auch Übung 16, Seite 154)

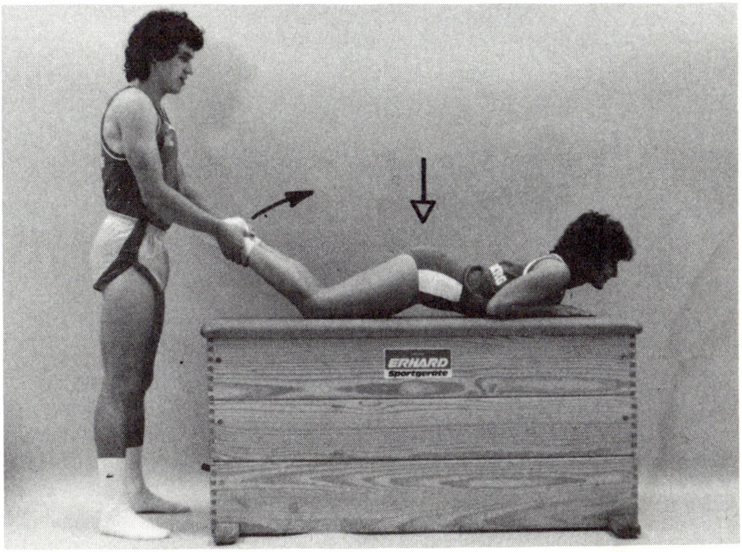

«Sit-ups» zur Kräftigung der Bauchmuskulatur
Kritik: keine optimale Bauchmuskelübung
Begründung: Bei schwacher Bauchmuskulatur kommt es zu einer Verstärkung der Lendenwirbelsäulenlordose (Iliopsoas-Zug).

Hürdensitz mit innenrotiertem oder außenrotiertem Bein zur Mobilisation der Hüftgelenke und Dehnung der gesamten Beinrückseiten (Fotos unten)
Kritik: mögliche Schädigung des gebeugten Kniegelenks und der Lendenwirbelsäule
Begründung: Scherbelastung im Kniegelenk; die Lendenwirbelsäule als schwächste Stelle gibt zuerst nach (Überdehnung des hinteren Längsbandes).

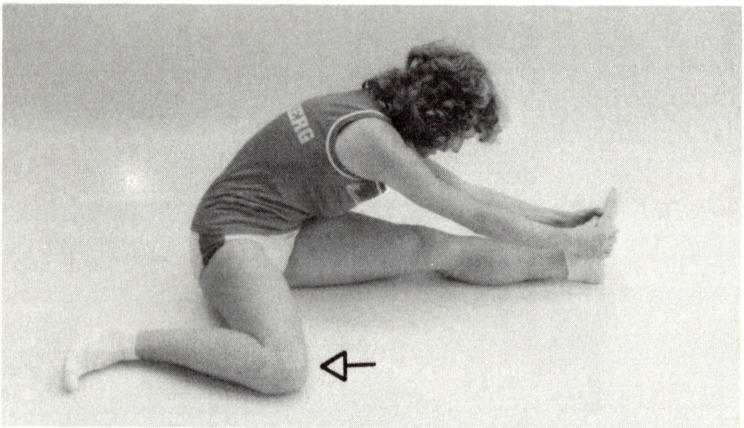

Anhang

Literaturhinweise

ALLMER, H.: Psychologische Aspekte sportlicher Beanspruchung. In: NITSCH, R. (Hg.): Stress. Bern/Stuttgart/Wien 1981.
ANDERSON, B.: Stretching. Waldeck 1982.
ARNOLD, A. (Hg.): Sportmedizin. Leipzig 1960².
BÄKER, B: Die verrückte Bandcheibe. Wirbelsäulenbeschwerden und ihre Behandlung. München 1981.
BÄKER, B: Bandscheibenbeschwerden. München 1983.
BAMMES, G.: Die Gestalt des Menschen. Dresden o. J.
BARHAM, J. N.: Mechanical Kinesiology. Saint Louis 1978.
BARTMES-KOHLHAUSSEN, B.: Propriozeptive-Neuromuskuläre-Fazilitation (PNF) – Ein Grundelement der Krankengymnastik. In: Krankengymnastik 31 (1979) 10, 530-541.
BAUERSFELD, K. H./SCHRÖTER, G.: Grundlagen der Leichtathletik. Berlin 1979.
BEAULIEU, J. E.: Stretching For All Sports. Pasadena 1981.
BECKER, W. /KRAHL, H.: Die Tendopathien. Stuttgart 1978, S. 23.
BENTLEY, S.: Trainieren Sie mit und werden Sie fit. München 1983.
BERGER, J. /LOTZ, I.: Zu einigen Fragen des Krafttrainings im Kindes- und Jugendalter. In: Theorie und Praxis der Körperkultur (1979) 8, 672–677.
BERTHERAT, TH./BERNSTEIN, C.: Der entspannte Körper. München 1983.
BIERMANN, S.: Aerobic – richtig gemacht. In Sport und Gesundheit. I (1984) 3.
BIRJUKOW, A. A./KAFAROW, K. A.: Mittel zur Wiederherstellung der Leistungsfähigkeit des Sportlers. In: Physikalische Therapie 1 (1980) 9 u. 10.
BRECHT, K.: Muskelphysiologie. In: ARNOLD, A. (Hg.): Sportmedizin. Leipzig 1960².
BRÜGGER, A.: Das sternale Belastungssyndrom. Zürich 1964.
BRUNNER, U./KNEBEL, K.-P./WIRTH, H.: Das Konditionstraining des Schwimmers, Teil 1: Trockentraining. Berlin 1976².
BURKHARD, P./GERL, W.: Entspannung. München 1983².
CONRADI, CH.: Skigymnastik mit Musik. In: Sportpraxis, 24, (1983) 9, S. 167–169.
CORDES, CH./UIBE, P./ZEIBIG, B.: Physiotherapie Gymnastik. Berlin 1980.
COTTA, H.: Der Mensch ist so jung wie seine Gelenke. München / Zürich 1983.

DANIELS, L./WORTHINGHAM, C.: Muskelfunktionsprüfung. Stuttgart 1982[4].

DIETZ, V./NOTH, J.: Elektromyographische und kinesiologische Analyse von Sportleistungen. In: COTTA/KRAHL/STEINBRÜCK (Hg.): Die Belastungstoleranz des Bewegungsapparates, Stuttgart/New York 1980.

EBERSPÄCHER, H.: Sportpsychologie. Reinbek bei Hamburg 1982

–: Andere Normen als im Alltag – Ausdauersport ist eine Bereicherung. In: Sport in Baden. 38 (1984) 28, S. 1.

ECCLES, J./ECCLES, R./LUNDBERG, A.: Synaptic actions on motoneurones caused by impulses in golgi tendon organ afferents. In: J. Physiol. (1957) 138, S. 227–252.

EHLENZ, H./GROSSER, M./ZIMMERMANN, E.: Krafttraining. München / Wien / Zürich 1983.

EKSTRAND, J.: Soccer injuries and their prevention. Linköping 1982.

EKSTRAND, J./GILLQUIST, J./MÖLLER, M./ÖBERG, B./LILJEDAHL, S. O.: Incidence Of Soccer Injuries And Their Relation To Training And Team Success, unveröffentl. Manuskript.

EKSTRAND, J./GILLQUIST, J.: The Frequency Of Muscle Tighness And Injuries In Soccer Players. In: Am. J. Sports Medicine (1982) 10, S. 75–78.

EVJENTH, O./HAMBERG, J.: Muskeldehnung, warum und wie? Zug 1981.

FARFEL, W. S.: Bewegungssteuerung im Sport. Berlin 1977.

FETZ, F.: Bewegungslehre der Leibesübungen. Frankfurt/M. 1972.

FIDELUS, K./KOCJASZ, J.: Atlas der Trainingsübungen. Berlin 1981.

FREIWALD, J.: Prävention und Rehabilitation im Sport. Reinbek bei Hamburg 1989.

FREY, G./HILDENBRANDT, E.: Biologische Gesetzmäßigkeiten und methodische Prinzipien, die beim Trainieren beachtet werden sollen. In: DIGEL, H. (Hg.): Lehren im Sport, Reinbek bei Hamburg 1983.

GALAMBOS, R.: Nerven und Muskeln. München/Wien/Basel 1962.

GARFOOT, B. P.: Aufwärmen – nur ein Ritual? In: Lehre der Leichtathletik 21, 1970, 43.

GERISCH, G.: Konditionsgymnastik für Fußballspieler. In: Fußballtraining, Null–Nummer Dez. 1982, S. 31–39.

GIEZENDANNER, K.: Prophylaxe von Verletzungen und Schäden in den Sprungdisziplinen der Leichtathletik. In: Jugend und Sport (1983) 9.

GLOCK, E.: Schießen und Kondition. In: RIEDER, H. u. a.: Kondition – Grundlage sportlicher Leistung. Bhft. zu Leistungssport Nr. 17, 1979.

GOMBLER, H./HORT, W.: Rehabilitationstraining nach Inaktivitätsatrophie der Muskulatur. In: HORT, W./FLÖTHER, R. (Hg.): Die Muskulatur des Leistungssportlers. Erlangen 1983.

GRAFF, K. H./KRAHL, H.: Überlastungsschäden im Fußbereich beim Leichtathleten. In: Lehre der Leichtathletik 24, (1984) 3.

GREITER, F./PROKOP, L.: Fitness für moderne Menschen. Stuttgart / New York 1983.

GROHER, W.: Der menschliche Fuß und seine Belastung im Hochleistungssport. In: Leistungssport (1976) 1, S. 53–54.

GROHER, W./NOACK, W./TAST, K.: Die Myogelosen des Sportlers. In: COTTA/KRAHL/STEINBRÜCK (Hg.): Die Belastungstoleranz des Bewegungsapparates. Stuttgart/New York 1980.

GROHER, W./NOACK, W. (Hg.): Sportliche Belastungsfähigkeit des Haltungs- und Bewegungsapparates. Stuttgart/New York 1982.

GROSSER, M.: Die Zweckgymnastik des Leichtathleten. Schorndorf 1972.

–: Sportmotorische Fähigkeiten, die für das Erlernen und Zustandekommen sportlicher Bewegungen grundlegend sind. In: DIGEL, H. (Hg.): Lehren im Sport. Reinbek bei Hamburg.

GROSSER, M./HERBERT, F.: Konditionsgymnastik. Celle 1977.

GROVES, R./CAMAIONE, D.: Bewegungslehre in Krankengymnastik und Sport. Stuttgart/New York 1977.

GUSTAVSEN, R.: Trainingstherapie. Stuttgart/New York 1984.

HARRE, D.: Trainingslehre. Berlin (DDR) 1971.

HARTMANN, J./TÜNNEMANN, H.: Krafttraining für jedermann. Berlin (DDR), 1984.

HELLWIG, TH.: Über den Einfluß verschiedener Aufwärmprogramme auf die sportartspezifische Leistung und die Laktatbildung beim 400-m-Lauf. In: Lehre der Leichtathletik, 34 (1983) 11, S. 361–362.

HENATSCH, H.-D./LANGER, H. H.: Neurophysiologische Aspekte der Sportmotorik. In: RIEDER, H./BÖS, K./MECHLING, H./REISCHLE, K. (Hg.): Motorik und Bewegungsforschung. Schorndorf 1983.

HINRICHS, H. U.: Sportverletzungen. Reinbek bei Hamburg 1986.

HOLLMANN, W./HETTINGER, TH.: Sportmedizin – Arbeits- und Trainingsgrundlagen. Stuttgart/New York 1980[2].

HOLT, L. E.: Scientific Stretching For Sport. (Eigenverl.) Halifax, 1971.

HORT, W./FLÖTHER, R. (Hg.): Die Muskulatur des Leistungssportlers. Erlangen 1983.

HOSTER, M.: Zum Problem der Überlastungssyndrome am Bewegungsapparat von Springern und Springerinnen in der Leichtathletik. In: Lehre der Leichtathletik, 33 (1982) 31, S. 1307–1310.

ISRAEL, S.: Das Erwärmen als Startvorbereitung. Medizin und Sport 16 (1977) 12.

–: Aufgaben der medizinischen Forschung in Freizeit- und Erholungssport. In: Medizin und Sport (1984) 5.

JACOBSON, E.: Progressive Relaxation. Chicago 1938.

JONATH, U. (Hg.): Lexikon Trainingslehre. Reinbek bei Hamburg 1988.

JONATH, U./KREMPEL, R.: Konditionstraining. Reinbek bei Hamburg 1981.

KABAT, H.: Proprioceptive Facilitation in Therapeutic Exercises. In: LICHT, S. (Hg.): Therapeutic Exercises. New Haven 1961.

KEYDEL, H.: Ganzkörpergymnastik als Aufwärmprogramm. In: Lehre der Leichtathletik 31 (1980) 1 u. 2, S. 25–32.

KINDERMANN, W.: Trimming 130 und Aerobic: eine kritische Analyse. In: Deutsche Medizin. Wochenschrift 109 (1984) 1, S. 31–34.

KINDERMANN, W./KLENK, G./SCHMITT, W./SALAS-FRAIRE, O.: Aerobic aus internistisch leistungsphysiologischer Sicht. In: Deutsches Ärzteblatt 80 (1983) 34, S. 1–4.

KIRCHNER, G./GLEINS, D.: Comparative analysis of Eugene, Oregon elementary school children using the Kraus-Weber-test of minimum muskular fitness. Research Quarterly 28 (1957) 16.

KLEIN-VOGELBACH, S.: Funktionelle Bewegungslehre. Berlin/Heidelberg/New York 1984[3].

KNEBEL, K. P./HERBECK, B./HAMSEN, G.: Fußball-Funktionsgymnastik. Reinbek bei Hamburg 1988.

KNEBEL, K. P./HERBECK, B./SCHAFFNER, S.: Tennis-Funktionsgymnastik. Reinbek bei Hamburg 1988.

KNOTT, M./VOSS, D. E.: Komplexbewegungen. Stuttgart/New York 1981[3].

KRAHL, H./KNEBEL, K.-P.: Medizinische und trainingsmethodische Aspekte der Absprungphase beim Flop. In: Leistungssport 8 (1978) 6, S. 501–506.

KRAHL, H./KNEBEL, K.-P./STEINBRÜCK, K.: Kinematographische Untersuchungen zur Frage der Fußgelenkbelastung und Schuhversorgung des Sportlers. In: Orthopädische Praxis 14 (1978) 11, S. 821–824.

KRAHL, H./v. HANSTEIN, K.-L.: Die Elastomechanik von Sehnengewebe. In: GROHER, W./NOACK, W.: Sportl. Belastungsfähigkeit des Haltungs- und Bewegungsapparates. Stuttgart/New York 1982.

KOS, B./TEPLY, Z./VOLRAB, R.: Gymnastik – 1200 Ubungen. Berlin 1962[2].

KOSECKI, K./SIEKIERZYNSKI, M.: Wiederherstellungsprozeß im Training. In: Lehre der Leichtathletik 24 (1973) 14, S. 1169–1172.

KÜCHLER, G.: Motorik – Steuerung der Muskeltätigkeit und begleitende Anpassungsprozesse. Stuttgart 1983.

KUNZ, H. R.: Grenzen und Reserven im Hochleistungssport aus der Sicht der Biomechanik. In: Jugend u. Sport (1983) 11, S. 17–21.

KUPRIAN, W. (Hg.): Sportphysiotherapie. Stuttgart/New York 1981.

LAGERSTRØEM, D./VÖLKER, K.: Freizeitsport. Erlangen 1983.

LETZELTER, M.: Trainingsgrundlagen. Reinbek bei Hamburg 1978.

LIESEN, H./HOLLMANN, W.: Ausdauersport und Stoffwechsel. Schorndorf 1981.

MAREES, H. DE: Sportphysiologie. Troponwerke Köln 1979.

MARKWORTH, P.: Sportmedizin 1. Reinbek bei Hamburg 1983.

MARTIN, D.: Grundlagen der Trainingslehre, Teil I. Schorndorf 1979.

MARTIN, D. E./BORRA, M.: Was ist Beweglichkeit. In: Lehre der Leichtathletik 35 (1983) 23, S. 1211–1218.

MASTEROVOJ, L.: Die zweckmäßige Intensität der Aufwärmung. In: Theorie u. Praxis der Körperkultur 17 (1969) 6, S. 538–541.

MEISSNER, L.: PNF und Sport. In: Krankengymnastik 32 (1980), S. 733–740.

MEUSEL, H.: Übungen zur Verbesserung der Gelenkigkeit – Dehnen und Mobilisieren. In: Sportpraxis 24 (1983) 9, S. 176–180.

MICHEL, P.: Sportphysiotherapeutische Möglichkeiten im Trainings-. und Wettkampfalltag in der Schweiz aus der Sicht des Sportphysiotherapeuten. In: Physikalische Therapie (1984) 5. S. 312–314.

NIELSEN, B.: Körpertemperatur und physische Leistung (dänisch). Tidsskrift for idraet (1982) 5.

NITSCH, R.: Möglichkeiten und Probleme der Stresskontrolle. In: NITSCH, R. (Hg.): Stress. Bern/Stuttgart/Wien 1981.

PETERSON-KENDALL, F. P./KENDALL-MCCREARY, E.: Muscles Testing And Function. Baltimore/London 1983[2].

PLAS, F./HAGRON, E.: Die aktive Krankengymnastik. Stuttgart/New York 1981.

REICHERT, F.: Die Ausdauer und ihre Varianten in den Ausdauersportarten. In: Wissenschaftl. Ztschr. der DHFK 24 (1983) 1, S. 41–57.

RENSTRÖM, P./PETERSON, L.: Verletzungen im Sport. Köln 1981.

RILEY, D. P.: Maximum Muscular Fitness. West Point, N. Y. 1982.

RÖTHIG, P.: Rhythmus und Bewegung. Schorndorf 1970.

–: Sportwissenschaftliches Lexikon. Schorndorf 1977[4].

SACHS, M. L./BUFFONE, G.: Running as Therapy. Lincoln/London 1984.

SCHWOPE, F.: Sportmassage. Reinbek bei Hamburg 1987.

SÖLVEBORN, S. A.: Stretching. München 1983.

SOMMER, H. M.: Analyse der indirekten Verletzung der rückwärtigen Oberschenkelmuskulatur im Sport. In: Lehre der Leichtathletik 34 (1983) 11, S. 423 bis 424.

SONNENSCHEIN, J./TRADT, A.: Psychoregulationstraining für Leistungssportler. In: Lehre der Leichtathletik 33 (1982) 14, S. 447–448.

SCHMITT, O.: Die orthopädische Muskelfunktionsdiagnostik. In: HORT, H./FLÖTHER, R. (Hg.): Die Muskulatur des Leistungssportlers. Erlangen 1983.

SCHÜRCH, P.: Reserven und Grenzen im Hochleistungssport aus medizinischer Sicht.

In: Jugend und Sport (1983) 10, S. 12–15.
SYER, J./CONNOLLY, C.: Psychotraining für Sportler. Reinbek bei Hamburg 1987.
TEN BRUGGENCATE, G.: Medizinische Neurophysiologie. Stuttgart/New York 1984.
THIESS, G./SCHNABEL, G./BAUMANN, R.: Training von A bis Z. Berlin 1980.
URAM, P.: The Complete Stretching Book. Mountain View 1980.
VÖLKER, K.: Probleme der Belastungsintensität beim Freizeitsport. In: Sport und Gesundheit I (1984) 1.
VRIES, H. A. DE: Prevention of Muscular Distress after Exercise. In: Research Quarterly 32 (1961) 32, S. 177–185.
–: Evaluation of Static Stretching Procedures for Improvement of Flexibility. Research Quarterly 33 (1965) 2, S. 222–228.
WEINECK, J.: Opimales Training. Erlangen 1980.
–: Sportanatomie. Erlangen 1981.
WEISS, U.: Beweglichkeit und Beweglichkeitstraining. In: Jugend und Sport (1983) 7, S. 12–13.
WILLIMCZIK, K./ROTH, K.: Bewegungslehre. Reinbek bei Hamburg 1983.
ZIESCHANG, K.: Aufwärmen bei motorischem Lernen, Training und Wettkampf. In: Sportwissenschaft (1983) 8, S. 235–251.

Glossar

Abduktoren Beinabspreizmuskeln
Adduktoren Beinanziehermuskeln
aerobe Energiegewinnung Stoffwechselvorgänge, die nur in Anwesenheit von Sauerstoff ablaufen
Agonist Muskel, der eine bestimmte dem Antagonisten entgegengesetzte Bewegung ausführt
Amortisation Tilgung von Kräften durch elastisches Nachgeben in den Gelenken
anaerobe Energiebereitstellung Stoffwechselvorgänge, die ohne Sauerstoff ablaufen
anpeppen von «pep-talk» (amerik.) = aufmunternder, anheizender Schlachtruf in den Mannschaftssportarten
Antagonist Gegenspieler; Muskel, der eine bestimmte dem Agonisten entgegengesetzte Bewegung ausführt
Anteversion Vorführen; Nach-vorn-Holen (z. B. des Arms)
Atrophie Schrumpfung einer Zelle bzw. von Zellverbänden durch Abnahme der Zellmasse (Muskelatrophie)
autosuggestiv sich selbst beeinflussend
auxotonische Kontraktion Spannungsentwicklung des Muskels mit Längenänderung; durch Zu- und Abschalten neuromuskulärer Einheiten wird die Kontraktionsstärke innerhalb einer Bewegungsamplitude anpassend geregelt

contract anspannen, kontrahieren
cool-down entmüden
Countdown bis zum Zeitpunkt Null (Startzeitpunkt) zurückschreitende Ansage der Zeiteinheiten als Einleitung eines Startkommandos
crunchers funktionelle Kräftigungsübung für die geraden Bauchmuskeln

Demineralisierung Verarmung des Gewebes an Mineralien (z. B. Kalkmangel etc.)
Distorsion Gelenkverrenkung
Dorsalflexoren Muskeln, die den Fuß in Richtung Schienbein anziehen (Bewegung im oberen Sprunggelenk)

Dysbalance funktionelles Ungleichgewicht; Störung im harmonischen Zusammenspiel einzelner Organsysteme (z. B. Muskeln)

exponiert herausgehoben und dadurch besonderen Gefährdungen ausgesetzt
Extensoren Gelenkstreckmuskeln
Extremitäten Arme und Beine
exzentrische Muskelarbeit Spannungsentwicklung des Muskels, bei dem sich die Länge des Muskels trotz Kontraktion ändert (nachgebende Arbeitsweise)

Flexoren Gelenkbeugemuskeln

Glykogendepot Energiespeicher (von tierischer Stärke)
Golgisches Sehnenorgan Sinnesorgan des Sehnenmuskelapparates, das als Meßfühler für die Anzeige der augenblicklichen Spannung bzw. deren Änderung dient

Hatha-Yoga Jogatechnik zur Herbeiführung psycho-physischer Zustandsänderungen durch Anwendung bestimmter Körperübungen und -positionen
hold halten; Spannung halten
Hüftdysplasie minderwertige Gelenkanlage der Hüfte
Hypermobilität Überbeweglichkeit eines Gelenks
Hypertrophie Vergrößerung einzelner Zellen und Gewebsbestandteile ohne zahlenmäßige Zunahme (Muskelhypertrophie)
Hypomobilität eingeschränkte Beweglichkeit eines Gelenks
Hypotonie herabgesetzte Muskelspannung

Immobilisation Ruhigstellung eines Gelenks durch Gips, Verband etc.
intermuskuläre Koordination Zusammenspiel motorischer Einheiten verschiedener Muskeln
Interneuron Nervenzelle, die die Verbindung zwischen anderen Nervenzellen herstellt
intramuskuläre Koordination Zusammenspiel zwischen den Muskelzellen verschiedener motorischer Einheiten in einem Muskel
ischiocrurale Muskelgruppe Kniegelenkbeugemuskulatur
isometrische Kontraktion Spannungsentwicklung des Muskels ohne sichtbare Verkürzung
isotonische Kontraktion Muskelverkürzung bei gleichbleibender Spannung (idealisierte Kontraktionsform)

Kapillaren haarfeine Aufzweigungen des Gefäßsystems in den Organen
Kapillarisierung Eröffnung vorhandener oder Neubildung von Kapillaren
Kinästhesie Bewegungsgefühl; Muskelempfinden
Kontraktilität Fähigkeit der Muskelfasern, sich zusammenzuziehen
Kontraktur Funktions- und Bewegungseinschränkung von Gelenken und Gelenksystemen
Kontusion Prellung
konzentrische Muskelarbeit Spannungsentwicklung des Muskels unter Verkürzung (überwindende Arbeitsweise)
Kyphose Krümmung der Wirbelsäule nach hinten (z. B. Brustkyphose)

Lordose Krümmung der Wirbelsäule nach vorn (z. B. Lendenlordose)
lumbo-sakraler Übergang Übergang von der Lendenwirbelsäule zum Kreuzbein

metabolische Restitutionsvorgänge den Stoffwechsel betreffende Wiederherstellungsprozesse
Mitochondrien kleine Zellorgane, in denen die Enzyme der aeroben Energiegewinnung lokalisiert sind
Motoneuron Nervenzelle
Motorik Summe der willkürlich gesteuerten Bewegungsvorgänge
Musculus(i) Muskel(-n); vergl. auch Übersicht im Kap. «Funktionskreise»
– *erector spinae* Beckenaufrichtemuskel
– *erector trunci* Rückenstrecker
– *ilicus* Darmbeinmuskel

- *rhomboidei* Rautenmuskeln (Schulterblattheber)
- *teres major u. minor* großer und kleiner runder Muskel; Einwärts (major) bzw. Auswärtsdreher (minor) des Oberarms

Muskeldysfunktion gestörte Muskelfunktion
Muskelhartspann Verhärtung innerhalb eines Muskels infolge Zunahme der Gewebsspannung
Muskelkontraktur Funktionseinschränkung der Muskulatur
Myogelosen knötchenartige Muskelverhärtung mit Druckschmerzhaftigkeit
Myoglobin roter Farbstoff der Muskulatur, dem Hämoglobin ähnlich

Neuralgie auftretender Schmerz im Ausbreitungsfeld bestimmter Nerven ohne nachweisbare entzündliche Veränderungen

Patellarsehne Kniescheibensehne; Sehne des Kniegelenkstreckers (m. quadriceps femoris)
Periost Knochenhaut
Plantarflexoren Muskeln, die den Fuß strecken (Bewegung im oberen Sprunggelenk)
Plastizität Verformbarkeit eines Materials
plyometrische Sprünge Tiefsprünge; spezielle Form des Sprungkrafttrainings
präventiv vorbeugend, verhütend
prep-warm-up prep(aratory) warm-up; Vor-Erwärmung
Pronatoren Muskeln, die den äußeren Fußrand heben (Pronation)
Propriozeptoren Empfängerorgane für Muskel- und Sehnenreflexe
Propriozeptive-Neuromuskuläre Fazilitation (PNF) spezielle Anwendung gymnastischer Übungen, die auf dem Wirkungsmechanismus der Eigenreflexe aufbaut
punctum fixum feststehender Punkt innerhalb eines bewegten Systems (z. B. Muskelursprung)
punctum mobile beweglicher Punkt innerhalb eines Systems (z. B. Ansatz eines Muskels)

relax entspannen; Spannung lösen
Relaxation Entspannung
Regenerationsfähigkeit Erholungsfähigkeit
Restitutionsvorgang Wiederherstellungsprozeß
Retroversion Zurückführen (nach hinten) eines Arms

Sensomotorik wechselseitiges Zusammenwirken sensorischer (das Empfindungsvermögen betreffender) und willkürlich gesteuerter (motorischer) Teilprozesse innerhalb einer Bewegung
Skoliose seitliche Verkrümmung der Wirbelsäule
Subluxationszustände leichte Verrenkungen eines Gelenks
substantia spongiosa filigran strukturiertes Bälkchenwerk der Knochenendigungen von schwammartigem Aussehen
spinal das Rückenmark betreffend
Spinalmotorik auf Rückenmarksebene ausgelöste Bewegungsabläufe
Spondylolyse Spaltbildung im Zwischengelenkstück des Wirbelbogens
Supinatoren Muskeln, die den inneren Fußrand heben (Supination)
Syndrom Krankheitsbild, das sich aus dem Zusammentreffen verschiedener charakteristischer Symptome ergibt
Synovitis Entzündung der Gelenkinnenhaut
Startapathie Zustand der Gleichgültigkeit vor dem Start
stretch dehnen, recken, strecken

Tendomyosen degenerative Erkrankung einer Sehne samt ihrem Muskelanteil; funktionelle, mit Schmerzen einhergehende Muskelstörung
Thorakalwirbel Brustwirbel
thorakolumbaler Übergang Übergang von der Brust- zur Lendenwirbelsäule

viskoplastisch zähe Verformbarkeit

Über die Verfasser

Karl-Peter Knebel, Jahrgang 1941, ist Diplom-Sportlehrer und Fachleiter für Leichtathletik am Institut für Sport und Sportwissenschaft der Universität Heidelberg. Von 1974 bis 1980 war er Bundestrainer für den Hochsprung der Frauen im Deutschen Leichtathletik-Verband. Außerdem führte er in zahlreichen Ländern Afrikas und Asiens Fortbildungslehrgänge für Sportlehrer und Leichtathletiktrainer durch. Bis 1988 war er verantwortlich für das Konditionstraining der Eiskunstläufer und -läuferinnen im Landesleistungszentrum Mannheim. Er ist Autor verschiedener Buch- und Aufsatzveröffentlichungen zu Themen der allgemeinen und speziellen Trainingslehre und Methodik der Sportarten.

Bernd Herbeck, Jahrgang 1946, ist leitender Krankengymnast am Sportomed-Zentrum Mannheim, einer Einrichtung für Rehabilitation von Sport- und Unfallverletzten. Als Leistungssportler war er im Handball und Modernen Fünfkampf aktiv. Seit 1984 ist er Lehrbeauftragter am Institut für Sport und Sportwissenschaft der Universität Heidelberg.

Erika Groos ist als Diplom-Sportlehrerin am Institut für Sport und Sportwissenschaft der Universität Heidelberg schwerpunktmäßig in den Fachbereichen Gymnastik, Tanz und Turnen tätig. Außerdem ist sie Leiterin der Jazztanzgruppe der Universität Heidelberg; zahlreiche Aufführungen u. a. auf Gymnaestraden, Kongressen und Deutschen Turnfesten in Frankfurt. Weitere Unterrichtspraxis erwarb sie an der Schule, in der Lehrerfortbildung und bei einem Auslandsstudium an der San Diego State University.

Von den Autoren liegt weiter vor: *Tennis-Funktionsgymnastik (Tischtennis, Badminton, Squash). rororo 8621*

Sachregister

Abwehrspannung 192
Agonisten 37, 60
Aktionsmuster 56, 70
Aktivierungsniveau 55
Aktivierungsprozesse, psycho-physische 89
Aktivitätsänderungen 40
Aktivitätshypertrophie 23
Alpha-Motoneurone 42
Amortisation 29
-sphase 37
Anatomie, funktionelle 127
anpeppen 63
Anspannen – Entspannen – Dehnen – (Contract – relax – stretch exercises) 94
Anspannphase 59, 60
Antagonisten 37, 60
Antriebsmuskulatur 30
Arthrose 24
Atemregulation 48
Aufbrauchschäden 16, 24
Aufwärmen 12, 40
–, allgemeines 70
–, funktionelles 67, 70
–, passives 67
–, spezielles 70
–, unspezifisches 62
Ausdauergymnastik 50
Ausdauertraining, extensives 51
–, intensives 51
Ausdehnungskoeffizient, thermischer 35
Ausgleichsgymnastik 30f
Aushängen 58
Autogenes Training 57

ballistic exercises 93
Bänder 21
Bänderschraube 22
Bandhemmung 21
Bandscheiben 27f
Bauchmuskel 33
Beanspruchungsmodifikation 54
Beanspruchungszonen 123
Beckenstatik 124
Belastung 107
Betriebstemperatur 68
Beugestützen 111f
Beweglichkeit 81
–, dynamische 85
–, statische 85
Bewegungsamplitude 81
Bewegungsapparat, aktiver 15
–, passiver 15
Bewegungsgenauigkeit 87
Bewegungshandlungen, rituelle 62
Bewegungsrichtung 123
Bewegungsschnelligkeit 87
Brustmuskel, großer 33

CHRS-Methode 59, 61
CHRS-Übungen 63
Circuittraining 107
Contract-Relax-Dehnungsmethode 53, 55, 95
Contract – relax – stretch exercises 94
Cool-down 12, 55, 64, 109
crunchers 105, 136

Darmbeinschaufeln 19
Dauerverkürzung 26
Dehnbarkeit 34
Dehnen, dynamisch-aktives (ballistic exercises) 93
–, gehaltenes 55, 71, 93
–, statisch-passives (static exercises) 93
Dehnfähigkeit 92
Dehnungsgeschwindigkeit 43
Dehnungsphase 60
Dehnungsreflex 39
Dehnungsrezeptoren 42
Dehnungsrückstand 35, 91
Dehnungsübungen 41, 92
Deltamuskel 37
Distorsionen 26
Dornfortsätze 28
Droschkenkutschersitz 57, 183
Dysbalancen 126

Eigenschaften, elastomechanische 89, 90
–, thermo-elastische 35
Einlaufen 60, 65
Einstimmungsphase 56
Elastizität, elastisch 34, 89
–, echte 90
– der Sehnen 82

Ellbogenbeuger 33
Energiebereitstellungsprozesse, aerobe 49, 50
–, anaerobe 49,50
Entmüden, aktives 55
–, passives 73
Entmüdungsverfahren 55, 64
Entspannungsübungen 92
Entspannung(sverfahren) 55, 59
Entstressung 40, 64, 127
Ermüdungswiderstandsfähigkeit 106
Erregungszustände, psychische 63
Erwärmen, aktives 67
Erwärmungseffekt 60
Extension, maximale 108
Extensoren 34, 110
Extremitätenmuskulatur 30, 61
exzentrisch (Muskelarbeit) 36, 60

Fitness-Training 12
Fixationsmuskulatur 34, 98, 124
Flachrücken 32
Flexion, maximale 108
Flexoren 34, 110
Formelemente, bindegewebige 82, 89
–, knöcherne 82
functional gymnastics 11
Funktionseinheit 17
–, zentrale 31
Funktionsgemeinschaft 37
Funktionskreis 75
Funktionslage, hypotone 71
Funktionszustände, disharmonische 54

Gamma-Motoneurone 42
Ganzkörperübungen 70
Gelenkaufbau 24
Gelenkbeweglichkeit 81
Gelenkform 89
Gelenkfortsätze 28
Gelenkhöhle 21
Gelenkinnenhaut 23
Gelenkkapseln 21, 82
Gelenkknorpel 21, 82
Gelenkknorpeldicke 23
Gelenkpartner 19
Gelenkschmiere 21, 23, 82
Gelenkstoffwechsel 89
Gelenkverschleißerscheinungen 24
Gespanntheit, psychische 82
Gewandtheit 46
Gewebeschwäche 24
Gleichgewicht, physiologisches 108
Glykogendepot 50
Golgisches Sehnenorgan (Golgi-Organ) 41, 44, 47
Großzehenstrecker 33
Grundverschaltung, spinale 42

Haifischzahnphänomen 189
Haltearbeit, statische 36
Haltekraft 108
Haltemuskulatur 30, 124
Haltungsschwächen/-schäden 32
–, individuelle 126
Hatha-Yoga 12
Hauptbeanspruchungsform, motorische 87
Hemmungsprozesse, psycho-physische 89
Herzfrequenz 50
Herzhohlräume 50
Herz-Kreislauf-System 47
Herzminutenvolumen 50
Herzmuskel 50
Hilfsmittel, funktionelle 123
Hohlschwingung (Lordose) 27
hold (exercises) 93
Hüftbeuger 100
Hüftdysplasie 12
Hypermobilität 24, 26, 81, 84
Hypertonie 54
Hypomobilität 26, 81

Immobilisationen 23
Impulse, reflektorische 39
Inaktivitätsatrophie 23
Interneurone 44
Intervalltraining, extensives 107
Ischias-Neuralgie 31

Kapillarisierung 50
Kinästhetische Eigenschaften 39, 53
Kniegelenkstrecker, vierköpfiger 34, 36
Kniestrecker 33
Knochenhaut (Periost) 21
Knochenleimgehalt 17
Knochenverbünde 17
Knorpel 23
Knorpelsubstanz 23
Knorpelzellen 23
kompensatorischer Sport 97

Konditionsprogramm 125
Konditionsübungen 97
Kontraktivität, kontraktil 35, 89, 92
Kontraktion 43, 47
–, auxotonische 35 f
–, isometrische 35
–, isotonische 35
Kontraktionsgeschwindigkeit 34
Kontraktionsrückstand 109
Kontusionen 26
Konzentrationsfähigkeit 48
konzentrisch (Muskelarbeit) 36, 60
Koordination 45
–, intermuskuläre 46, 111
–, intramuskuläre 46
Koordinationsschulung 46
Kraft, statische 108
Kraftausdauerentwicklung 107
Kräftegleichgewicht, absolutes 110
–, funktionelles 110
Kräftigungsübungen 72, 92
Kreuzbein 19
Kugelgelenke 19
Kyphose 27, 79

Leistungsstagnation 111
Lendendarmbeinmuskel 100 f
Lendenwirbelsäulensyndrom 31
Lockerungsübungen 92
Lordose 27, 79

Maßnahmen, autosuggestive 40
–, psychoregulative 40, 53
Mechanorezeptoren 39
Mitochondrien 50
Mobilisation 72
Mobilität 21, 81
Modifikationsmaßnahmen, kompensatorische 54
–, präventive 54
Motorik 39
–, spinale 41, 47
Muskelaktionsenergie 37
Muskelaktionsmuster 61
Muskelarbeit, dynamische 36
–, statische 48
Muskelbeanspruchung, exzentrische 112
–, reaktiv-explosive 71
Muskeldauerverkürzungen 109
Muskeldehnungsreflex 41
Muskeldehnungstechniken 55
Muskeldysfunktion 26, 54
Muskelentspannungsfähigkeit 67
Muskelentspannungspositionen 58
Muskelentspannung(straining), 12, 53
Muskelgrundspannung 39
Muskelgruppe, ischiocrurale 60
Muskelhartspann 109
Muskelkontraktionsfähigkeit 67
Muskelkontraktur 26, 109
Muskeln, gefiederte 33
–, spindelförmige 33
Muskelphysiologie 66
Muskelreflexe 41
Muskelschlingen 78
Muskelspannung 35
Muskelspindeln 39, 41, 42, 47
Muskelstoffwechsel 48, 49
Muskeltonus 39, 67, 82
Muskelverkürzungen 109
Muskelverletzungshäufigkeit 55
Muskelvolumen 33 f
Muskulatur, Arbeitsweisen der 36
Myogelose 109
Myoglobin 50

Nachsorge, rehabilitative 126
Nervensystem 39
Neurophysiologie 66
Nozizeptiver Somatomotorischer Blokkierungseffekt (NSB) 80

Organfunktionen, Ökonomisierung der 48

Pause, lohnende 51
Periost 21
Plastizität, plastisch 35, 89, 92
präventive Maßnahmen 41, 54
Präventivsport 53
prep – warm – up 72
Propriozeptoren 58, 61
Psychoregulation 53
Puffereigenschaft 17
Punctum fixum 37
Punctum mobile 37

Reaktionszeit 48
Regelkreis 42
Regelmechanismen, biologische 66
–, physische 40
–, psychische 40
–, psycho-physische 41

Regeneration, körpereigene 109
Regenerationsfähigkeit 54
Regenerationsmechanismen 64
Regenerationszeiten 109
Reizung, propriozeptive 56
Reizzustände 24
Relaxation 36, 47, 91
Relaxationsphase 94
Reservefalte 22
Restitutionsvorgänge 50
–, metabolische 73
Retroversion 38
Rezeptorenapparate 41
Rezeptorsysteme 67
Rhythmische Sportgymnastik 11
Rhythmuspräzision 47
Richtungspräzision 47
Rückenmark(smotorik) 41, 47
Ruhepulsfrequenz 48
Ruhetonus 26
Rumpfkreisen 72, 78
Rumpfmuskulatur 30
Rundrücken 32

Sattelgelenke 19
Satztraining 107
Sauerstoffaufnahme, maximale 50
Sauerstoffausschöpfung 50
Scharniergelenke 19
Schlagvolumen, gesteigertes 50
Schnellkraftsportarten 68
Schwammsubstanz (substantia spongiosa) 18
Schwankungen, biorhythmische 69
Sehnenorgan 39
–, Golgisches 41, 44
Selbssteuerung 56
sensomotorische Bereiche 44
Sherrington-Prinzip 94
Sit-ups 101, 104
Skoliose 32
slow stretch exercises 93
Spannungszustände, muskuläre 54
Spondylolyse 32
Sportmassage 67
Sportphysiotherapie 66
Sporttherapie 97
Sprünge, plyometrische 58
Stabilisierungspunkt 123
Startapathie 40
Startfieber 40, 71
Startfluids 67
static exercises 93
Steuerungseigenschaften 39
Steuerungsprozesse, neuronale 67
–, neurophysiologische 89
Strecker-Beugerschlinge 61
Streckreflex 39
Stretching 41, 45, 95
Strukturänderung, äußere 18
–, innere 18
Subluxationszustände 84
substantia spongiosa 18
Synovitis 26

Tendomyose 109
Thorakalwirbel 75
Tonuslage 40

Übergang, cervico-thorakaler 189
–, lumbo-sakraler 58, 124
–, thorako-lumbaler 58, 132
Überlastungssyndrome 24, 66
Unterarmstrecker, dreiköpfiger 37
Unterbelastung 110
Unterschenkelpfanne 21

Veränderungen, biochemische 50
Verfassung, physische 52
–, psychische 52
–, psycho-vegetative 52
Verletzungen 66
Verletzungsrisiko 47, 55
Versagen, psychisches 52
Verschleißerscheinungen 24
Versenkungsphase 56
Versenkungstechnik 61
Verspannungen 60
Verstärkereffekt 65
viskoplastisch 91
Vordehnung 42
Vordehnungshaltungen 112
Vor-Erwärmung 72
Vorspannnung, isometrische 59
Vorspannungs-Dehnungs-Methode 55

Wärmeregulation 48
Warmhalten 72
Wettkampfpausen 68
Wiederholungsmethode 108
Wirbelsäule 26ff

Zerrungen 109

3428/8